Culture
Competence
Marketing

文化を競争力とする
マーケティング

カルチャー・コンピタンスの戦略原理

KMS研究会［監修］　齊藤通貴・三浦俊彦［編著］

中央経済社

まえがき

　本書は，文化をいかにしてマーケティング研究および戦略へと結びつけ，研究と実務両面において，実り豊かな示唆を導くかを目的としている。文化がマーケティングにおいて重要であるという認識は新しいものではなく，文化概念を用いた研究も積み重ねられてきた。どのような研究が蓄積されたかは，本書第1章「文化とは何か：定義と構造」で詳述されているが，残念ながら一部の研究を除いて，マーケティングという学科との意味深い融合は果たされていないのが現実である。なんとかこの困難で重要な問題を解くことができないだろうかという大胆な提案を，編著者の一人である私（齊藤通貴，慶應義塾大学）が行い，編著者でもある三浦俊彦（中央大学）さんの協力を得て，故・村田昭治先生の薫陶を受けた研究者で構成されるKMS（慶應マーケティング・ソサエティ）での議論が始まったのがおよそ3年前のことである。なにしろ，文化という巨人に挑むのであるから長い年月を要したが，文化とマーケティングを結びつけたという点で，これまでの文化マーケティング研究からは一歩前に進めたという自負がある。

　本書の構成は，第Ⅰ部「理論編：文化を知る」，第Ⅱ部「戦略編：カルチャー・コンピタンス・マーケティング（CCM）戦略」となっている。第Ⅰ部では文化をマーケティングに取り込むための概念規定，研究枠組みなどが導かれる。第Ⅱ部では第Ⅰ部の研究成果である諸概念とフレームワークを用いた，主に実務的なケースによる分析が提案される。

　第Ⅰ部は3章から成るが，文化概念と戦略としての文化変容が吟味される。第Ⅱ部は8章から成り，全編を通して用いられるカルチャー・コンピタンス・マーケティング（CCM）が提唱され，続いて，文化マーケティング・リサーチ手法の検討の後，メーカー，小売業，外食業，文化産業，宗教国家のCCMのケース分析が行われる。

　著者八名による共著ではあるが，特徴として，第Ⅰ部の理論的枠組みを前提にして，第Ⅱ部のすべての研究が統一的に行われていることが挙げられる。その結果，もちろん著者各自の独自性はあるが，本書を通して共通の視座と分析枠組みがみられる。このことは，特に理論編を構成する研究に非常に長い時間をかけ，徹底的に議論したことの結実であると手前味噌ながら断言できる。しかし，文化

とマーケティングの研究は途についたばかりであり，文化概念についての定義（個人の文化があるかどうか）や概念規定が統一的な見解とはなっていないところもある。この点については研究途上ということであえて統一せず，皆様からのご意見，ご批判をいただきながら修整していくことを選択した。

　あらためて本書を見渡すと，文化からマーケティングを考えることの価値と重要性が見えてくる。一つは，グローバライゼーションの拡大とローカライゼーションにおいて，必然的に文化接触，文化変容，文化衝突の問題が生じる。こうした問題へも示唆を与えることができたと考える。また，国，地域，街のマーケティングとブランディングにも文化の視座は不可欠であり，本書第11章「国家のCCM」で詳述されているように，政府や地方自治体などの政策にも文化政策が必要となっている。おそらく，これまで以上にさまざまなビジネスや政治，政策の局面で，文化を競争力とするCCMはますます重要な役割を演じることとなろう。こうした問題へ少しでも貢献できるとすれば，編著者として望外の喜びである。

　末筆ながら，今回の出版にあたって多大なるご協力とご支援をいただいた㈱中央経済社ホールディングス社長の山本憲央氏と㈱中央経済社学術書編集部副編集長の市田由紀子さんに心からの御礼を申し上げたい。

　2020年3月

慶應義塾での最後の弥生に

齊藤　通貴

目　次

まえがき

第Ⅰ部　【理論編】文化を知る

第1章　文化とは何か：
定義と構造 ……………………………………………… *2*

はじめに　*2*
1　定　義　*2*
　（1）代表的先行研究　*3*
　（2）概念の核心：「社会」と「文化」の違い　*4*
2　文化の構造　*5*
　（1）価　値　*5*
　（2）行　為　*7*
　（3）制　度　*7*
　（4）構造の模式図　*8*
　（5）日本文化の構造　*12*
　（6）消費文化の構造　*14*
3　関連研究との関係　*19*
おわりに　*20*

第2章　文化変容とカルチャー・コンピタンス・
マーケティング戦略 …………………………………… *29*

はじめに　*29*
1　文化形成と文化変容　*29*
2　文化変容モデルの特徴と問題　*30*
3　新たな文化変容モデル　*32*

（1）Berry モデルの問題と解決　*32*

（2）親和性・中心性と文化間コンフリクト概念の導入　*36*

4　文化変容と CCM 戦略　*38*

（1）文化変容の 2 タイプ（同化型・統合型）と価値・行為・制度　*39*

（2）親和性・中心性・文化間コンフリクト　*39*

（3）文化の親和性・中心性・文化間コンフリクトによる市場魅力度分析　*41*

おわりに　*42*

第 3 章　**文化のとらえ方とマーケティング：**
　　　　Weber と Popper の視点から ································· *47*

はじめに　*47*

1　文化のとらえ方と理論的概念枠組み　*47*

（1）人間の行為構造における「価値－行為－制度」の区別　*48*

（2）集計水準の明確化　*49*

（3）価値の構造　*50*

（4）文明と文化の区別　*51*

2　Weber における文化のとらえ方　*53*

（1）行為の理念型と理解　*53*

（2）目的合理的行為としての経済学的理念型　*55*

3　Weber と Popper：文化的影響の客観的理解の問題とミクロ－マクロ・リンクの問題　*56*

4　文化的分析とマーケティング　*59*

（1）機能的価値と情緒的価値　*59*

（2）文化的分析の必要性と 2 種類のマーケティング・マネジメント　*61*

（3）文化的分析に基づいた戦略的マーケティング・マネジメント　*63*

おわりに　*65*

第Ⅱ部　【戦略編】カルチャー・コンピタンス・マーケティング（CCM）戦略

第4章　カルチャー・コンピタンス・マーケティングの体系 ·························· *72*

　はじめに　*72*

　1　カルチャー・コンピタンス・マーケティング（CCM）
　　の理論体系　*72*
　　（1）カルチャー・コンピタンスとは何か　*72*
　　（2）カルチャー・コンピタンスの定義と内容　*74*
　　（3）3つの文化資源　*76*
　2　カルチャー・コンピタンス・マーケティング（CCM）
　　戦略　*79*
　　（1）CCM 1：文化資源を創造する戦略　*79*
　　（2）CCM 2：文化資源を調整（マッチング）する戦略　*82*
　おわりに　*90*

第5章　文化のマーケティング・リサーチ：
　　　　　CCM のためのマーケティング・リサーチ手法 ························ *97*

　はじめに　*97*

　1　CCM 戦略のためのマーケティング・リサーチの現状と
　　課題　*98*
　　（1）CCM 戦略のためのマーケティング・リサーチの実務的
　　　　課題　*98*
　　（2）文化と定量的リサーチ：社会学的アプローチによる親和
　　　　性の分析　*100*
　　（3）文化と定性的リサーチ：文化人類学的アプローチによる
　　　　中心性の分析　*101*

（4）CCM 戦略のリサーチの課題：データの等価性と動態性　*102*

2　CCM 戦略に必要なリサーチ・コンセプト：記述推測統計とベイズ統計　*105*

3　CCM 戦略リサーチのフレームワーク　*106*

（1）定性的な定量的リサーチ：文化計量学的アプローチ　*107*

（2）定量的な定性的リサーチ：ピクチャマイニングアプローチの可能性　*109*

おわりに　*111*

第6章　**メーカーの CCM：**
消費者情報処理アプローチと文化……………………………… *114*

はじめに　*114*

1　消費者の購買意思決定における文化の関わり　*115*

（1）マーケティングにおける文化への認知的アプローチの意義　*115*

（2）消費者による「商品」の購買意思決定　*117*

（3）消費者の購買意思決定における文化の関わり　*118*

（4）文化が持続的競争優位になりうる理由　*120*

（5）メーカーによる CCM における文化資源の調整　*124*

2　ケース　*126*

（1）低関与商品において求められる CCM　*126*

（2）日清食品のコミュニケーション活動　*127*

おわりに　*131*

第7章　**小売業の CCM：**
英国 M&S のレディーミール事業に見る
文化マーケティング戦略……………………………………… *134*

はじめに　*134*

1　1970年代におけるレディーミールの開発と成長　*135*

（1）M&S における食品事業の製品開発と鮮度管理　*135*

（2）M&S におけるレディーミールの開発　*138*

2　2000年代におけるヘルシーミール事業の展開　*143*

3　M&S によるレディーミールとヘルシーミールにおける
　　文化マーケティング戦略　*146*

おわりに　*153*

第8章　食文化の CCM ……………………………………………………… *158*

はじめに　*158*

1　外食業のカルチャー・コンピタンス・マーケティング
　　（以後 CCM）の視座　*158*

2　食文化における親和性・中心性・文化間コンフリクト
　　160

3　CCM 市場魅力度分析と CCMP　*165*

4　食文化における CCM 戦略とケース　*166*

おわりに　*177*

第9章　文化産業の CCM：
　　アニメとファッションを，いかに創造し，いかに解釈を
　　同じにさせるか ……………………………………………………… *183*

はじめに　*183*

1　「君の名は。」：アニメの文化発信戦略　*183*

（1）概要：世界135カ国で公開　*184*

（2）文化資源（価値）の創造：新海ワールドの創造　*184*

（3）文化資源（価値）の調整　*185*

2　ZARA：ファッションの文化発信／文化適応の融合　*189*

（1）概　要：世界94カ国に2,251店舗　*190*

（2）文化資源（価値）の創造：カリスマデザイナーはいらな
　　い　*190*

（3）文化資源（価値）の調整　*191*

3　解釈共同体と意味を創造するシニフィアン：文化産業の
　固有性　*194*

（1）解釈共同体　*195*

（2）意味を創造するシニフィアン　*200*

おわりに　*201*

第10章　宗教のCCM：
曹洞禅（ZEN）の全米における教化プロセス ………………… *206*

はじめに　*206*

1　日本における禅の確立とその独自性　*207*

（1）日本における禅宗の導入　*207*

（2）曹洞宗の禅の独自性　*208*

2　釈宗演とW鈴木による禅宗のアメリカへの導入　*211*

（1）明治から第二次世界大戦における日系移民と仏教　*211*

（2）ビートニクスのカウンター・カルチャーと禅センター　*212*

3　マインドフルネスと禅の広がり　*215*

（1）マインドフルネスの展開とそのエビデンス　*215*

（2）マインドフルネスが流行る背景　*217*

（3）神経伝達物質と消費社会　*218*

4　日本における逆輸入禅　*219*

おわりに　*221*

第11章　国家のCCM：
韓流現象から見る国家競争力向上のための文化政策 ………… *226*

はじめに　*226*

1　国家のCCMにおける国際環境と理論的背景　*227*

（1）国家のCCMにおける国際環境　*227*

（2）文化競争力と文化コンテンツ　*228*

（3）国家イメージと原産地効果　*230*

2　韓流政策の胎動と展開　*231*

（1）韓流政策の胎動　*231*

（2）韓流政策の展開とその体系　*233*

3　韓流現象と韓流マーケティングの成果と特性　*235*

（1）韓流現象の全地域的拡散と多様な文化ジャンルの展開
　　　235

（2）韓流の親和性・中心性概念戦略展開　*238*

（3）経済的商業的成果としての韓流現象　*239*

（4）韓流マーケティングの特徴　*240*

（5）韓流のハイブリッド性・グローカル性　*243*

（6）文化発信と文化適応のミックス戦略としての韓流〜文化
　　　資源の創造へ　*245*

4　アジア文化共同体と韓流の課題：国家の CCM における
　　「制度」　*247*

おわりに　*248*

あとがき　*253*

索　引　*255*

第 **I** 部

【理論編】
文化を知る

第｜1｜章

文化とは何か：
定義と構造

はじめに

　文化（culture）という用語は，18世紀後半に，主に英語とドイツ語で，人々の特定の生活様式や精神のあり方を指して使われるようになった（宮島［1993］）。ドイツの哲学・芸術思想では，文化（Kultur）は高度な理念的・精神的所産を指していた一方（文学・音楽・絵画・彫刻などの選りすぐりの正典的作品など；Brooker［1999］），イギリスの社会人類学，アメリカの文化人類学，フランスの民俗学などでは，高度な理念的所産から日常的な行動様式までを含むものとして捉えられていた（宮島［1993］）。

　本書では，a.「文化」が広い意味で使われている（「ポップカルチャー」という言葉にみるように，高踏的な芸術作品だけでなく，マンガなど日常の作品も文化の一つとして捉えられている），b.「文化」を競争力とするマーケティングの可能性を探求する，という2つの視点から，後者の立場（より広く文化を捉える立場）に立つ。以下では，まずその定義を検討する。

1　定　義

　「文化」については，これまで膨大な先行研究が，文化人類学，社会学，心理学，歴史学，記号論その他多くの研究分野で蓄積されてきた。本章では，それら諸研究を考察・分析することによって，「文化」の定義を明確にしてその本質を明らかにすると共に，その構造も明らかにして，本書で提案するカルチャー・コンピ

タンス・マーケティング（CCM）の基礎とする。

（1）代表的先行研究

　「文化」を中心概念とする文化人類学では，研究分野として成立した19世紀後半以降，さまざまに定義されてきた。

　文化人類学の父とも言われるタイラー（Tylor, Edward Burnett）は，文化を，「知識，信仰，芸術，道徳，法律，慣習および人間が社会の一員として獲得したすべての能力と習慣を含む複合的全体」と定義した（Tylor [1871]）。この定義のポイントは，a. 文化を特定領域に限定せず，人間の行為全体に当てはめた点と，b. 文化を生物的遺伝ではなく，人間が社会的に成長する過程で学習するものとした点であり，文化を生活様式一般と捉えることによって，今日的文化理解の基礎を築いた（桑山 [2005]）。また，定義の中に「社会の一員として」という文言があるように，タイラーはじめ文化人類学では，文化を，特定の社会の人々によって習得，共有，伝達される行動様式・生活様式と捉えており，c. 特定の社会で共有されるものという特徴もある（吉田 [1994]）。

　タイラーがその啓蒙主義的な社会の進歩を信じる立場から，相対的な文化観が欠如していたのに対し，「アメリカ人類学の父」とも呼ばれるボアズ（Boas, Franz）は，グリーンランド西のバフィン島におけるイヌイット（「野蛮人」と蔑まれていた）との交流なども踏まえて，人類文化の多様性と相対性を強調した（Boas [1911]）。彼の相対的な文化観は，弟子のベネディクト（Benedict, Ruth）やミード（Mead, Margaret）を通じて，世界に広まって行った（桑山 [2005]）。

　トロブリアンド諸島民へのフィールド調査を行ったマリノフスキー（Malinowski, Bronisław Kasper）は，文化を，孤立した雑多な要素の単なる寄せ集めではなく，互いに関連しあう要素からなる統合体と捉えた（Malinowski [1944]）。そして機能主義の立場から，機能的統合体としての文化が，一つの巨大な装置として，人間とその社会の存続に必要な諸要求に対処するとした。これら諸要求と構造との関係で各文化的行為を分析し（機能分析），（これら諸要求を解決する）協働関係を分析した（制度分析）（浜本 [2009]）。

　これら英米の人類学に対し，同じく日常生活レベルまでの文化を考えるフランスの民俗学・社会学では，個人に課される社会的事実としての文化により多くの関心を寄せた（宮島 [1993]）。初期の代表的研究者デュルケム（Durkheim,

Émile）は，（文化の構成要素である）道徳・宗教・法・言語の準則などを個人に課される外在的な社会的事実と捉えていたし（Durkheim［1895］；cf. 宮島［1993］），モース（Mauss, Marcel）は，各人の身体技法（特定の仕方での歩き方・腕の組み方などの人体使用法）が後天的な教育による所産であり，当人に意識されずに行動を規定している「型の文化」としてハビトゥスという用語を当てている（Mauss［1968］）[1]。

　この用語を重用し，無意識でありながら一定の規則性を持った活動として個人に影響を与える文化を「ハビトゥス」と呼ぶことに貢献したブルデュー（Bourdieu, Pierre）は，美的なものへの性向（ハビトゥスの一つ），抽象言語・教育言語の使用能力，学歴に代表される本人・親の就学経験などを文化資本と呼んだ（Bourdieu［1979］, Bourdieu & Passeron［1970］；cf. 宮島［1994］［2012］）。

　レヴィ＝ストロース（Lévi-Strauss, Claude）は，「世界は物というよりはむしろ関係によって成立している」という構造主義の思考方法の第1原理（Hawkes［1977］）とも言われる立場から，辞項（文化項目；家族など）の背後にある構造（辞項と辞項の関係；人々には意識されないが行動を規定するもの）こそが重要だとして，各辞項を規定する構造としての文化全体の重要性を指摘した（Lévi-Straus［1967］；cf. 三浦［2008］）。

　以上をまとめると，文化とは，a. 人々の生活様式全般に関わり，b. 人間が学習・創造したもので，c. 特定の社会・集団で共有され，d. 人間行動を規定し，e. 異なる文化間で優劣はつけられない相対的なもの，と言える。

（2）概念の核心：「社会」と「文化」の違い

　「文化」は人々の生活様式全般に関わるものであるが，この「文化」概念をよりよく理解するためには，隣接概念である「社会」と対比すると明確になる。実際，フランス文化とフランス社会は，ともにフランスの生活全般を表すものとして，同様なものとして使われることも多い。

　両者の違いを簡潔に言うと，「社会」は，（人と人，集団と集団の）関係のシステムである一方，「文化」は，価値および象徴のシステム，である点である（宮島［2012］）[2]。すなわち，ある関係のシステムがあって，これを何らかの形で価値づけ（意味づけ），言語化などして象徴化するとき，文化は具現化される。例えば，日本において，人と人の関係のシステムを観察して「相手を慮る」ことに

価値があると意味づけ,「和（を以って尊しと為す）」という言葉でその価値を象徴する時, 文化（日本的な「和」の文化）が具現化する。この日本文化の価値（「和」）は, 上記の言葉だけでなく, 礼に始まり礼に終わる日本の武道や学校の授業, 中元・歳暮や結婚式祝儀・葬儀香典など, 至る所で象徴的に表されている。生活様式全般を表すことの多い両概念ではあるが,「文化」と言うとき, その中心要素は, 価値および象徴なのである（宮島［2012]）[3]。

　以上から, 本書では, 文化を,「（生活全般にわたる）価値と象徴のシステム」と定義する。

2　文化の構造

　「価値と象徴のシステム」としての文化は, 例えば, 日本の「和」の文化を考えた場合,「和」と言う価値は, 上で見たように, 起立・礼・着席という児童の行為や, 中元歳暮などの制度に象徴的に表されており, その全体が日本の「和」の文化を構成している。

　そこで本書では, これら価値・行為・制度を, 文化を構成する三要素と捉える。要素間の関係は, a. 価値が行為を規定し, 行為が一定の規則性・構造を持つと制度になると考える。また, b. 価値が, 行為や制度に象徴的意味として付加されていると考える。以下, それぞれの要素について検討する。

（1）価　値

　価値（value）とは,「行為主体によっていだかれた望ましさについての概念」であり（濱嶋ほか編［2005]）,（当該文化において）何が大事かを示す。そして, 人々の行為（act）および行動（action）を規定する。例えば, 集団主義の文化では,「集団の目標を個人の目標より優先すること」と心理学の定義にあるように（高野・櫻坂［1997]）, 個人目標より集団目標を大事なものとして高い価値を置いており, その結果, 集団主義文化では同調的行為・行動がよくみられる。

　ここで,「行動」は有機体の一般的運動または状態変化を指すのに対し,「行為」はそこに主観的意味（意図）が行為主体によって付与された場合を指す（夏刈ほか［2011]）。本章では, 文化の価値に規定される人々の行いは, 基本的に意識的・意味的なものと考えるので, 用語としては「行為」を用いる[4]。

この「価値」が，行為や制度に象徴的に付加されているのが文化の特徴であるが，そこに物が介在し，物に価値が象徴的に付加されていることも多い（中元歳暮の品物自体にも，「和」の価値が象徴的に付加されている，など）。文化人類学・社会学でも，特定の動植物に神性の価値が存するというトーテミズムや，中国では赤いものが価値が高いという比較文化研究などもある。

このように，物にも価値が象徴的に付加されているのが文化の特徴であるが，マーケティングでも同様に，販売対象の製品・サービスに価値が存すると古くから考えていた。そして，この製品の価値を，機能的価値・情緒的価値（非機能的価値）の２つに分類している（cf. King [1973]，Aaker [1996]，三浦 [2008]）[5]。乗用車の価値には，燃費や馬力などの機能的価値と，デザインやイメージなどの情緒的価値があり，化粧品の価値には，UVカットや保湿などの機能的価値と，色やイメージなどの情緒的価値がある。

ここで注意すべきは，機能的価値の高いものに価値を置くのは世界共通（文化間共通）で，情緒的価値の何に価値を置くかだけが文化によって異なると誤解することである。そうではなくて，機能的価値であろうと，情緒的価値であろうと，何に価値を置くかは文化によって異なる。

例えば，生産性（アウトプット／インプット）は機能的価値であり，その一つである車の燃費（走行距離／投入ガソリン量）は，いまや世界的に（文化を超えて）共通して「燃費がよい方が価値がある」と思われているように見えるが，1960年代のアメリカ文化では，燃費の良さなどほとんど評価されていなかった。当時のアメリカでは，機能的価値で言うと，燃費ではなく，馬力やサイズが重要であった。

生産性の概念については，インドの工芸品が職人がかけた時間に比べて安く売られていると，「搾取だ」と社会派の欧米人はすぐに批判する。ただ，現地の人にとっては，時間は無限の資源であり，まったく「搾取」という感覚はないと言う（cf. 池田・クレーマー [2000]）。このように生産性の概念は，世界・時代共通のものではなく，近代資本主義という時代特定的な機能的価値なのであり，近代西欧文化の持つ代表的な機能的価値と言える。

このように機能的価値のどれを重視するか（燃費か，馬力か），機能的価値自体を重視するか（生産性を重視するか）は，文化や時代によって大きく異なるのであり，それは情緒的価値の場合と同様である。

（2）行　為

　行為（act）とは，人間行動の特徴としての意図性や目標指向性に着目した用語であり（村中 [1993]），文化の価値に規定されて生起する。例えば，集団主義文化（集団に価値）では同調的行為が起こる一方，個人主義文化（個人に価値）では非同調的行為が起こり，男尊女卑文化（男性に価値）では女性蔑視行為が起こる一方，男女平等文化（男女同じ）では女性蔑視行為は起こらない。

　このように価値が行為を規定するが，（規定されて生起した）行為には，当該価値が象徴的意味として付加されている。

　ここで象徴（symbol）とは，両義的な意味作用をする記号を言い（中野[1993a]），例えば，「ハト」という記号は，鳥類の「鳩」だけでなく，「平和」という意味作用も持っている象徴である（「ハト」は「平和」を象徴）。ここで鳥類の「鳩」という第1の意味はデノテーション（denotation；明示的意味／表示義），「平和」という第2の意味は，コノテーション（connotation：伴示的意味／共示義）と言われる（デノテーションは一般に万国万人共通だが，コノテーションは国や文化や個人によって異なる；木藤 [1991]）[6]。

　先の例では，起立・礼・着席という小学生の行為に，日本文化の「和」という価値が象徴的意味（コノテーション）として読み取れるし，生産性・効率性を考える近代西欧人の行為に，（当時の植民地の人々は）近代西欧文化の「先進性」という価値を象徴的意味（コノテーション）として読み取ったであろう。トーテミズムや紫の衣の例では，トーテムや紫衣と言う物自体，そしてそれらを崇拝する行為に，当該トーテミズム文化圏の「部族の始祖」という価値や，「紫は高貴」という価値が象徴的意味（コノテーション）として読み取れる。

　これら人々の行為が，ある類似性・規則性をもって繰り返し行われることによって，一定の型や構造が獲得される。そしてその構造に，何らかの規範やサンクション（罰則／報酬）があるとき，制度となる（宮島 [2012]）。

（3）制　度

　制度（institution）とは，「（社会の機能的側面・諸機能システムにおける）人々の確定した行動様式の体系化」であり（佐藤 [1993]），行為が繰り返されて一定

の構造を持ち，そこに規範やサンクションが加わって成立する。

　ここで規範（norm）とは，「社会や集団において，成員の社会的行為に一定の拘束を加えて規整する規則一般」のことである（濱嶋ほか編［2005］）。この規範には，①慣習（custom, convention），②道徳（moral），③法（law），の3種があり，この順番で逸脱・同調した場合のサンクション（罰則／報酬）が大きくなる（友枝［1996］［2006］）。

　制度と言う言葉は，法制度と使われるように，日本語では成文化された行為規制のシステムを指すことが多いが，それだけでなく，言語もさまざまなコード（規則や規範）を持つ制度であり，慣習（家族が子どもの誕生日を毎年祝うこと，など）も制度である（cf. 宮島［2012］）。「制度」と「規範」は関連の深い概念であるが，本書では，規範（ルール）によって維持される行動（行為）様式の体系を「制度」と考える[7]。制度の同調へは正のサンクション（肯定的評価など），逸脱へは負のサンクション（村八分など）が行われる。

　この制度にも，上で見た行為と同様，当該文化の持つ価値が象徴的意味（コノテーション）として付加されている。例えば，礼に始まり礼に終わる日本の武道の作法（一つの制度；礼を失する態度は師範から叱責［負のサンクション］される）には，相手を尊重する日本的な「和」の文化の価値が象徴的意味（コノテーション）として付加されている。その結果，オリンピックで柔道とレスリングの試合を見比べると，（礼に始まり礼に終わる）柔道の試合形式に，日本の和の文化の価値を象徴的に欧米人は読み取ることになる。

　制度は，社会の変遷と共に変化する。伝統社会では，習俗としての制度が自明的に安定しているのに対し，近代社会では，（自明だった）制度が明文化されて法や組織に機構化される。現代の大衆社会になると，制度に持続性がなくなり，制度の融解現象が起こると言われる（cf. Samner［1906］,『百科事典マイペディア』https://kotobank.jp/dictionary/mypedia/）。

（4）構造の模式図

①　全体の模式図

　3要素（価値・行為・制度）による文化の構造は，図表1－1のようになる。すなわち，各文化圏において，人々の心の中にある「価値」が人々の「行為」を規定し，それら行為がある規則性の下に繰り返し行われてサンクションを持つ

▶**図表1−1　文化の構造**

とき「制度」となる（「制度」が形成されると，それが「行為」や「価値」を規定するという逆方向の影響関係も生じる）。これら「行為」や「制度」には，「価値」が象徴的意味として付加されている。外部者を含め人々の目に映るのは制度や行為であるが，それらを分析することによって，その背後に象徴的意味として付加されている価値を見出すことができる。

　この文化項目（行為・制度）の象徴的意味（価値）を読み解くのが文化記号論であり，ソシュール（de Saussure, Ferdinand）の構造主義言語学（言語の意味を解釈）を文化の分析に援用し，文化現象（文化項目）の意味を解釈する（cf. 清水［2010］，池上・山中・唐須［1994］）。

ソシュールの構造主義言語学の2つの原理

　文化記号論が依拠するソシュールの構造主義言語学には，2つの原理がある。

　第1に，恣意性（arbitraire）である。ソシュールが自己の言語学の第1原理と呼んだもので（de Saussure［1949］），記号（言語記号など；シーニュsigne）は，記号表現（シニフィアン signifiant：例：「犬」という字，/inu/ という音）と記号内容（シニフィエ signifié；例：「犬」や /inu/ が意味する実際の動物）から構成されるが，この両者の結び付きは恣意的であると考える（丸山［1981］，加賀野井［2004］）。4本足の吼える哺乳動物（記号内容）はたまたま「犬」という字（記号表現）を当てられているが，「猫」という字（記号表現）でもよかったのである。毛が織物の原料になる角のある草食動物（記号内容）はたまたま /hitsuji/ という音（記号表現）で呼ばれるが，/shitsuji/ という音（記号表現）でもよかったのである。どの記号表現（字や音）に，どの記号内容（実際の動物など）を当てるかはまったく恣意的なのである。

　第2に，示差性（caractère différentiel）である。「羊」は，英語では sheep，フランス語では mouton だが，sheep＝mouton ではない。フランス語の mouton は，羊肉にも生きた羊にも使えるが，英語の sheep は生きた羊に使われ，羊肉は

mutton である（cf. 加賀野井［2004］）。つまり，フランス語と英語で，世界の切り取り方が違うのである[8]。ソシュールは，「言語が現れないうちは，何一つ分明なものはない」と言っており（de Saussure［1949］），言語が出現してはじめて，混沌とした世界が，一つの概念（記号内容；例：羊の概念）と，一つの音（記号表現；例：/hitsuji/ という音）の恣意的な組合せとして，切り出される。この恣意的な組合せとしての言語の体系は，「差異の体系」と呼ばれるように（丸山［1983］，町田［2004］），一つ一つの語が独立して成立しているのではなく，他の語との関係性の中で，違うもの（差異のあるもの）として成立している（英語では生きた羊と羊肉で異なる語があるが，フランス語ではないので，mouton が両者の存在［記号内容］を引き受けている）。このような性質を，示差性と呼ぶ。「関係の中では，意味を持つのは差異だけである」というのがソシュールの根本原理である（丸山［1981］［1983］）。

このようなソシュールの構造主義言語学の2つの原理（恣意性・示差性）を基礎としているので，文化記号論でも，文化項目（行為・制度）の解釈において，文化の恣意性・示差性の立場に立つ。

恣意性については，どの文化項目（行為・制度）がどのような意味（価値）を持つかは恣意的である。例えば，電車の遅れという事象について，日仏英の定刻発車率はほぼ90％であるが，遅れの捉え方が大きく異なり，JR 東日本の新幹線では1分以上遅れた列車はすべて「遅れ」だが，フランスの超高速列車 TGV では14分遅れて初めて「遅れ」となり，イギリスでは普通列車で15分以上，特急のインターシティでも10分以上遅れて初めて「遅れ」となる（三戸［2005］）。この事象（列車の遅れ）の解釈から読み解けるのは，遅れに対する国による価値観の違いであり，正確性に価値を置く日本人は1分の遅れにも神経をとがらす一方，英仏の人々は数分の遅れなどまったく気にしないのである[9]。一つの文化項目（列車の遅れ）にどのような価値（象徴的意味）を付与するかは文化によって恣意的なのであり，本書もこの立場に立つ。

示差性については，日本の天皇と欧米の王の違いに見られる。例えば，大和・奈良時代の天皇は，名実ともに欧米の王に比肩しうるものだったと考えられるが，鎌倉時代以降は，幕府の将軍というもう一つの権力（官位は下である）が出現したために，同じ名称でありながら，意味づけが大きく低下した（「王」という記号表現の位置に，「天皇」に加え，実質的な王の「将軍」が割り込んできたために，「天皇」の記号内容が押されて小さくなった；cf. 丸山［1981］）。このように一つ

の文化項目（その国の王）の意味づけも，当該社会の関係性の中で，どのような異なる他者がいるかによって象徴的意味が異なるという示差性を持っており，本書もこの立場に立つ。

②　下位文化を含めた模式図

これまで日本文化など，1つの国全体を対象とした文化を念頭に議論してきたが，日本国内にも多くの下位文化（サブカルチャー；subculture）が存在する（関西文化，オタク文化，など）。下位文化は，「ある社会を構成する一部の人々によって担われた特有な行動様式や価値基準によって特徴づけられた文化」と定義され（松沢［1993］），民族，地域，職業などさまざまな諸集団ごとに存在する。この下位文化も含めて文化の構造を示すと，図表1－2のようになる。

「文化」は，ある社会や集団で共有されたものであり（Kluckhohn & Kelly［1945］，Hall［1976］，吉田［1994］，江村［2003］），図表のように，国という集団全体で共有されたなら一国の文化（アメリカ文化など）となり，特定集団レベルで共有されたなら下位文化となる（ヒッピー文化など）。個人レベルでは，特定の価値を持ち，特定の行為を行っていたとしても，文化とは呼べない（文化の成立のためには集団の存在は不可欠；もちろん，一度特定集団・特定国において文化が形成されたなら，当該文化が［当該文化圏に属する］個人に影響を与えるのは言うまでもない）。

このように文化の成立のためには集団の存在が不可欠であるが，どの程度の集団規模が必要かについては，下位文化の「臨界値（critical mass）」の理論がある（Fischer［1975］，cf. 松本［2008］）。一定の市場メカニズムを前提にした場合，

▶図表1－2　国の文化と下位文化（サブカルチャー）

	個人	集団		国
制度	（注）			
行為				
価値				

　　　　　　　　　　↑下位文化　　↑国の文化
　　　　　　　　　（サブカルチャー）

注：個人×制度のセルは，a. 個人だけでは制度は生じない一方，b. 制度ができた後は個人はその影響を受ける。

ある下位文化を支える人口の規模が一定水準を超えると，下位文化を支える諸制度（服装のスタイル，新聞，結社など）が確立され，下位文化の社会的境界が定められ，下位文化が強化されると言う。この「人口の規模」については明確な基準はないが，（都市における犯罪者のコミュニティ研究において）独自の集会場やたまり場が制度の一つとして例示されているように（Fischer [1975]），それほど大規模でなくとも下位文化は十分形成されうることが理解される。

（5）日本文化の構造

日本文化を例に，この価値・行為・制度の３要素による構造を考えると，図表１－３のように表せる。

① 集団主義文化

日本は集団主義文化（「和」の文化）の国と言われるが（Hofstede [1980] [1991]，Triandis [1988] [1995]，Trompenaars [1993]，House et al. [2004]；日本人による膨大な先行研究は以下を参照；南 [1994]），「（集団主義とは，）集団の目標を個人の目標より優先すること」（高野・櫻坂 [1997]）と定義されるように，「価

▶図表１－３ 日本文化の構造（価値・行為・制度）の例

文化名	価値	行為	制度
集団主義文化（「和」の文化）	周りとの和を大切にする	皆の意見を聞く 世話になった人に感謝 相手に丁寧に挨拶する 皆と同じものを買う	稟議制度 中元・歳暮 武道の作法（礼に始まり，礼に終わる） 流行現象
清潔文化	清浄という美的価値を重視	汚れなき製品購買 壊れない製品生産	見た目重視の購買習慣 （生産現場の）改善活動
雑種文化	良いものは何でも評価する	何でも崇拝する 何でも食べる	初詣（神道）・お盆（仏教）・Xmas（キリスト教） 和洋中（外食も内食も）

値」としては，周り（集団）との和を大切にする，と捉えられる。この価値に規定されて，「（意思決定前に）皆の意見を聞く」という行為が生まれ，それがある規則性をもって繰り返し行われて，会社などで「稟議制度」という制度が生まれる。企業の稟議制度は負のサンクションをもっており，制度通りの承認印を稟議書に適切に手早く捺印しないと上司から叱責される。

　同様に，この価値に規定されて，「世話になった人に感謝」「相手に丁寧に挨拶する」「皆と同じものを買う」などの行為が生まれ，それらが規則性をもって繰り返されて，「中元・歳暮」「武道の作法」「（他国に比べ多い）流行現象」などの制度が生まれる。「稟議制度」は，企業や官公庁などで明文化されているが，「中元・歳暮」「武道の作法」「流行現象」は，法律その他で明文化されてはいないが，「制度」である。ただ，これら三者は，サンクションの弱い「慣習」に属する制度なので，逸脱した場合の負のサンクションは比較的弱い（中元・歳暮をやらなくても，「あの人は恩を忘れる薄情者だ」という評判が立つ程度，など）。

　これら稟議制度，中元・歳暮，武道の作法，流行現象には，日本の集団主義文化（「和」の文化）の「周りとの和を大切にする」という価値が象徴的に付加されていることが読み取れる。

②　清潔文化

　日本には清潔文化とでも言うべき，きれいなものを愛する文化があるが，その「価値」は清浄という美的価値と考えられる（cf. 福田［1957］，大野［1966］，梅原［1967］，高階［1978］，三浦［2013］）。ヨーロッパの哲学が真善美聖を最高価値とするのに対し，神道に由来する日本文化の価値の中心は清浄という美的価値に置かれており（梅原［1967］），この価値に規定されて，曲がったきゅうりを避け，へこんだ洗剤ボトルを避けるなど「汚れなき製品選択」の行為が生まれ，それが規則性をもって繰り返されて，見た目重視の購買習慣という日本人の特徴が生まれる。ただこの習慣（制度）への負のサンクションの水準は低く，見た目を重視しなくても，「繊細さが足りない」と陰口を叩かれる程度である。

　清浄という「価値」は，生産現場では，「壊れない（完璧な）製品生産」を目指すという行為を生み出し，それが規則性をもって繰り返されて，世界に冠たる「（生産現場の）改善活動」という制度を生み出した。改善活動については，PDCAの手順など明文化されている部分と理念・考え方など明文化されていない部分があるが，逸脱した場合には負のサンクション（指導・減給その他）があ

る一方，同調した社員には正のサンクション（匠としての表彰など）がある。

　これら見た目重視の購買習慣や生産現場の改善活動には，清浄という美的価値を重視する日本文化の象徴的意味が付加されていることが読み取れる。

③　雑種文化

　日本には雑種文化という文化があると言われるが（加藤［1955］［1956］)[10]，その「価値」は「良いものは何でも評価する」ことだと言える。日本文化の雑種性（雑種文化）とは，西洋文明の「純粋種」に対し，東洋に西洋が接ぎ木された日本を「雑種」として捉えたものであり（加藤［1955］［1956］)，この価値に規定されて，「（ありがたいものは）何でも崇拝する」という行為が生まれ，それが規則性をもって繰り返されて，初詣・お盆・Xmas という異なる宗教の制度が並存することになる。これら制度をすべて行わない人には，「怠け者」，「不信心者」などの悪い評判（負のサンクション）が少し立つ。

　また，この価値に規定されて，「（おいしいものは）何でも食べる」という行為が生まれ，それが規則性をもって繰り返されて，外食も内食も，和洋中何でも食べる（作る）という日本人の食習慣（制度）が生まれた。この制度には負のサンクションは少なく（中華しか食べない人は「偏食だな」と思われる程度），正のサンクションが若干ある程度（何でも食べて，作って，探す人を「グルメ」と多少評価するなど）である。

　これら初詣・お盆・Xmas を宗教に関わりなくすべて行う日本的慣行や和洋中何でも食する日本的食習慣には，良いものはなんでも評価するという日本の文化の価値が象徴的意味として付加されていると感じられる。

（6）消費文化の構造

　以上のように，日本文化における価値（周りとの和を大切にする，など）に規定されて，多くの日常の制度（稟議制度，中元・歳暮，など）が生まれており，価値→行為→制度という3層の構造で文化が理解できること，それら制度には日本文化の価値が象徴的意味として付加されていること，が理解された。

　そこで続いて，企業の製品・サービスを例に取り上げ，それらの持つ文化（消費文化）の構造を，この3層構造で考察する。以下では，まず消費文化についての過去の代表的研究を簡潔にレビューし，その後，本章の枠組み（価値・行為・

制度の 3 層構造）で消費文化を分析する。

①　消費文化の先行研究

　消費文化（Consumption Culture, Consumer Culture）については，これまでボードリヤール（Baudrillard, Jean），バルト（Barthes, Roland），ダグラス（Douglas, Mary），マクラッケン（McCracken, Grant），星野克美などが論じているが，基本的分析手法は記号論の考え方に基づいている。

　ボードリヤールは，ソシュールの言語学（de Saussure [1949]）の影響も受けつつ（今村・塚原 [1979]），現代の消費秩序を記号操作の秩序とした上で，消費過程を，a. コードに基づいた意味づけとコミュニケーションの過程，b. 分類と社会的差異化の過程としている（Baudrillard [1970]）。バルトは，イェルムスレウ（Hjelmslev, Louis）の言語理論（Hjelmslev [1943]）に拠って[11]，記号表現と記号内容による図表を用いて，ファッション（衣服）という消費モードを分析している（Barthes [1967]）。文化人類学者のダグラスは，「消費こそ文化をめぐる闘い」の場と捉えた上で，消費とは所与の出来事に意味を付与する儀礼の過程と捉えている（Douglas [1979]）。マクラッケンは，「言語としてのモノ」というアプローチで消費活動を分析しているし（McCracken [1988]），星野も，バルトなどに拠りながら，記号として（つまり意味あるものとして）消費される製品・サービスを捉えている（星野 [1984]）。

　マーケティング・消費者行動研究分野において，近年，CCT（Consumer Culture Theory；消費者文化理論）という名称がよく用いられる。これは，Hirschman & Holbrook [1982] などに始まるいわゆるポストモダン消費者行動研究と言われる研究分野のことであり，製品の購買意思決定だけでなく，使用（や廃棄）における消費の象徴性などを考える（cf. 松井 [2010]）。

　この CCT の主要研究分野としては，a. 消費者のアイデンティティ構築，b. 市場文化，c. 消費の社会・歴史的様式，d. マスメディア上の市場イデオロギーとそれへの消費者の解釈戦略，という 4 つがあると言う（Arnould & Thompson [2005]；cf. 松井 [2010]）。これら諸分野の CCT は，みな基本的に，製品や消費行為の象徴的意味を捉えて分析しており，先にみたボードリヤール以来の消費文化論と同じく，方法論的には記号論の立場に立っている（もしくは近い）（cf. Belk & Sherry [2007]，松井 [2010]）[12]。

　このようにボードリヤールらの消費文化論においても，ポストモダン消費者行

動研究（CCT 研究）においても，「消費」を１つの文化と捉え，そこにおける製品や消費行為の象徴的意味を分析している。この方法論は，文化人類学や社会学が各国文化の文化諸項目（行為，物，制度など）の象徴的意味を考察してきた方法論と同一である。文化の分析は，一国全体の文化であれ，消費文化であれ，それぞれの文化諸項目（行為，物，制度など）に象徴的意味として付加されている価値（意味）を分析するのが基本となるのである。

② 製品・サービスにおける消費文化の構造

消費文化の先行研究（消費文化論，ポストモダン消費者行動研究／CCT 研究）では，製品・サービスや消費行為の象徴的意味を分析しており，この立場は本書でも引き継がれる。一つ大きく異なる点は，従来の諸研究が象徴的意味（価値）だけを重視していた傾向があったのに対し，本書では，価値だけでなく，行為，制度まで含めて，文化（消費文化）を３層構造で分析・解明しようとする点である[13]。この新たな視点で分析することによって，消費文化に関する研究はさらなる発展を遂げると考える。

製品・サービスなどの消費分野では，サンクションの水準の高い制度（法・道徳）にまでなっているものはほぼなく，あるとしてもサンクションの水準の低い習慣（消費習慣）のレベルである。消費文化にまでは達していないものも含めて例をあげると，図表１－４のようになる。

外国企業の例

コカ・コーラは，第２次世界大戦後に世界中に広まったが，その価値は，「アメリカ的な豊かさ」と考えられる。この価値に憧れて，コカ・コーラを飲むという行為が世界中に広がり，アメリカ的な豊かな食事としてのハンバーガーなどにぴったりの，また新しい時代を創る若者たちの生活にぴったりの飲料として，コカ・コーラを飲むという飲用習慣（制度）が世界に生まれた。第２次大戦後の日本では，コカ・コーラを飲むという行為・制度，またコカ・コーラ自体に，アメリカ的な豊かさという価値が象徴的意味として付加されていた。

マクドナルドは，効率的で先進的という価値をもっていたが（レビットは「サービスの工業化」をなしえた企業としてマクドナルドをあげている；cf. Levitt［1976］），米国内ではそれが行為・制度となり，ファストフードの文化を創った。一方，マクドナルドが進出した海外では，さらに「豊かさ」も価値として加

▶図表1－4 製品・サービスの持つ消費文化の構造（価値・行為・制度）
　　　　　の例

製品・サービス	文化名	価値 （製品コンセプト）	行為	制度
コカ・コーラ	コカ・コーラ文化	アメリカ的な豊かさ	アメリカ的なコカ・コーラを飲む	アメリカ的豊かな生活に不可欠なコカ・コーラ
マクドナルド	ファストフード文化	効率的で先進的で豊か	効率的で豊かなファストフードで食事	効率的で豊かな生活に不可欠なファストフード
メルセデス・ベンツ	ドイツ高級車文化	ドイツ的で高級・高品質	ドイツ的なベンツに乗る	ドイツ的で高級な生活に不可欠なベンツ
トヨタ	高品質ものづくり文化	高品質で壊れない	高品質のトヨタ車に乗る	着実で信頼感ある生活に不可欠なトヨタ
セブン－イレブン	コンビニ文化	便利で先進的	便利なCVSで購買	効率的な生活に不可欠なセブン－イレブン
ヤクルト	乳酸菌文化	乳酸菌が健康を作る	健康なヤクルトを飲む	健康生活に不可欠なヤクルト
グリコ「ポッキー」	シェアハピ文化	シェアハピネス	皆でポッキーを分け合う	（シェアハピ生活に不可欠なポッキー）

わり、「効率的で先進的で豊か」な価値を持つものとして、行為（消費）され、アメリカの豊かで効率的な消費文化を象徴する制度（習慣）となっていった。

　メルセデス・ベンツは、「ドイツ的で高級・高品質」という価値を持っており、その価値に憧れる世界の人々がベンツに乗り、各国の富裕層などの下位集団において、ドイツ的で高級な生活を構成する高級車の定番になり、常にベンツに乗用する習慣（制度）になっている。ベンツに乗るという行為・制度、またベンツ自体には、高級・高品質、富裕層、ドイツ的といった象徴的意味が付加されている。

日本企業の例

　トヨタは、「高品質で壊れない」という高品質ものづくり文化とでも呼ぶべき価値を持っており、それを評価する世界の人々がトヨタ車に乗り、着実で信頼感ある生活を構成する普及車定番としてのトヨタ車に乗るという乗用習慣（制度）

が生まれた。日本のセブン-イレブンは，「便利で効率的」という価値を持つ現在のコンビニ・システムを作り上げ，その価値を評価するアジアの人々が，日本的で効率的な生活に不可欠な小売業態として，セブン-イレブンで購買する消費習慣（制度）を生み出した。トヨタ車に乗る，セブン-イレブンで買うという行為・制度，またそれら企業自体には，高品質で壊れない，便利で効率的という価値が，日本的という価値と共に，象徴的意味として付加されている。

　ヤクルトは，乳酸菌文化とでも言うべきものを主張しているが，その価値は「乳酸菌は健康」であり，それを評価する消費者がヤクルトを飲むという行為を行う。高度成長期の日本では制度（飲用習慣）になっていたし，近年，東南アジアでは，ヤクルトを毎日飲むという飲用習慣が出来つつある。そこでは宅配するヤクルトレディの存在が大きく，サンクションの少ない消費活動を習慣（制度）としていくためには，チャネル戦略も重要であることがわかる。宅配制度を使ってヤクルトを飲むという行為・制度，またヤクルト自体には，健康を重視しているという価値が象徴的に読み取れ始めている。

　これら消費文化になっている（なりつつある）事例に対し，図表の最後は，消費文化の創造途上のものである。グリコ「ポッキー」のブランド・コンセプト（価値）は「シェアハピネス（Share Happiness）」であり，2015年，三代目 J Soul Brothers を起用した TVCM でシェアハピ・ダンスを流行させるなど，「シェアハピ文化」を提案している。その価値を評価する消費者は皆でポッキーをシェアして食べる（行為）。ただ，皆で幸せを分け合う生活を消費者が評価し，その生活を構成する重要部分としてポッキーを高く評価して，はじめて制度（購買習慣）となるが，そこまでは至っていない。ポッキーの日（11月11日）に限っては，購買習慣にはなりつつあるが，ただ，当日にポッキーを食べている人を見ても，シェアハピネスという価値を象徴的に読み取る人は少ないと考えられるので，この点でも消費文化への途上と言える。

　このように，製品・サービスに関する消費文化においても，価値・行為・制度という3層構造で分析できることが理解された（消費文化の中では，マクドナルドなどの「ファストフード」，そのアンチとしての「スローフード」は，世界の大きな文化になった消費文化の例と考えられる；cf. 原田・三浦［2007］）。

　ただ，製品・サービスの消費習慣という制度は，制度の中でももっともサンクションの水準が低いものであり，その制度化（消費文化の創造）のためには，上

記ヤクルトのチャネル戦略などのように，さまざまな戦略を構築することが不可欠と考えられる（この戦略については，第 4 章で詳述）。

3　関連研究との関係

　最後に本節では，文化および消費文化を分析する際に参考になる関連研究として，カルチュラル・スタディーズを取り上げる。

カルチュラル・スタディーズ

　文化を学際的に分析するカルチュラル・スタディーズは，第 2 次世界大戦後のイギリスで生まれた社会学の一分野である（上野・毛利 [2000]，田中 [2017]）。ウォークマンやマンガなど若者文化の分析によく用いられるが，その本質は，文化的な現象や出来事を「意味の形成をめぐる闘争の場」とみなし，文化と権力の間の関係を捉えることにある（田中 [2017]）。近年，自治体の PR 動画やビールやおむつの CM などに炎上が相次いでいるが，これは文化的事象（男女の関係，育児など）の持つ意味の解釈をめぐる闘争なのである。旧来からの男性社会の意味づけとそれに反発する若い世代の意味づけの間の綱引きなのであり，それを分析してくれるのがカルチュラル・スタディーズである。

　カルチュラル・スタディーズは，文化的現象を意味の闘争の場と捉えるので，言葉の意味を分析する記号論・言語学の概念も用いる。ポピュリズム（populism；大衆迎合主義）に関する研究では，1970 年代のサッチャリズムをポピュリズムの典型として取り上げ，保守党のサッチャーが 10 年以上も権力を保持できたのは，a.「革命」という空虚なシニフィアン（記号表現），b. 敵対性，が鍵だったと分析した（Laclau [2005]；cf. 川村 [2017b]）。すなわち，サッチャーが，支持基盤の金持ち層を超えて国民全体の支持を得るために掲げた「革命」というスローガンは，国営企業の民営化にも，政府の権威を高めることにも，子どもを好きな学校に入れられるようにすることにも，どんな意味内容（シニフィエ）にも当てはまる「空虚なシニフィアン（シニフィエが確定していないシニフィアン）」であったので，右から左まで多くの国民の支持を（各国民が勝手に自分の都合の良いように意味づけて）得ることができた。また，英国病でイギリスを疲弊させた前政権の労働党を敵とすることによって，「革命」の持つ意味（記号内容）をさらに大きく見せて伝えることができた[14]。

　このようにカルチュラル・スタディーズは，文化的現象を意味形成をめぐる闘争と捉えるが，それは主に，a. サブカルチャー，b. 人種，c. ジェンダー，の場で行われる（cf. 吉見［2001］）。米映画「イージー・ライダー」（1969年）は，当時のサブカルチャーの若者ヒッピー文化とエスタブリッシュメント文化との闘争であり，アカデミー賞ノミネートは闘争勝利への序章であった。2017年大晦日の民放 TV 番組で出演者がブラックフェイス（黒塗りメイク）で登場して物議を醸したが，グローバルには人種は意味の闘争の場であることは，サッカーその他でよく見られる。そして，日本で決定的なのが，ジェンダーである。ジェンダーギャップ指数が世界153カ国中121位（世界経済フォーラム発表：2019年版）というジェンダー後進国の日本では，CM の炎上はほとんどこれである。これらは皆，既得権益層（エスタブリッシュメント，白人，男性）と非既得権益層（若者，非白人，女性）との間の意味形成の闘争と捉えられる。

　このようにカルチュラル・スタディーズは，文化的現象を「意味の形成をめぐる闘争の場」と捉えることによって，a. 意味形成の主体を重視しており，また，b.（闘争と捉えるということは）意味は可変的（動態的）と考えている。本書もこれらの立場に立つ。

おわりに

　本章では，文化を「（生活全般にわたる）価値と象徴のシステム」と定義し，その構造を，価値・行為・制度の3層からなるものとした。すなわち，文化の基底には（当該文化特有の）価値があり，それに規定されて行為・制度が生まれ，それら行為・制度に，当該価値が象徴的意味として付加されている。

　文化諸項目（行為，物，制度など）に価値や意味が付加されているというところまでは，これまでも消費文化論や文化記号論で議論されてきたが，本書の一番の特徴は，制度概念も用いて，文化の持続的・動態的過程をも捉える点にある。この3層の枠組みで，以下，文化および消費文化を分析していく。

〔注〕
1 ）フランス社会学では，モース以前に，デュルケムも「ハビトゥス」の概念を用いている（宮島［2012］）。
2 ）クラックホーンも，「文化」と「社会」の混同を戒めている（Kluckhohn［1949］）。彼によると，「社会」とは，（他の人たち以上に）相互に深い関係をもつ人々の集

団（目的達成のために協力する人々の集団）である一方，「文化」とは，それら集団共有の特色ある生き方である。「社会は関係のシステム，文化は価値・象徴のシステム」という本書の立場に近い。

3）実際，クローバーとクラックホーンは，「（文化とは，）人工的に作られた物が具体化したもので，人間集団の達成を構成し，象徴（シンボル）によって習得，かつ伝わってきた規範や行動」と述べているし（Kroeber & Kluckhohn [1952]；cf. Matsumoto [2000]），ギアツは，象徴（意味の運び手）と意味（認識・感情・道徳を含む思考一般）のシステムを「文化」と呼んでいる（Geertz [1973]；cf. 小泉 [2009]）。

4）人々の行いは，先に見た身体技法やハビトゥスのように，意識されずに行われるものも多く，特に「制度」にまでなっているものに多いが，最初の発生原理は，価値に規定されて意識的に行為がなされることが多いと考えられるので，本章では「行為」という用語でひとまず統一して説明する。

5）用語としては，価値（value）でなく，便益（benefit）を用いる論者も多い（Schmitt [1999] など）。

6）コノテーションを相対的に増大・深化させた記号が象徴（シンボル）であり，象徴を用いて神的・聖的力を得ることをシンボル（象徴）行動と言う（中野 [1993b]）。例えば，国旗・国歌（象徴）で国家的統合を行うのも，冠婚葬祭時の儀礼的装飾・衣装，身振りなどの象徴で，何らかの力（村落共同体の一致団結など）を得ようとするのも，シンボル行動である。

7）「規範を社会の各領域に具体化したもの」を，「制度」と呼ぶ論者もいる（友枝 [1996]）。

8）言語によって事象の切り取り方・分節の仕方が異なるので（例えば，虹の色は日本では 7 色，アメリカでは一時 6 色，シンバブエのショナ語で 4 色，リベリアのバッサ語で 2 色；加賀野井 [2004]），言語が人々の認識を規定し（言語的決定論），同一対象でも言語的背景が異なればその認識の仕方も異なる（言語的相対論）という考え方が生まれ，代表的研究者の名をとってサピア＝ウォーフ仮説と呼ばれる（葛野 [1997]）。

9）欧米の中では何事に対しても「正確」のイメージの強いドイツでは，「列車の遅れとは 3 分以上のこと」とベルリンで通勤電車を運行する独エスバーン・ベルリン社の広報は述べている（『朝日新聞』，2005.5.2）。

10）日本人は，日本的伝統的生活と西欧的近代的生活を同時に行っているという意味で，double life という概念で説明した論者もいる（Seidensticker [1983]，cf. Francks & Hunter [2012]）。

11) イェルムスレウは，記号の表現面も内容面も記号体系でない記号体系を外延的記号体系と呼び，表現面が記号体系である記号体系を内包的記号体系，内容面が記号体系である記号体系を超記号体系と呼んだ（Hjelmslev［1943］）。バルトも基本的にこの枠組みに則っている。本章の用語との関係で言えば，外延的記号体系がデノテーションに，内包的記号体系がコノテーションに当たる。超記号（メタ記号）体系は，本書では用いない。

12) 2006年にノートルダム大学で開かれた第1回の Consumer Culture Theory Conference での発表論文などをまとめた著作（Belk & Sherry［2007］）では，CCT の研究分野を6つにまとめているが（理論／行為主体，祝祭性，グローバル性，アイデンティティ，芸術性，コミュニティ；これらとは別に最後に「詩作」の7部目がある），各論文では，製品や消費行為のもつ意味が，国や製品ジャンルを超えて分析されており（cf. 松井［2010］），消費者行動における「意味」を考えるのが CCT 理論の核心と考えられる。

13) 構造の明示までは行かないが，デノテーションとコノテーションに基づく一般的な記号論の枠組みを超えるものとしては，イェルムスレウに拠るバルトの枠組み（Barthes［1967］）がある。そこでは，記号としての当該製品（記号表現と記号内容の組合せ）を記号内容部とする，一段上の記号表現部をメタ言語と呼んで分析する。ただ，メタ言語（当該製品を新たに名づける言語）として，「自然食志向」などを後の研究者があげているが（星野［1984］），「自然食志向」はメタ言語ではなく，コノテーションと捉えることも可能であり，本書ではこの立場（メタ言語を用いる立場）をとらない。

14) 小泉元首相の「（聖域なき）構造改革」，旧民主党の「政権交代」も同様に，空虚なシニフィアン（構造改革，政権交代）に，どんどん意味（記号内容：シニフィエ）を取り込んで成功したのであり，敵（郵政族など守旧派，自民党）を明示することによって，自己の戦略をさらに大きく見せた。

〔参考文献〕

池上嘉彦・山中桂一・唐須教光［1994］『文化記号論―ことばのコードと文化のコード―』，講談社。

池田理知子・E.M. クレーマー［2000］『異文化コミュニケーション・入門』，有斐閣。

今村仁司・塚原史［1979］「訳者あとがき」今村仁司・塚原史訳『消費社会の神話と構造』，紀伊國屋書店，pp.313-319。

上野俊哉・毛利嘉孝［2000］『カルチュラル・スタディーズ入門』，筑摩書房。

梅原猛［1967］『美と宗教の発見―創造的日本文化論―』，筑摩書房。

江村裕文［2003］「文化の定義のための覚書―文化その1」『異文化 論文編』，第4号，pp.112-123，法政大学国際文化学部企画広報委員会。

大島希巳江［2006］『日本の笑いと世界のユーモア―異文化コミュニケーションの観点から―』，世界思想社。

大野晋［1966］，『日本語の年輪』，岩波書店。

加賀野井秀一［2004］『ソシュール』，講談社。

加藤周一［1955］「日本文化の雑種性」『思想』，No. 372，pp.635-647。

―――［1956］『雑種文化―日本の小さな希望―』，講談社ミリオンブックス。

川村覚文［2017a］「ネット右翼，ナショナリズム，レイシズム」田中東子・山本敦久・安藤丈将編著『出来事から学ぶカルチュラル・スタディーズ』，ナカニシヤ出版，pp.213-226。

―――［2017b］「ポピュリズム，テレビ政治，ファシズム」田中東子・山本敦久・安藤丈将編著『出来事から学ぶカルチュラル・スタディーズ』，ナカニシヤ出版，pp.189-212。

木藤冬樹［1991］「コノテーション―感・主観のはざまで―」『東京外国語大学論集』，第43号，pp.1-23。

葛野浩昭［1997］「言語と文化」山下晋司・船曳建夫編『文化人類学キーワード』，有斐閣，pp.94-95。

桑山敬己［2005］「文化」山下晋司編『文化人類学入門―古典と現代をつなぐ20のモデル』，弘文堂，pp.208-219。

小泉潤二［2009］「テクストとしての文化」井上俊・伊藤公雄編『文化の社会学』，世界思想社，pp.43-52。

小坂国継［2008］『西洋の哲学・東洋の思想』，講談社。

佐藤勉［1993］「制度」森岡清美・塩原勉・本間康平編集代表『新社会学辞典』，有斐閣，p.863。

清水学［2010］「文化記号論」井上俊・長谷正人編著『文化社会学入門―テーマとツール―』，ミネルヴァ書房，pp.174-175。

高階秀爾［1978］，『日本近代の美意識』，青土社。

高野陽太郎・櫻坂英子［1997］「"日本人の集団主義"と"アメリカ人の個人主義"」『心理学研究』，Vol. 68，No. 4，日本心理学会，pp.312-327。

高柳光寿・竹内理三編［1974］『角川日本史辞典［第二版］』，角川書店。

田中東子［2017］「カルチュラル・スタディーズへの誘い」田中東子・山本敦久・安藤丈将編著『出来事から学ぶカルチュラル・スタディーズ』，ナカニシヤ出版，pp.1-12。

友枝敏雄［1996］「規範と制度」友枝敏雄・竹沢尚一郎・正村俊之・坂本佳鶴惠共著『社会学のエッセンス』，有斐閣，pp.113-128。

友枝敏雄［2006］「規範の社会学（２）」，『人間科学共生社会学』，第５号，pp.17-38，九州大学大学院人間環境学研究院。

中野收［1993a］「象徴」森岡清美・塩原勉・本間康平編集代表『新社会学辞典』，有斐閣，pp.735。

中野收［1993b］「シンボル行動」森岡清美・塩原勉・本間康平編集代表『新社会学辞典』，有斐閣，pp.797-978。

中村元・福永光司・田村芳朗・今野達・末木文美士編［2002］『岩波 仏教辞典第二版』，岩波書店。

夏刈康男・松岡雅裕・杉谷武信・木下征彦著［2011］『行為，構造，文化の社会学』，学文社。

濱嶋朗・竹内郁郎・石川晃弘編［2005］『社会学小辞典（新版増補版）』，有斐閣，p.78。

浜本満［2009］「機能主義の文化理論」井上俊・伊藤公雄編『文化の社会学』，世界思想社，pp.3-12。

原田保・三浦俊彦編［2007］『スロースタイル─生活デザインとポストマスマーケティング─』，新評論。

福田恒存［1957］『福田恒存評論集第四巻　日本および日本人』，新潮社。

星野克美［1984］『消費人類学─欲望を解く記号─』，東洋経済新報社。

─── ［1985］『消費の記号論─文化的逆転現象を解く─』，講談社。

町田健［2004］『ソシュールと言語学─コトバはなぜ通じるのか─』，講談社。

松井剛［2010］「（書評）*Consumer Culture Theory*（eds. by Belk & Sherry, 2007」『消費者行動研究』，Vol. 17, No. 1, pp.111-120。

松沢貴子［1993］「下位文化」森岡清美・塩原勉・本間康平編集代表『新社会学辞典』，有斐閣，p.147。

松本康［2008］「サブカルチャーの視点」井上俊・伊藤公雄編『都市的世界』，世界思想社，pp.53-62。

丸山圭三郎［1981］『ソシュールの思想』，岩波書店。

─── ［1983］『ソシュールを読む』，岩波書店。

三浦俊彦［2008］「ブランド戦略」原田保・三浦俊彦編著『マーケティング戦略論─レビュー・体系・ケース─』，芙蓉書房出版，pp.121-146。

─── ［2012］「コンテクストデザインに至る理論の流れ─言語学・心理学・芸術・文化人類学・経営・マーケティングなどの先行研究レビュー─」原田保・三浦俊彦・高井透編著『コンテクストデザイン戦略─価値発現のための理論と実

践一』，芙蓉書房出版，pp.23-74。

───［2013］『日本の消費者はなぜタフなのか─日本的・現代的特性とマーケティング対応─』，有斐閣。

三戸祐子［2005］『定刻発車』，新潮社。

南博［1994］『日本人論 明治から今日まで』，岩波書店。

宮島喬［1993］「文化」森岡清美・塩原勉・本間康平編集代表『新社会学辞典』，有斐閣，pp.1291-1293。

───［1994］『文化的再生産の社会学─ブルデュー理論からの展開─』，藤原書店。

───［2012］『社会学原論』，岩波書店。

村中知子［1993］「行為」森岡清美・塩原勉・本間康平編集代表『新社会学辞典』，有斐閣，p.408。

安野早己［2009］「構造主義」井上俊・伊藤公雄編『文化の社会学』，世界思想社，pp.23-32。

安田三郎［1980］「行動文化」安田三郎・塩原勉・富永健一・吉田民人編著『基礎社会学 第Ⅰ巻 社会的行為』，東洋経済新報社，pp.47-68。

吉田禎吾［1994］「文化」石川栄吉・梅棹忠夫・大林太良・蒲生正男・佐々木高明・祖父江孝男『［縮刷版］文化人類学辞典』，弘文堂。

吉見俊哉編［2001］『知の教科書 カルチュラル・スタディーズ』，講談社。

Aaker, David A. [1996] *Building Strong Brands*, The Free Press. （陶山計介・小林哲・梅本春夫・石垣智徳訳［1997］『ブランド優位の戦略』ダイヤモンド社）

Arnould, Eric J. and Craig J. Thompson [2005] *"Consumer Culture Theory (CCT): Twenty Years of Research,"* *Journal of Consumer Research*, Vol. 31, No. 4, pp.868-882.

Barthes, Roland [1967] *Système de la Mode*, Éditions du Seuil. （佐藤信夫訳［1972］『モードの体系─その言語表現による記号学的分析─』，みすず書房）

Baudrillard, Jean [1968] *Le Système des Objets*, Éditions Gallimard. （宇波彰訳［1980］『物の体系─記号の消費─』，法政大学出版局）

Baudrillard, Jean [1970] *La Société de Consommation: Ses Mythes, Ses Structures*, Éditions Planete. （今村仁司・塚原史訳［1979］『消費社会の神話と構造』，紀伊國屋書店）

Belk, Russel W. and John F. Sherry Jr. [2007] *Consumer Culture Theory*, JAI Press.

Boas, Franz [1911] *The Mind of Primitive Man*, The Macmillan Company.

Bourdieu, Pierre et Jean-Claude Passeron [1970] *La Reproduction: Elements pour une Théorie du Système d'Enseignement*, Editions de Minuit.（宮島喬訳［1991］，『再生産』，藤原書店）

Bourdieu, Pierre［1979］*La Distinction: Critique Sociale du Jugement*, Éditions de Minuit.（石井洋二郎訳［1990］『ディスタンクシオン―社会的判断力批判Ⅰ・Ⅱ―』，藤原書店）

Brooker, Peter［1999］*Cultural Theory: A Glossary*, Arnold.（有元健・本橋哲也訳『文化理論用語集―カルチュラル・スタディーズ＋（プラス）―』，新曜社，p.202）

Douglas, Mary［1979］*The World of Goods*, Basic Books Inc.（浅田彰・佐和隆光訳［1984］『儀礼としての消費―財と消費の経済人類学―』，新曜社）

Durkheim, Émile［1895］*Les Régles de la Méthode Sociologique*, Presses Universitaires de France.（宮島喬訳［1978］『社会学的方法の規準』，岩波書店）

Fischer, Claude S.［1975］"Toward a Subcultural Theory of Urbanism," *American Journal of Sociology*, Vol. 80, No. 6.（「アーバニズムの下位文化理論へ向けて」奥田道大・広田康生編訳［1983］『都市の理論のために―現代都市社会学の再検討―』，多賀出版）

Francks, Penelope and Janet Hunter［2012］"Introduction：Japan's Consumption History in Comparative Perspective," in Francks, P. and J. Hunter (eds.), *The Historical Consumer: Consumption and Everyday Life in Japan, 1850-2000*, Palgrabe Macmillan.

Geertz, Cliford［1973］*The Interpretation of Cultures: Selected Essays*, Basic Books.（文化記号論吉田禎吾・柳川啓一・中牧弘允・板橋作美訳［1987］『文化の解釈学Ⅰ・Ⅱ』，岩波書店）

Hall, Edward T.［1976］*Beyond Culture*, Anchor Press.（岩田慶治・谷泰訳［1979］『文化を超えて』，TBSブリタニカ）

Hawkes, Terence［1977］*Structuralism and Semiotics*, Methuen & Co. Ltd.（池上嘉彦訳［1979］『構造主義と記号論』，紀伊國屋書店）

Hirschman, Elizabeth C. and Morris B. Holbrook［1982］"Hedonic Consumption: Emerging Concepts, Methods and Propositions," *Journal of Marketing*, 46（Summer）, pp.92-101.

Hjelmslev, Louis［1943］"Omkring Sprogteoriens Grundlaggelse"（"Prolegmena to a Theory of Language," *Memoir 7 of the International Journal of American Linguistics*, Supplement of vol. 19, No. 1, translated by Francis J. Whitfield in 1953.（林栄一訳［1998］『言語理論序説』，ゆまに書房）

Hofstede, Geert [1980] *Culture's Consequences*, SAGE publications. (萬成博・安藤文四郎監訳 [1984] 『経営文化の国際比較―多国籍企業の中の国民性―』, 産業能率大学出版部)

Hofstede, Geert [1991] *Cultures and Organizations: Software of the Mind*, McGraw-Hill International (UK). (岩井紀子・岩井八郎訳 [1995] 『多文化世界―違いを学び共存への道を探る―』, 有斐閣)

Holbrook, Morris B. and Elizabeth C. Hirschman [1982] "The Experiential Aspects of Consumption: Consumer Fantasies, Feelings, and Fun," *Journal of Consumer Research*, 9 (2), pp.132-140.

House, Robert J., Paul J. Hanges, Mansour Javidan, Peter W. Dorfman, and Vipin Gupta [2004] *Culture, Leadership, and Organizations: The GLOBE Study of 62 Societies*, Sage Publications.

King, S. [1973] *Developing New Brands*, Sir Isac Pitman and Sons.

Kluckhohn, Clyde and W. H. Kelly [1945] "The Concept of Culture," in *The Science of Man in the World Crisis* (ed. Ralph Linton), Columbia University Press, pp.78-105.

Kluckhohn, Clyde [1949] *Mirror from Man: Anthropology and Modern Life*, McGraw-Hill. (外山滋比古・金丸由雄 [1971] 『文化人類学の世界―人間の鏡―』, 講談社)

Kroeber, Alfred Louis and Clyde Kluckhohn [1952] *Culture: A Critical Review of Concepts and Definitions*, Random House.

Laclau, Ernesto [2005] *On Populist Reason*, Verso.

Lévi-Strauss, Claude [1962] *La Pensée Sauvage*, Librairie Plon. (大橋保夫訳 [1976] 『野生の思考』, みすず書房)

Lévi-Strauss, Claude [1967] *Les Structures Élémentaires de la Paranté*, Mouton & Co and Maison des Sciences d' Homme. (福井和美訳 [2000] 『親族の基本構造』, 青弓社。但し, 原著の初版は, 1949年)

Levitt, Theodore [1976] "The Industrialization of Service," *Harvard Business Review*, September-October.

Malinowski, Bronislaw [1944] *A Scientific Theory of Culture*, The University of North Carolina Press. (姫岡勤・上子武次 [1958] 『文化の科学的理論』, 岩波書店)

Markus, Hazel R., and Shinobu Kitayama [1991] "Culture and Self: Implications for Cognition, Emotion, and Motivation," *Psychological Review*, 98, pp.224-253.

Mauss, Marcel [1968] *Sociologie et Anthropologie*, Presse Universitaires de

France.（有地亨・山口俊夫訳［1976］『社会学と人類学Ⅱ』，弘文堂）

Matsumoto, David［2000］*Culture and Psychology: People Around the World*, Wadsworth.（南雅彦・佐藤公代監訳［2001］『文化と心理学』，北大路書房）

McCracken, Gland［1988］*Culture and Consumption: New Approach to the Symbolic Character of consumer Goods and Activities*, Indiana University Press.（小池和子訳［1990］『文化と消費とシンボルと』，勁草書房）

Samner. William Graham［1906］*Folkways: A Study of the Sociological Importance of Usages, Manners, Customs, Mores, and Morals*, Ginn and Co.（青柳清孝・園田恭一・山本英治訳［1975］，『フォークウェイズ』，青木書店）

de Saussure, Ferdinand［1949］*Cours de Linguistique Generale*, Charles Bally et Albert Sechehaye.（小林英夫訳［1972］『一般言語学講義』，岩波書店）

Schmitt, B.H.［1999］*Experiential Marketing*, The Free Press.（嶋村和恵・広瀬盛一訳［2000］『経験価値マーケティング』ダイヤモンド社）

Seidensticker, Edward［1983］*Low City, High City: Tokyo from Edo to the Earthquake*, Alfred A. Knopf, Inc.

Triandis, Harry C.［1988］"Collectivism v. Individualism: A Reconceptualization of a Basic Concept in Cross-Cultural Social Psychology," in G.K. Verma and C. Bagley（eds）, *Cross-Cultural Studies of Personality, Attitudes and Cognition*, Macmillan, pp.60-95.

Triandis, Harry C.［1995］*Individualism and Collectivism*, Westview Press.（神山貴弥・藤原武弘編訳［2002］『個人主義と集団主義—2つのレンズを通して読み解く文化—』，北大路書房）

Trompenaars, Fons［1993］*Riding the Waves of Culture: Understanding Cultural Diversity in Business*, The Economist Books.

Tylor, Edward Burnett［1871］*Primitive Culture: Researches into the Development of Mythology, Philosophy, Religion, Art, and Custom*, Cambridge University Press.（Digitally printed version 2010）

第 | 2 | 章

文化変容と
カルチャー・コンピタンス・
マーケティング戦略

はじめに

本章では，カルチャー・コンピタンス・マーケテイング（以後CCM）戦略への豊かな示唆を得るために，CCMが完全な文化適応か，あるいは文化変容そのものであるという視点から，新たな文化変容モデルを提案することから始まる。

ある企業が海外市場へ進出する状況において，当該市場が自国文化とは異なる場合，市場参入は完全なる適応か異文化接触であり，完全な文化適応（進出企業が自文化を完全に捨て相手文化に完全適応をする）を除くと，何らかの異文化接触（CCM）による文化変容（市場の文化接触による変化）が起きる。つまり，CCMは完全文化適応か文化変容を目的に行われると規定される。

次に，CCMを策定するために必要な問題と諸概念について考察する。どのような文化変容マーケティングが可能なのか，それに必要なカルチャー・コンピタンス（企業がもつ文化資源の創造・調整能力）[1]は何か，接触する文化との親和性・中心性と文化間コンフリクト，文化変容モデル，市場魅力度分析，CCMポートフォリオについて議論していく。

1 文化形成と文化変容

文化形成に影響を与える要因は，適応すべき環境要因（自然環境）と固有の生得的な民族的特性（遺伝子的特性）から構成される。自然環境は，地理，気候，生態系などであり，こうした環境への適応が行われる。一方，遺伝子などの生得

的な民族的特性も文化の形成において重要な要因である。例えば，自然環境によって収穫される野菜・果物・穀物，動物，海産物の種類は変化し，さらには，民族的特性によってその料理方法や加工方法なども変わる。このことについて，Kluckhohn［1944］は以下のように述べている。「文化は人間の本性に源を発し，文化形式は人間の生物学的資質と自然法則によって制約される」。

　自然・社会環境と民族的特性によって，ある社会（地域，集団など）の文化が形成されるが，本論では，何をもって原文化であるかについて規定しない。なぜなら，歴史を遡ってどの文化が原文化であるかを決定することは極めて困難だからである。いつのどの文化が原文化かではなく，どのように形成されるかという原理について考えることにする。すなわち，自然環境と民族的特性によって形成されたと考えられる文化型を文化の形成とする。

　文化の形成段階においては，当初は個人や小集団のもつ価値・行為・制度から次第により大きな集団（個人→集団→国家など）へと文化の範囲が拡大する一方で，個人・小集団レベルで留まり，拡大しないで文化として認識されないこともある。個人レベルではまだ「文化の種」ともいうべき段階で未文化段階であり，ある程度以上の集団に共有されてはじめて文化となる[2]。

　一度，文化が形成されると，本書第 1 章で詳述されているように，そこには文化のもとで価値・行為・制度も形成されていく。その結果，社会的環境としての価値・行為・制度からも影響を受けることとなる。

　こうして形成された文化は，自文化内要因の変化と異文化接触によって変化することがある。文化を中心的に扱う文化人類学では，複数の文化が接触して起こる文化変容はこの文化変化の一形態と考えられている（原毅彦［1993］）。文化人類学における文化変容（acculturation）は，異文化接触による文化の変化として研究が行われている（Redfield, Linton and Herskovits［1936］, Bock［1979］）が，自文化内要因（異文化接触を受けない自己変化やイノベーションなど）による文化変容については言及されていない。

2　文化変容モデルの特徴と問題

　文化人類学において，文化変容は，「征服や植民地化，交易や宣教等によって起こるとされてきた。征服や植民地化の場合，征服した社会が征服された社会に自文化を強制的に押し付け，征服された社会は文化の受容を強制されうる。その

際，同時に征服した側の社会は，被征服社会の慣習を受容するという選択肢が出てくるのである。これに対して，交易や宣教等の友好的な接触の場合，受容側にはそれを受容するかどうかの選択の余地がある。また，両方の場合において，そのまま受容されるのではなく，受容過程で習合現象が見られることもある。また，受容に対して旧来の文化を求める土着主義運動が起こる事もある（寺本直城[2013]）」と考えられている。このような文化変容のプロセスを簡潔に表し，広く参照されている研究としてBerry[1976]による文化変容モデルが挙げられる。

Berryモデルでは，被支配社会の支配民族に対する関係を対象にしており，図表2−1「Berry[1976]による文化変容モデル」はその関係について文化変容プロセスの類型を示している。4つの類型が意味するものは以下の通りである。

同化は「自らの文化的アイデンティティを捨て，より大きな社会に移行し，被支配的なものがメインストリームに吸収される過程」であり，統合は「文化的アイデンティティを保持しながら支配的社会に参加することでモザイク状の社会となる過程である。また，隔離・分離については，「隔離とは支配的社会が他方を分割するためコントロールしている状態で，分離とは被支配的社会が自らを分割するためのコントロールをしている状態である。分離の場合は，独立した存在となるために，より大きな社会の外部で伝統的な生活を維持する過程」である。失文化は「伝統的文化やより大きな社会との文化的・心理的接触を欠いている状況であり，より大きな社会によって行われる文化同化政策や，被支配グループが自らに適用していけば周辺性という状況を構成する過程」である（Berry[1984]）。

Berryモデルは被支配民族の支配民族に対する関係を簡潔に描いており，人類学研究のみならず，他研究領域にいても応用可能な点が評価できる。しかし，マーケティング分野への適用となるといくつかの問題がある。

第1に，民族間の支配・被支配関係による文化変容を想定しており，マーケ

▶**図表2−1　Berry[1976]による文化変容モデル**

		文化的アイデンティティと慣習は保持されるべきか	
		Yes	No
より大きな社会の価値との肯定的な関係が求められるべきか	Yes	統合	同化
	No	隔離・分離	失文化

ティング現象（マーケティング行動や消費者行動など）における文化変容を考える上ではかなり単純化されすぎている点である。

第2に，文化変容には，Berry が文化変容の唯一の要因として想定している文化接触のみならず，文化接触無しの自己変化やイノベーションによる文化変容についての議論が必要である。

第3に，失文化は実証研究において否定的見解が下されている。また，支配・非支配関係においての文化変容を扱っているため，一般的な文化変容では想定されていないパターンがみられる。さらに，その他の類型においても，マーケティング現象におけるそれを議論するには改善が必要である。

第4に，文化の上位性・下位性，および，価値・行為・制度（詳細は本書第1章第2節「文化の構造」を参照）の観点が欠落している。国・地方・地域・コミュニティのどのレベルの文化を扱うのか，ファッションであれば，パリ・コレクションやミラノ・コレクション，欧州型や北米型，日本型やイギリス型，原宿型やストリート型，といった文化レベルと，価値・行為・制度のどこで文化を扱うのかという視座が必要である。

3 　新たな文化変容モデル

本節では CCM 戦略枠組みを提案するために，上記の問題を解決し，新たな要因を導入した新モデルを提案する。

（1）Berry モデルの問題と解決

第1の問題については，統合，隔離・分離による変容の再考である。支配・被支配関係ではない文化接触においては，Berry モデルでは単純過ぎる，あるいは不適切なものが含まれている。統合は現文化と接触異文化がモザイク状になることを指すが，単にモザイク状に混在するのではなく，元の文化がどの程度保たれるのか，あるいは接触文化がどの程度影響するのかを考えなくてはならない。例えば，日本のフランス料理店によく見られる懐石フレンチのように，箸，和食器，日本の伝統的食材を多用しながら，フランス料理の技法を用い，米飯ではなくパンを併せるなどのフュージョンがある。つまり，両文化の統合がどのようなバランスになっているのか，同じ統合でも，自文化と接触文化の統合のバランスの多

▶図表2－2　文化変容の例

	統合型 文化変容	同化型 文化変容	隔離・分離型 文化変容
文化接触による 文化変容	・日本における洋装と和装 　によるファッション ・洋食 ・和洋折衷建築	・ジーンズ ・恵方巻食習慣 ・ホテル	
イノベーション による文化変容	・エスプレッソ ・ウォシュレット（温水洗 　浄便座） ・i-mode		

様性について考える必要がある。隔離・分離については，政治的，制度的，統治的現象としては意味を有するが，マーケティングと文化の問題を扱う本研究においてはあまり意味を持たない。

　第2の問題であるが，文化変容モデルにおいて文化接触をもたない文化変化とイノベーションによる変化が必要不可欠であることは言うまでもない。文化接触の影響を受けずに，変容することがある。イノベーションは，自文化内から生まれ変容に及ぶ場合と異文化からの接触文化の場合がある。前者は文化接触によらない変容をもたらす可能性があり，後者は文化接触の一つと考えられる。図表2－2「文化変容の例」は文化接触による文化変容と自文化内イノベーションによる数例の文化変容を表している。

　文化接触による統合型・同化型文化変容についてみてみよう。我が国における衣服は，自文化である和装と文化接触による洋装が統合されている。日常シーンでは洋装が支配的だが，夏の浴衣や様々な機会で和服も着られている。日本の洋食（カツレツ，ビーフシチュウ，スパゲティ・ナポリタンなど）は，欧米の料理文化と日本のそれが統合されたもので，和食として浸透している。多くの家において，洋風のフローリングやカーペットに加え洋家具が用いられている一方で和室も混在している。同化型の例として，先ずジーンズ文化が挙げられ，アメリカ（jeans の名前の起源はイタリアのジェノバ Genova の古名 Gêne：ジェーヌが英語化したものでジェノバから輸出された。フランス・ニームのサージ serge de Nîmes：デニムも同じ生地である。両者とも欧州発である）文化に同化している。恵方巻きは，大阪（大阪文化というサブカルチャー）発祥だが，今日では多くの

地域で同化している。ホテルは欧米文化への同化の一例である。

　自国文化内イノベーションによる文化変容は全て統合型文化変容といえよう。イタリアのエスプレッソ（コーヒー）は圧力をかけて一気に淹れる（espresso：急行と言う意味）ベゼラ社が開発したエスプレッソ・マシーンによって普及したもので，それまでのコーヒーとは一線を画すものとなり，イタリアでは「コーヒーといえばエスプレッソ」となったが，従来のコーヒーも残っている。ウォシュレットはTOTOが開発した温水洗浄便座のブランドで各社異なるブランドで販売しているが，日本のトイレ習慣を大きく変えた。i-modeはNTTドコモによる日本独自のインターネット接続技術で，大きく我が国のコミュニケーションを変えた。

　第3の問題，失文化という変容パターンは，隔離・分離による変容と同様にあまり意味をもたず，むしろ，文化が変容した結果，元々の文化型を失ったにも関わらず，その破片だけが残っているという場合の文化喪失という全く異なる変容パターンを意味している。文化ミーム（文化遺伝子，Dawkins［1976］）を失った変化は文化の喪失であり，仮に，文化のかけらが形骸化して残っていても，その文化型はもはや存在せず，無関係なものとして浮遊する文化喪失となる場合がある（渡辺京二［2005］）。日本におけるクリスマスを例にとってみよう。英語のクリスマスはChrist・mass（キリストのためのミサ），フランス語のNoëlやイタリア語のNatale は降誕の意味をもち，共にキリストの降誕（誕生日では無い）を祝う宗教的祭日であるが，キリスト教徒を除けば，こうしたクリスマスの意味や宗教的要素などの元来の文化ミームを失った，いわば浮遊したかけらとしての行為や制度が残っているだけである。キリスト教が日本に伝来した当時は，キリスト者にとってのみキリスト教の文化ミームを継承したクリスマスという価値・行為・制度があったはずである。ただし，この文化喪失は統合型と区別することが困難で，多くの場合は統合型の極端なバランス（ほぼ自文化化した統合）を意味することも多い。

　第4の問題，すなわち文化の上位性・下位性は文化レベルの問題で，どのレベルの変容なのかを確認する必要がある。第1章図表1－2「国の文化と下位文化（サブカルチャー）」にあるように，サブカルチャー（ある特定集団だけの文化）なのか一国全体の文化なのか，さらに，価値・行為・制度のどこまでの変容なのかを考えなくてはならない。

　これまでの議論から，図表2－3「文化形成と文化変容モデル」では，Berry

▶図表2－3　文化形成と文化変容モデル

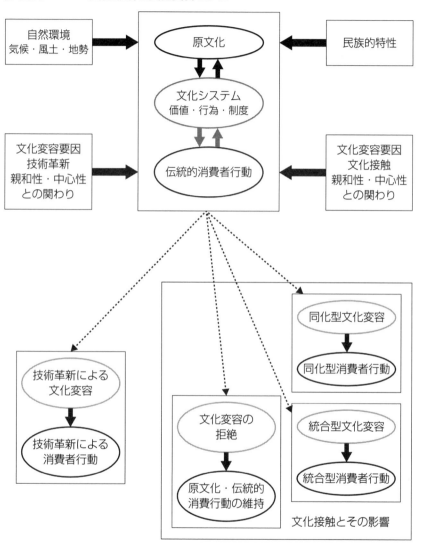

モデルから失文化を除いた異文化接触による同化，統合，隔離・分離，の三パターンを参考にし，新たに文化変容要因としてイノベーションを加えた。イノベーションは自文化内におけるものと異文化内のものに分けられ，異文化内イノベーションは異文化接触に含まれる。また，自文化内イノベーションは，文化人類学などの既存研究では扱われてこなかった文化変容要因である。

　文化接触は，文化とそこから生じた伝統的消費者行動を変容させ，文化の影響を残しながらも伝統的消費者行動に変化を起こし，①統合型文化変容による統合型消費者行動，②同化型文化変容による同化型消費者行動，③隔離・分離型文化変容による隔離・分離型消費者行動を出現させるかもしれない。しかし，Berryによる③隔離・分離型文化変容は自文化の継承であり，文化変容というよりは自文化の維持による隔離・分離型文化というべきであろう。イノベーションによる文化変容は同化型・隔離分離型文化変容をもたらすことは少なく，統合型文化変容となることが多い。

（2）親和性・中心性と文化間コンフリクトの導入

　文化変容の観点からマーケティング戦略へと発展させるためには，文化変容を意図的に行うことをCCM戦略と捉え，変容を促進・遅延させる要因である親和性，変容を文化のどのレベル（価値・行為・制度，上位・下位文化）まで可能とするか（CCMの成功可能レベル）を決める中心性，文化変容を拒否する要因としての文化間コンフリクト概念を導入することが必要である。

　第1の親和性は，イノベーションによってもたらされたコトやモノと接触文化の受容難易度（CCMの難易度でもある）に影響する要因である。親和性は自文化がイノベーション・接触文化とどの程度共通性／類似性があるかを表す概念である。言い換えれば，イノベーション・接触文化との関係性の程度であり，文化ミームの共通性とも言える。親和性が高ければ受容は容易で必要な時間も短くなり，低ければ受容は困難で必要な時間は長くなる。しかし，親和性は時間とともに動態的に変化しうる。当初は親和性が低くても，次第に慣れ親しむうちに高くなる可能性を持っている[3]。

　第2の中心性は，ある文化圏（CCMではターゲット市場）においてある文化（たとえば食文化）がどの程度重要な価値と結びついているかを表し，中心性が高い程その文化が重要で，低い程重要ではないこととなる。中心的価値と関わる

場合は，接触文化への関心や重要性が高い状態（高文化関与）となり，接触文化の本質を理解し，知識を十分に獲得した上で受容を判断することになる。一方，周辺的価値との関わりであれば，低文化関与となり，本質的な理念や十分な知識などの理解や獲得無しに，受容を判断することになる。結果として，接触文化が中心的価値と関わるのであれば，受容する場合は接触文化を本格的（上位文化，価値レベルという意味）に受け入れようとし，反対の場合は受容するとしても自文化による修整や変化が大きくなり，接触文化の本質を受け入れようとすることは無くなる。この点について，下記の例で考えてみよう。

　2018年版ミシュラン・ガイド（Guide Rouge）で星を獲得した東京のレストランの数は234店で都市別世界1位，2位のパリ104軒を大きく引き離している。さらに，東京の星付きフレンチ・レストランは53軒でパリ95軒に肉薄するほどの数となっている。これは驚くべき数字で，東京のフレンチ・レストランは外国料理，パリのフレンチは自国料理であるのだ。東京のフレンチ・レストランのレベルは極めて高く，東京では多くの人がフランス料理を楽しんでいる。

　日本人（伝統的日本料理）のフランス料理に対する親和性は高いとは言えないが，中心性は高いと言えよう。親和性が高いと言えない理由は，料理の文化的枠組みがかなり異なっている点である。一般に，日本では鰹節・昆布などの海産物を用いた出汁の文化であるのに，フランスでは動物性出汁（フォン・ド・ヴォーなど），バター，クリームが多用される（最近ではこうした食材の使用量は減ってきてはいるが）。結果として，親和性が低いため，フランス料理が日本で普及するまでにかなりの時間を要することとなった。他方，中心性はというと，食に対する関与を見れば一目瞭然で，両国は世界でも稀に見る食文化大国であり，両国の食が世界で5カ国しかない食の世界遺産となっていることからも高中心性である。結果として，日本では日本文化の影響を強くは受けない本格的なフランス料理が受容されるに至った。

　第3の文化間コンフリクトは文化間の軋轢・確執である。異文化間コンフリクト研究については異文化コミュニケーション研究における Ting-Toomey［1999］などがあり，異文化間コンフリクト研究は，文化が異なることによりコンフリクトが起きると考えられてきた。このままではCCMへの接近は難しい。ここでは，文化間コンフリクトを，上述の親和性，中心性と併せて考えることによって，CCMへの示唆を獲得していく。

　多くの日本人が指摘するように，一般的に，隣国であり，ともに食文化大国で

あるといわれる両国であるが，フランスのイタリア料理は美味しくないし，イタリアのフランス料理はあまり見かけない。なぜだろうか。その鍵は文化間コンフリクトにある。

　もともとフランス料理はイタリアのメディチ家から伝わったと考えられている。1533年，カトリーヌ・ド・メディチがフランス国王となるアンリ2世に嫁つぎ，当時の洗練されたイタリア料理のコックと給仕人を連れてきた。また，調理方法，料理道具，食器類（当時フランスにはフォークすら無かった），マナーなども持ち込まれた (Poulain et al. [2007])。ここからフランス料理は発展することになる。

　フランス料理の源泉がイタリア料理にあり，親和性が高いことに異論は無いだろう（もちろん，細かな点での異質性はあるが）。食文化の中心性は両文化において非常に高い。とすれば，フランスではイタリア料理文化が，イタリアではフランス料理文化が栄えるはずであるが現実は異なる。

　こうした両国間の文化受容と文化変容を妨げている原因として文化間コンフリクが挙げられる。文化間コンフリクトは，宗教的，歴史的，政治的要因などによって他文化を拒否したり，忌避したりする原因となる。

　フランスでイタリア料理が親和性・中心性による説明とは異なり，受容されなかった理由もここにあると考えられる。フランス人はフランス料理を誇りに思い，イタリア料理に対してたいそう辛口である。ミシュラン・ガイドはイタリア料理に対して厳しい評価を行い，星付きイタリアン・レストランは非常に少ないことからも，イタリア料理を認めない傾向があることがうかがえる[4]。

　以上から，親和性・中心性に文化間コンフリクトを加えることによって，より精緻な分析が可能となることがわかる。

4　文化変容と CCM 戦略

　これまで文化変容について述べてきたが，本節では，以上の議論から得られるマーケティング戦略への示唆についてみていこう。CCM 戦略は，完全な文化適応（自文化は全く用いず市場の文化に適応するだけ），あるいは文化接触による文化変容をどのように起こし成功させるかに他ならない。つまり，CCM 戦略は文化変容戦略とも言える。では文化変容マーケティング戦略を考える際，どのような概念と類型があるだろうか。

（1）文化変容の２タイプ（同化型・統合型）と
　　　価値・行為・制度

　図表２－４は上述した文化変容の２タイプ（同化型・統合型）を価値・行為・制度のどのレベルで起こそうとしているのか（＝CCM）のチェック・リストである。同化型・統合型を問わず，価値・行為・制度のどこまで受容と変容が進んでいるか，あるいは進展させていくかという状況と目標によって，今後採るべき戦略は変化する。

　例を挙げてみよう。アメリカからの文化接触と考えられるコンビニエンス・ストアは，図表２－４の④・⑤・⑥で統合されている。なぜ同化型ではないかというと，当初はアメリカからの文化接触であったが，日本特有の日本型コンビニエンス・ストアが我が国では展開されたからである。日本におけるクリスマス文化は，⑤・⑥のレベルと言えよう。クリスマス文化の根底にあるキリスト教という宗教的価値はほぼ無視されてはいるが，クリスマス・プレゼントを交換するという行為や毎年クリスマス・パーティーを催すという制度が日本特有のフュージョン文化として受容されている。

　戦略目標が図表２－４「親和性・中心性による戦略ポジション」の７タイプのどこに該当し，どこを目指すかを確認することで，今後なすべき戦略行動への示唆が得られる。

▶図表２－４　親和性・中心性による戦略ポジション

	価値	行為	制度
同化型	①	②	③
統合型	④	⑤	⑥
非受容型	⑦		

（2）親和性・中心性・文化間コンフリクト

　図表２－５は文化変容の３タイプと親和性・中心性の高低で12分類を行なっている。この分類のどこにターゲットとなる市場や地域（文化）が位置づけられ，

▶**図表２－５　親和性・中心性による戦略目標**

	高親和性	低親和性	高中心性	低中心性
同化型	①	②	③	④
統合型	⑤	⑥	⑦	⑧
非受容型	⑨	⑩	⑪	⑫

どこを目指すかを確認することで戦略行動への示唆が得られる。さらに，価値・行為・制度との関係（図表２－４）と統合することが望ましい。

　親和性は，変容させようとするターゲット市場（の文化）と，接触させようとする文化との関係であり，同質的であれば高親和性，反対が低親和性となる。親和性が高いほど文化変容は容易で比較的短時間で参入が可能と考えられる。

　中心性は，ターゲット市場（の文化）にとって，文化接触させようとしている文化（たとえば食文化）に対してどの程度関心が高く重要か，という文化関与を表し，高いほど受容・変容の結果は統合型であっても同化型に近づくことになる。すなわち，中心性が高いほど統合型であっても接触文化そのものに近づき，さらには同化型にもなりうることとなる。

　親和性・中心性について，日本におけるフランス料理の例でみていこう。わが国にフランス料理が伝わった経緯について，下記のような記述がある[5]。

　　明治元（1868）年，維新政府は東京開市のため築地に外国人居留地を置いた。これに合わせて，同地で外国人向け施設の整備が行われ，西洋料理を供する店も登場した。同年開業した日本最初の西洋式ホテル「築地ホテル館」で料理長を務めたのが，フランス人ルイ・ベギュー（生没年不詳）である。ホテル館は，同5（1872）年の大火で焼失するが，ベギューはその後も日本にとどまり，横浜グランドホテルの料理長を務めた。同20（1887）年には神戸オリエンタルホテルの社主となり，東洋を代表するホテルに育てた。同22（1889）年に来日した英国の作家ラドヤード・キプリング（1865－1936）は，書簡（Rudyard Kipling, *From sea to sea, and other sketches; letters of travel* 所収）の中で同ホテルの料理や日本人従業員の接遇について，「ベギュー夫妻，万歳！（Excellent Monsieur and Madame Begeux！）」と絶賛している。ベギューは宮中晩餐会等の料理も手掛け，日本における「フランス料理の父」となった。

　明治元年以来150年余となるが，フランス料理はわが国において，特に東京においてはどのような状況であろうか。一言でいえば，フランスには及ばないとはいえ，本格的なフランス料理が定着していると言っても過言ではない[6]。

　この現象を例に考えてみよう。日本人のフランス料理に対する親和性は高いとは言えないが，食文化への中心性は高いと言えよう。

　文化間コンフリクトは簡単には解消することができない，宗教，歴史などによる確執，禁忌などで，親和性・中心性による分析でCCMにとって魅力的な市場であっても，コンフリクトがある場合は成功の可能性は非常に低く，極めて困難な市場となる。日本市場はフランス料理文化にとって，低親和性・高中新世市場であり，かつ，文化間コンフリクトがほぼ無い状態である。

（3）文化の親和性・中心性・文化間コンフリクトによる市場魅力度分析

　図表2-6「親和性・中心性による市場魅力度」は，接触文化の親和性と中心性の程度によって，文化変容させる（進出する）市場の魅力度を表している。

　①は高親和性・高中心性市場への文化接触で，上位文化のレベルまで徹底した普及を目指す戦略となる。市場魅力度としては非常に高く，親和性が高いので低適応レベルも可能であり本格的な文化による変容も目指すことができる。また，中心性も高いので同化型文化変容も可能である。

　②は高親和性・低中心性の文化接触で，下位（高くとも中位文化）レベルでの普及を目指す。市場魅力度は高く，適応レベルは低くても可だが，中心性が低いので①ほどの大きな市場は望めない。

　③は低親和性・高中心性の文化接触で，じっくりと時間をかけた投資による上位文化レベルでの普及を目指す。しかし，親和性が低いため選択的投資領域となる。

▶**図表2-6　親和性・中心性による市場魅力度**

		中心性	
		高	低
親和性	高	①	②
	低	③	④

④は低親和性・低中心性の文化接触で，文化変容が非常に困難な領域となる。一般的には参入はできない。

加えて，文化間コンフリクトがある場合は，市場魅力度はいずれを問わず低くなる。

以上のように，親和性・中心性は市場魅力度を決定するが，組織の文化事業力との関係をみることによってより意味のある戦略枠組みを構築することができよう。この事業力は第4章「カルチャー・コンピタンス・マーケティングの体系」で論じているカルチャー・コンピタンスのことで，組織の「文化資源の創造・調整能力」であり，「自社の文化資源を模倣困難な形で創造し，進出先市場の文化にマッチング（調整）させる能力」である（詳細は第4章参照）。

この文化事業力としてのカルチャー・コンピタンスと進出市場の魅力度との関係を表したのが図表2－7「カルチャー・コンピタンスと市場魅力度によるカルチャー・マーケティング・ポートフォリオ（CCMP）」である。

おわりに

以上，CCM戦略について述べてきたが，第1にCCM戦略は文化変容戦略と位置付けられ，その目標は変容タイプとしての統合か同化か，また，統合のレベルはどの程度か，第2に価値・行為・制度のどこまでを目指すのか，第3に親和性・中心性・文化間コンフリクト概念による市場魅力度とどのような変容を目標とするかというCCM戦略を策定するために必要な諸概念を議論し，第4に事業力としてのカルチャー・コンピタンス概念と文化市場魅力度とクロスさせることによるカルチャー・マーケティング・ポートフォリオ（CCMP）による戦略枠組みを提案した。この四つのCCM戦略に必要な概念を用いることによって，有効な戦略策定が可能となると考える。

▶図表 2 － 7　カルチャー・コンピタンスと市場魅力度によるカルチャー・マーケティング・ポートフォリオ（CCMP）

	カルチャー・コンピタンス（CC）	
	高	低
高親和性 高中心性	高い市場魅力度 CC への継続的投資による短期的な変容 速やかな高レベルの統合型変容あるいは同化 価値・行動・制度全ての変容 上位文化までの変容	高市場魅力度 CC 開発への積極的投資 CC のレベルに応じた統合 行動からスタートし制度・価値をめざす 先ずは下位文化からの変容
高親和性 低中心性	中程度の市場魅力度 CC への選択的投資 速やかな低レベルの統合型変容 相手文化への適応（フュージョン）を伴いながら行動レベルからスタート，価値レベルは困難 下位〜上位文化までの変容，しかし相手文化よりの変容	中程度の市場魅力度 CC 開発への選択的投資 CC 開発による速やかな低レベルの統合型変容 相手文化への適応（フュージョン）による行動レベルの変容からスタート CC 開発の程度に合わせた下位文化での変容
低親和性 高中心性	中程度の市場魅力度 CC への継続的投資による長期的な変容 時間がかかるが高レベルの統合型変容あるいは同化も可能 最初は相手文化への適応による行動レベル（フュージョン）の変容 下位〜上位文化，行動〜制度〜価値までも可能	CC 中程度の市場魅力度 CC 開発への選択的投資 CC 開発の段階に応じた行動レベル・下位文化の選択 CC 開発の段階に応じた相手文化への適応（フュージョン）
低親和性 低中心性	低い市場魅力度で変容は困難 現状の CC で対応できる市場を選択し 相手文化への適応（フュージョン） 小規模な下位文化の行動レベルでの変容	CC への投資はリスクを伴う 限定的な CC への投資 小規模な下位文化の行動レベルでの変容

〔注〕

1 ）カルチャー・コンピタンス・マーケティングについては，本書第 4 章「カルチャー・コンピタンス・マーケティングの体系」p.72参照のこと。

2 ）文化マーケティング戦略を考える際には，あるサイズ以上の標的市場が必要であり，戦略的観点からも個人レベルでは文化と考えず，集団に共有されることで文化と考えるべきであろう。しかし，堀越比呂志著，本書第 3 章「文化のとらえ方とマーケティング：Weber と Popper の視点から」では個人レベルでも文化として認めるべきであるという議論が展開されている。本書では，これまでそれほど多くの研究蓄積がない文化マーケティング研究の領域を扱っており，筆者の自

由な議論に任せるという立場をとり，あえて統一的な見解を提示しないこととした。本章では三浦俊彦著，第1章「文化とは何か：定義と構造」図表1－2「国の文化と下位文化（サブカルチャー）」，p.11。と同じ立場をとっていることを明記しておきたい。

3）本書第8章「食文化のCCM」，図表8－5「パリの和食文化の戦略分析」，p.176参照のこと。この図表において，当初，フランス人にとって親和性が低い和食文化は次第に高くなり，その変化に対応した適切な戦略がとられていることが示されている。しかし，文化の価値・行為・制度，下位文化・上位文化のどこまで戦略目標となり成功の可能性が高くなるかは中心性の高さによって規定される。

4）近年，イタリア料理がパリで認められつつある。最新のミシュラン2019では，5軒のイタリアン・レストランが1つ星を得ている。しかし，親和性が非常に低いにもかかわらず，和食料理店は3つ星1軒，1つ星8軒とイタリアン・レストランを凌駕している。また，筆者の経験ではあるが，日本ではどこででも簡単に購入できるイタリアのあるスパゲッティをパリで見つけるのが大変だった。また，日本では当たり前のアルデンテ（少し芯が残った美味しい茹で方）は，パリのイタリア料理店ではなかなかお目にかかれない。

5）国立国会図書館，「近代日本とフランス」http://www.ndl.go.jp/france/jp/column/s2_1.html

6）本章第3節（2）「親和性・中心性と文化間コンフリクトの導入」，p.36参照のこと。

〔参考文献〕

青木貞茂［2008］『文化の力―カルチュラル・マーケティングの方法』，NTT出版。

国立国会図書館『近代日本とフランス』，http://www.ndl.go.jp/france/jp/column/s2_1.html, 2018.8.25

寺本直城［2013］「経営学における文化変容研究の批判的考察―国際経営組織研究に向けて」『経営学研究論集』39。

原毅彦［1993］「文化変化，文化変容」森岡清美など編著『新社会学辞典』有斐閣。

宮島喬［1994］『文化的再生産の社会学―ブルデュー理論からの展開』，藤原書店。

――――［2012］『社会学原論』，岩波書店。

渡辺京二［2005］『逝きし世の面影』，平凡社。

Arnould, Eric J. and Craig J. Thompson［2005］Consumer Culture Theory（CCT）: Twenty Years of Research, *Journal of Consumer Research*, Vol. 31, No. 4, pp.868-882.

Belk, Russel W. and John F. Sherry Jr. [2007] *Consumer Culture Theory*, Emerald.

Berry, J.W. [1976] *Human Ecology and cognitive style*. New York: John Wiley.

—— [1984] Cultural relations in plural societies: Alternatives to segregation and their sociopsychological implications in N. Miler and M.B. Brewer (Eds.), *Groups in contact: The Psychology of desegregation* Orlando FL: Academic Press.

—— [1997] Immigration, acculturation, and adaption, *Applied Psychology* 46(1).

—— [2003] Conceptual Approaches to Acculturation, K.M. Chun. P.B. Organista and G. Marin (Eds.), *Acculturation: Advances in theory, measurement, and applied.*

Bock, P.K. [1979] *Modern Cultural Anthropology: An Introduction (Third Edition)*, New York: Alfred A. Knof, inc. Club Michelin, https://clubmichelin.jp 2018.8.25

Dawkins, C.R. [1976] *The Selfish Gene*. Oxford University Press.（日高敏隆・岸由二・羽田節子・垂水雄二訳［2006］『利己的な遺伝子〈増補新装版〉』，紀伊國屋書店）

Hall, Edward T. [1976] *Beyond Culture*, Anchor Press.（岩田慶治・谷泰訳［1979］『文化を超えて』，TBS ブリタニカ）

Hofstede, Geert [1980] *Culture's Consequences*, SAGE publications,（萬成博・安藤文四郎監訳［1984］『経営文化の国際比較―多国籍企業の中の国民性―』，産業能率大学出版部）

—— [1991] *Cultures and Organizations: Software of the Mind*, McGraw-Hill International (UK),（岩井紀子・岩井八郎訳［1995］『多文化世界―違いを学び共存への道を探る―』，有斐閣）

Kluckhohn, Clyde [1944] *Mirror for Man*, New York: Fawcett

Kluckhohn, Clyde and W.H. Kelly [1945] The Concept of Culture, in *The Science of Man in the World Crisis* (ed. Ralph Linton), Columbia University Press, pp. 78-105.

Mauss, Marcel [1968] *Sociologie et Anthropologie*, Presse Universitaires de France.（有地亨・山口俊夫訳［1976］，『社会学と人類学II』，弘文堂）

Michelin Restaurant, https://restaurant.michelin.fr/restaurants/paris, 2018.8.25

Mooijm, Marieke de [2011] *Consumer Behavior and Culture*, Sage.

Poulain, Jean-Pierre et E. Neirinck [2007] *Histoire de la cuisine et des cuisiniers:*

Techniques culinaires et pratiques de table en France du Moyen-Age à nos jours, LT Jacques Lanore.

Redfield, R.R. Linton and M. Herskovits [1936] Memorandum on the Study of Acculturation, *American Anthropologist,* 38.

Samli, A. Coskun [1995] *International Consumer Behavior,* Quorum Books.

Ting-Toomey, S [1999] Communicating across cultures. New York: The Guilford Press.

Usinier, Jean-Claude and Julie Anne Lee [2012] *Marketing Across Cultures (6th Edition),* Pearson.

第 | 3 | 章

文化のとらえ方とマーケティング:
Weber と Popper の視点から

はじめに

　本章では，マーケティング活動において文化的価値に注目する際に，文化をどのように分析し，そこからどのようなマーケティング戦略が導かれるかを明らかにしたい。以下，第1節では，文化というほとんど人間行為の全体に対応するような対象を研究する際の混乱を避け，文化研究の独自の意義を明確にするために，必要と思われる最低限の概念枠組みが指摘される。第2節では，M. Weber の文化研究の方法が示され，それが第1節で指摘した分析視点と対応していることが示される。第3節では，K. R. Popper の「状況の論理」と「ゼロ方法」という主張をとりあげ，それが Weber の主張とほぼ同じであるにもかかわらず，客観性とミクロ－マクロ・リンクの問題においてより改善されているという点が明らかにされる。第4節では，Weber-Popper の視点で文化をとらえることにより，どのように新たなマーケティング戦略の研究が展開されるかが示される。

1　文化のとらえ方と理論的概念枠組み

　文化は，これまで様々な分野でいろいろな定義がなされてきたが，文化人類学の父と言われている Tylor [1871] による定義によると，「文化あるいは文明とは…社会の成員としての人間（man）によって獲得された知識，信条，芸術，法，道徳，慣習や，他のいろいろな能力や気質（habits）を含む複雑な総体である」とされ，これがその後の文化人類学の様々な展開につながる，文化の一番広い定

義とされている。ここで文化とは，①自然とは異なった人間の生み出したものであり，②人間の能力や気質，行為的産物，行為の沈殿による慣習や制度といった様々な次元の対象が想定されており，③それらの社会的総体を把握する，という点が指摘されているが，これでは，あらゆる人間の現象が文化になってしまい，文化の研究対象がどのように規定されているのか，その様々な文化の研究対象がどのように関連し合っているのか，といった点が明確でなく，この定義だけでは「複雑な総体」を理論的に解明する示唆に欠けているといえる。また，理論的視点において，西欧文明より劣る未開文化という点が前提とされ，文明に押されて消えゆく未開文化の記録という「救出人類学」に陥っているという批判も根強い。文化の相対性を主張した F. Boas を父としたアメリカの文化人類学のように理論化よりも記述を強調する立場もあるが，それでも，すべてを丸ごと記述することはできず，何らかの選択は必要であり，西欧的自文化中心主義から抜け出て文化間の違いを把握するためにも，どの点において相違があるのかという理論的枠組みをしっかりと想定することが必要になると思われる。すなわち，文化を語るときには，その研究対象を明確にし，その他の文化の部分との相互関係を明確にする理論的前提が必要であり，そのために必要な最低限の分析視点を明確にする必要がある。以下，この点について考察しよう。

（1）人間の行為構造における「価値－行為－制度」の区別

　まず明確にしなければならないのは，文化を研究する際に，人間行為のどの部分を対象としているのか，である。既述のように，Tylor の定義でも，人間の心理的特性，人間行為，その行為の結果生み出されたもの，行為の繰り返しとして沈殿した制度（ルール）といった性質の異なるものがすべて文化を語る上での研究対象とされている。文化は人間行為が生み出したものである以上，人間行為のどの部分を研究対象とするかが明確でなければならない。したがって，「価値－行為－制度」の対象上の区別は最低限必要といえる。そして，この３つの側面に関しては，「人間には価値付けあるいは意味付けという，自然にはない人間の心の作用があり，それを基に行為が繰り出され，それが繰り返されるとルールとしての制度が生まれる」という行為過程が前提されている。「制度」という用語は国家あるいは集団レベルでのみ出現するという狭い認識になりがちであるが，ここでの「制度」は行為のルーティン化に伴うルールのことを指しており，この意

味の制度ならば，個人レベルでも十分出現しているといえる。したがって，この区別は集計レベルの区別とは独立したものであるという点を認識することが重要である。この点は第 1 章での主張と異なるが，次にこの点を論じよう。

（2）集計水準の明確化

　一般的に文化というと，国や人種レベルを指すことが多いが，「下位文化」という概念も一般化しており，様々な集団レベルにおいて文化を語ることも一般的である。さらに，国家や集団のパターンだけでは語れない特異な個人的文化に焦点を当てる研究もありうるだろうし，特に第 2 章で指摘された文化変容を考察する際には，それを生み出した新たな文化的リーダーとしての個人における文化的価値や行為を問題にせざるをえないだろう。個人的な人間行為との連関なしに，共有されたマクロレベルの現象のみを文化と考える見解こそが，全体論的に文化的特徴を紋切り型に繰り返す，これまでの文化研究特有の弊害を生み出してきたといえる。したがって，文化的研究の対象がどの集計レベルに関するものなのかを明確にするためには，第 1 章で示されたように，少なくとも「個人－集団－国家」という区別が設定されるべきであり，この区別の下で，各集計レベル間の関係が追及されるべきである。基本的に，より上位の集計レベルでの文化パターンは下位の文化パターンの範囲を制限するという関係があるが，マクロ的レベルの研究を優先する全体論的恣意性を避けるためには，既述のように，この固定化した構造を変容させる個人レベルからより上位のレベルへと伝搬する自生的な秩序の新たな形成過程の研究こそが必要となるだろう。「個人－集団－国家」の各レベルで，「価値－行為－制度」の 3 つの研究対象がどのように関係し合っているのかを明確に区別して研究し，さらに，それぞれの要素が各集計レベル間で，どのようなつながりを持っていくのかに関する動態的な分析が必要になる。ここでは，上位のレベルから下位のレベルへの影響とともに下位のレベルから上位のレベルへの影響の双方向の分析が必要になる。ところで，以上の「価値－行為－制度」と「個人－集団－国家」という 2 つの軸から構成される研究対象の特定化だけでは，文化研究の対象を経済研究や社会研究と区別することはできない。このマトリックスは，自然科学と対比される，広義の社会科学に共通の枠組みといえるが，その広義の社会科学における文化研究を特徴付ける枠組みとはいえない。文化研究を特徴付けるためには，人間行為を生み出す価値において，どのような

側面を文化と呼ぶべきなのかが明確にされねばならない。文化は，行為プロセスや集計レベルのみでは特徴付けられず，人間行為の出発点としての価値の，どのような側面に焦点を当てるかで規定されるべきだと考える。この点は，第1章での主張と異なる点である。すなわち，行為とは目的志向が前提とされており，多かれ少なかれ，たいていの人間行為は価値の実現を目的とした方向性をもって繰り出されているのだとしたら，どのような価値を目的とした行為が文化的行為といえるのか，という点をさらに明確にしなければならない。

（3）価値の構造

　生命体は状況を変える何らかの行為を繰り出せるという点で単なる物体とは異なっている。そして，その行為は目的のもとでの手段という形で体系化されており，その目的は価値あるものとして主体的に選ばれている。この価値付けという能力こそ，物的な自然にはない生命体特有のものである。

　生命体は，存在するためには物的な因果関係に基づいた状況を必要とし，存続に必要な価値ある物的世界と必要ではないあるいは危険な価値のない物的世界を，本能的に身体を原点として切り分けていく。これがいわゆる「身分け」である。「身分け」という能力によって，生命体は単なる物とは異なり，本能によって物的に不必要な状況をさけ必要な状況を探索して適応する行為を行うことができる。しかし，人間はさらに高等な言語を持つことによって，外界を言葉によって切り分け，その外界の世界における因果関係をも認識できるようになる。これが「言分け」である。この「言分け」という能力によって，人間は，単に本能によって物的に不必要な状況を避け，必要な状況を探索して適応する以上に，外界を客観的に認識するとともに，外界物間の因果関係も認識し，さらにその物的状況を操作するという過剰な行為を生み出せることになった。これは，自然界の因果関係を認識し，存続という目的のための手段という関係にそれを置き換える意識的行為である。とても一人では持ち上げられないと思われていた大きな石を，梃子の原理という物的因果関係の認識を適用してそれを動かすというような行為の出現である。ここでは，様々な物的状況ごとに，必要と思われる因果関係が価値あるものとして選び出されているのであり，こうした展開がまさに自然科学やその応用としての技術を進歩させてきたといえる。

　こうして，先ずは物的世界における状況認識とその価値付けが出来上がるが，

人間の言語は，こうした物的状況が存続に必要な物的帰結を実現するということに価値を置く以上に，人間の精神的変化を客観的に認識し，それを実現することに価値を見出すことも可能にした。すなわち，物的にはっきりとした事態を生み出すわけではないが，外界からの影響で人間の心の中に生じる変化にも価値を見出すようになる。言い換えれば，外的に存在するものの物的な因果的帰結がなくとも，その存在物が心に与えるイメージ自体に価値付けが行われるのである。心の 3 要素に対応して，知においては真偽，情においては美醜，意においては善悪という価値付けが行われるが[1]，このうち，知における真偽とは，概念と物的事実との対応を示しており，「身分け」の状態と「言分け」の状態が対応している場合であり，コト世界が指示するモノ的帰結に価値付けが行われているといえる。これに対し，情における美醜や意における善悪という価値付けは，外界における因果関係によって出現した物的状態に言及しているわけではなく，外界物からの精神的あるいは心的な帰結に関する価値付けを生み出しているといえる。

　以上から，行為が目的志向的であるなら，目的とする価値には，物的な帰結に価値を置く場合と，心的な帰結に価値を置く場合があり，この 2 つの価値付けそれぞれの内部および 2 つの価値付けの間の相互関係によって，価値の序列の体系が出来上がるのであり，これこそが価値の構造といえる。そして，この価値の序列は，個人レベルで存在し，より上位の集計レベルに普及する可能性を持つ。

（4）文明と文化の区別

　さて，以上のような価値構造の下で行為が生み出されるとしたら，行為は，物的な帰結を目的とした行為群と心的な帰結を目的とした行為群に大別できるが，前者によって形作られるのは文明であり，後者によって形作られるものこそが文化であると考える。言い換えれば，文明は言語において物的な対象を指し示すシグナル的世界に関わるものであり，文化は言語において心的な状況を指し示すシンボル的世界に関わるものといえる。文化記号論的にいえば，文明は主としてデノテーションにかかわる世界であり，文化はコノテーションにおける隠喩的内容にかかわる世界といえるだろう[2]。文明と文化の区別をせずに両者を総称して文化とあいまいに使う場合も多いが，それでは人間の生み出したものすべてが文化ということになり，文化研究の内容が曖昧になる。文化は，あくまで心の情や意の状態やその変化にかかわる現象であり，人間が存続するための物的状態やその

変化にかかわる行為としての文明とは区別して分析が進められるべきである。「価値の選択，提供，伝達」（Kotler&Kwller［2006］訳，p.44）という形で認識される現代的マーケティング行為を考える上でも，その価値の内容をより細かく分析する段階にきており，以上のような文明的価値と文化的価値の区別は重要になってくるだろう。それゆえ，文化はその集計レベルにおける結果のみを指すのではなく，人間行為の情や意の側面における価値に焦点を置く場合にその内容が明確になり，マーケティング研究で文化研究を強調する意味もはっきりしてくると思われる。集合的結果だけを文化というなら，本書で主張されるカルチュラル・コンピタンス・マーケティング（CCM）は，特に価値の普及に成功した時だけを指すことになってしまう。成功したマーケティング行為とともに，失敗したマーケティング行為もマーケティング行為とみなすように，マクロ的な普及が失敗に終わっても，ある個人が文化的側面の価値を普及させようとする行為はCCMと見なすべきだろう。

　上述の考察をまとめると，文化に関する様々な研究成果の関連を整理し，理論的焦点を明確にする分析視点として，私は少なくとも以下のような前提となる概念枠組みの明確化が必要であると考える。

①　人間には価値付けあるいは意味付けという，自然にはない人間の心の作用があり，それを基に行為が繰り出され，それが繰り返されるとルールとしての制度が生まれる。

②　人間の心の3要素である，知は真偽を，情は美醜を，意は善悪を価値付ける。

③　知における真偽という価値付けは，人間が生きていく上での物的な自然における因果関係を基になされる価値付けであるのに対し，情における美醜や意における善悪とは，自然にはない，それゆえ物的な因果関係を超越した抽象的で象徴的な心的変化に対する価値付けである。

④　情や意における価値付けこそが物的自然には存在しない人間特有の文化的価値付けであり，知における価値付けは人間と自然との関係にかかわる，自然科学や技術といった「文明」として，文化とは区別される。文明は進歩するものだが，文化に優劣はなく相対的である。この区別によって，文化研究は，西欧的文明を中心とした自文化中心主義から抜け出て，対等な比較が可能になる。

⑤　人間の行為は，この２つの側面の価値付けがミックスされて生じるのであり，文明的価値の導入に文化的価値がどのようにかかわったか，文化的価値が文明的価値をどのように変えたのか，という問題こそが文化研究における根本的問題であり，その問題の解決が理論的に探究される。

⑥　これらの諸問題の解決を理論的に進めていく際には，方法論的個人主義（正確には制度主義的個人主義[3]）に基づいて，個人のレベルから集団，そして国家という風に，ミクロからマクロへの方向に価値が伝搬され，行為が拡大されて最終的に国家レベルでそれが制度化されていくというプロセスが前提とされるが，３つの集計レベルで生じた既存の制度が行為を規制する状況も考慮に入れられる。すなわち，そこではその制度化のプロセスと，そうした制度が人間の行為を規制するプロセスの双方向の理論化が探求される。

　以上のような分析視点を同様に持ち，自然科学と文化科学（あるいは社会科学）の違いを明確にし，その客観的な認識の可能性を探求したのがM. Weberであった思われる。Weberの最後の著作の題名は『経済と社会』であり，この著作は彼の業績の集大成的意味合いを持っており，彼の生涯の研究姿勢が題名に表れている。すなわち，彼は一貫して経済学との対比において彼の社会学の建設を目指したのであり，彼の構想する社会学とは，経済学的行為へのさまざまな文化的価値の影響という形で展開されたのであり，それゆえ，人間行為を理解する上での文化のとらえ方を示していると解釈できる。それゆえ，つぎに，Weberにおいて文化がどのように取り扱われているかを見てみよう。

2　Weberにおける文化のとらえ方

（1）行為の理念型と理解

　Weber［1922］は，人間の行為を形作る基本的理念型として，合理性の強い順番で次の４つを挙げる。「（一）目的合理的行為。これは，外界の事物の行動および他の人間の行動について或る予想を持ち，この予想を，結果として合理的に追及され考慮される自分の目的のために条件や手段として利用するような行為である。──（二）価値合理的行為。これは，或る行動の独自の絶対的価値－倫理的，

美的，宗教的，その他の－そのものへの，結果を度外視した，意識的な信仰による行為である。──（三）感情的，特にエモーショナルな行為。これは直接の感情や気分によるものである。──（四）伝統的行為。身に着いた習慣による行為である。」（訳，p.39）そして，この４つはまさに理念型であるがゆえに現実には純粋な形でそのままでは存在しないが，現実の人間行為はこれらの４つの合成として具体的に実在すると考えるのであり，その合成状況を分析することが彼のいう理解あるいは解釈という自然科学とは異なった認識方法に他ならない。

　目的合理的行為は，その行為の意味としての適合性を持つとともに，因果的な適合性も持っており，その行為の合理性は一番高い。すなわち目的合理的行為を行う理由は，自然界の物的な因果的根拠に基づいており，その因果的結果を導き出すための手段としての行為であるといえる。

　これに対し，価値合理的行為は，意味としての適合性は持っているものの因果的な適合性は持っていないのであり，それゆえ，「目的合理性の立場から見ると，価値合理性は，つねに非合理的なものであり，とりわけ，行為の目指す価値が絶対的価値へ高められるにつれて，ますます非合理的になる。」（同訳，p.41）そしてそこでは，結果とは関係なく，行為自体が目的化している。

　以上の２つの行為とは違って，感情的行為と伝統的行為は，意味が意識されない行為として区別されている（同訳，pp.39-40）。すなわち，目的意識のない無意識的反射行為として位置付けられており，意味のはっきりした上記２行為の攪乱要因と考えられている。しかし，これらの行為も，その目的や価値が意識されたときは，目的合理的行為や価値合理的行為が始まるとされている。要するに，これら２つの無意識的反射行為は，意識された時には目的合理的行為か価値合理的行為に還元されるのである。それゆえ分析の中心は目的合理的行為と価値合理的行為の結び付きの方にあり，Weber は，「行動の非合理的感情的な意味連関が行為に影響を及ぼす場合，すべてこういう意味連関は，先ず，行為の純粋目的合理的過程を観念的に構成した上で，それからの偏向として研究し叙述すると非常に明瞭になる」（同訳，pp.11-12）と考えるのである。そして，この２つの行為の区別は前節で指摘した文明と文化の区別に対応しており，価値合理的行為こそが人間の文化的側面といえる。

（2）目的合理的行為としての経済学的理念型

　さて，われわれの関心はマーケティング現象にあり，その焦点は，まずは対人的な行為としての社会的行為である。この社会的行為の中でも，交換行為に焦点を当てているのが経済学であり，そこでは，貨幣経済における，人，商品そして貨幣の間の関係を取り扱い，特に交換行為による商品および貨幣の量的変化に焦点が当てられ理念型が形作られている。いわゆる限界革命以後は，マルクス経済学とは違って，主観的な使用価値が前提とされているが，それを商品の量的および品揃えの変化に代替し，そうした物的変化を目指した目的合理的行為として理念型が示されている。あらゆる商品は，購買者の主観的欲求の充足としての使用価値の実現をめざして展開されているが，その主観的欲求において注目されるのは商品や貨幣の取り合わせと量的調整である。このように，主観的使用価値のうちでも商品構成と量の変化に対する価値付けを合理的に生み出すのが経済的合理性であり，そうした変化の因果関係に焦点を絞って目的合理的行為として示されるのが経済的行為の理念型である。

　しかし，主観的使用価値が実際にどのように形成されているのかという点に関して経済学的理論は答えない。あくまで所与とされた使用価値の下で，商品の取り合わせや量における最適な調整という結果に対する価値付けを求める目的合理的側面を語るのみである[4]。しかし，実際の主観的な使用価値は，マルクス経済学のような客観的労働価値説とは違って，商品に埋め込まれたすべての人に共通の価値を示すものではない。同じ商品に対して様々に異なった状況の下で主観的使用価値が出現する。壊れたブリキのおもちゃに何の使用価値も感じない人もいれば，それを自分のかけがえのない思い出として高い使用価値を感じている人もいるのである。それゆえ，実際の具体的な交換状況を理解するためには，ある時空的な状況においてどのように使用価値が決まっているかの分析が必要となる。

　この点に注目したのが Weber だったといえる。すなわち，Weber にとって経済学的理念型は，因果適応性を持つ目的合理的行為として考えられており，そこに価値合理的行為，感情的行為，そして伝統的行為がどのように影響して具体的な使用価値が実現され，実際の行為がなされているのかを理解しようとしたのである。そして，目的合理的行為としての経済的行為の中身に色付けされるその他の行為の側面こそ文化の領域なのであり，それらの影響に焦点を当ててその効果

を統一的に示すために文化的側面を明確に区別しているといえる。ここで重要なのは，文化的な意味付けは，目的合理的な意味付けとは違って，そこに因果適応的な根拠がない，観念的な意味付与であるという事である。人間は，記述的言語を手に入れることによって過剰な意味付与が可能になったのであり，まさに言語的，記号的な世界にも生きることとなったのである。

3　WeberとPopper：文化的影響の客観的理解の問題とミクロ－マクロ・リンクの問題

　さて，以上のようなWeberの提唱した理解的方法，すなわち自然科学とは異なった理論構築の方法とほとんど同一と言っていい提言をしているのが，Popperである。Popperは，仮説の経験的反証テストの方法に関しては方法一元論をとっているが，理論構築の方法に関しては，社会科学と自然科学の違いを認め，社会科学特有の方法を提言していると思われる。それが，「状況の論理」と「ゼロ方法」であり，歴史科学の方法に関する文脈で語られているにもかかわらず，それは理論科学におけるモデル的理論を構築する方法として理解できる[5]。それゆえPopperにおいて，理論構築の方法という発見の文脈においてはWeberと同じ方法二元論的立場をとっていると考えられる。

　Popperが提唱する「状況の論理」あるいは「状況的分析」とは，Popperによれば次のようなものである。「状況的分析と私がいうのは，行為者のおかれている状況に訴えるところの，ある人間行動についてのある種の暫定的または推測的説明である。それは歴史的説明かもしれない。われわれはおそらく諸概念のある種の構造が，いかにして，またなぜ生み出されたかを説明しようとするかもしれない。たしかに，いかなる創造的行為も決して完全に説明することはできない。それにもかかわらず，われわれは推測的に，その行為者のおかれた問題状況の理想的な再構成を与え，その程度までその行為を『理解可能』（または『合理的に理解可能』）に，つまり彼の見たがままの状況にふさわしいものにしようと試みることができる。この状況分析法は，合理性原理の応用といえる。」（Popper[1972] 訳，pp.202-203）次に「ゼロ方法」であるが，これは状況の論理によって構築された合理的なモデルを使って具体的な事実を評価する方法のことである。すなわち「『ゼロ方法』というのは，介在する諸個人が，すべてまったき合理性をもつという仮定（そしておそらく十全な情報をもつという仮定）の上にモデル

を構築して，人々の現実の行動がそのモデルの行動とどれほど偏差するかを，一種のゼロ座標として後者を用いながら評価する方法のことを意味している。」（Popper ［1957］ 訳，pp.212-213）この Popper のゼロ方法という主張は，Weber の目的合理的行為の理念型の形成とそこからの偏向としての理解という主張と酷似している。

　しかし，Popper にあって Weber にない相違点は「世界 3」の指摘という事であり，この相違は Weber にあった限界を解決する重要な指摘であったといえる。既述のように，Weber において物的な因果的関係が示され意味適合的でかつ因果適合的に理解できる行為は目的合理的行為だけであった。意識的な心的変化に価値付けをする価値合理的行為や，無意識的反射行為としての感情的行為においては，その目標である価値の理解が意味適合的に感情移入的明確性を持って理解されるのみとされた。すなわち，Weber は，「不安，憤怒，野心，嫉妬，猜疑，愛情，感激，自負，復讐心，信頼，献身，種々の欲望，そういう直接の感情や，そこから生ずる－合理的な目的行為から見て－非合理的な反応は，私たち自身が身に覚えがあればあるほど，明確にエモーショナルに追体験することができるし，また，その感情や反応の強さが私たち自身の可能性をはるかに越えるような場合でも，私たちは，その意味を感情移入によって理解することができる」（Weber ［1922］ 訳，p.11）と述べている。しかし，Weber のこの対応は，価値や感情を内的な心的状態への共感だけで終わらせる独断的判断となり，その客観的な理解へ近づく道を閉ざしているように思える。

　これに対し，Popper は，価値あるいは感情といった心理的な成分をも徹底的に状況に置き換えて客観化を追求するのであり，その際に，「世界 3」あるいは「第 3 世界」という考えを重要視する。Popper は，「他の人びととの活動の共感的理解または感情移入または再演（追体験）といった主観的手続き（コリングウッド），あるいは他人の目的や問題をわがものとすることによって他人の状態にわが身をおく企てなしには，理解をすることはできない，ということが一般に信じられている。この見解とは反対に，私はこう主張する。最終的に達せられた理解の主観的状態とまったく同様に，それに至る心理的過程はそれが根をおろしている第 3 世界の対象の用語によって分析されねばならない」（Popper ［1972］ 訳，p.186）と述べ，身体外的に存在し，行為者に影響を与えたと思われる知識状況に注目する。すなわち，「世界 3」あるいは「第 3 世界」とは，物理的対象あるいは物理的状態の世界である「世界 1」や，心的状態，または行動性向の状態で

ある「世界2」とは区別される，人間の知的産物，特に科学及び芸術作品といった身体外的に示された客観的内容の世界を指しており，人間行為をこの世界3から理解することが強調されている。これは，人間行為をその行為者の心的状態である世界2から解釈する感情移入だけでは達成されない解釈であり，より広い歴史的分析を含んでいる。そしてこの分析は，世界3におけるさらなる客観的資料を求めてより事実的な深い解釈に向かわせる契機を持つ。

　さらに，人間行為を知的産物から理解するという「状況の論理」において重要な点は，同じような知的産物に対面する状況であれば，すなわち，同じ世界3的状況にあれば，行為における規則性が生じるだろうと予測できるのであり，それゆえ，より客観的な集合的行為現象の説明につながるのであり，個々人の主体的な行為がなぜ集合的な社会現象になるのかの説明の方法に関して，Weber とは異なった観点を示しているといえる。すなわち，「行為論的基礎によるマクロ的現象の説明」というミクロ－マクロ・リンクの問題に対する Weber と Popper の対応の違いである。

　Weber において，集合的な社会現象の規則性は，「意味内容が相互に相手を目指し，それによって方向を与えられた多数者の行動」（Weber［1922］訳，p.42）としての社会的関係にあって，その関係が永続的な場合が想定されている。この永続的な関係は秩序を生み出すが，この秩序の安定性は内的に保証された効力と外的に保証された効力という点から考察されている。「効力」とは，秩序が行為に及ぼす影響であり，「実際に支配される可能性」（同訳，p.50）であり，それを自ら認める場合が内的に保証された効力であり，違反に対するメンバーからの非難がある場合や遵守の強制や違反の処罰が履行される場合が外的に保証された効力である。内的に認められた効力とは，すでに述べられた行為の4類型のうちの価値合理性であり，感情，伝統の意識化がそこに含められる。外的に保証された効力としては慣例と法が想定される（同訳，p.54および59）。こうした秩序の形成とは別に，効力は存在しないが，結果的に秩序を生み出している場合が，目的合理的動機が主導する行為の場合であり，ここでは，その目的を達成するための手段の必然性，すなわち因果適合性が想定されているために結果として自生的に秩序が生み出されているのである（同訳，p.48）[6]。こうして，Weber において，集合的行為における秩序は，1）目的合理的行為の追求，2）価値，感情，伝統という意味における一致，3）外的効力による強制，の3つによって説明されているといえるのであるが，これは，個人レベルにおける行為が，次第に集団，国

家というレベルでのまとまりをもっていくプロセスの説明であるといえる。しかしこの説明のうち，内的効力として価値，感情，伝統という意味における一致によって説明するということにおいては，個人的行為の解釈におけるのと同様な不徹底さ，内的な心理状態への共感だけで終わらせその客観的理解への道を閉ざしているという点が指摘できる。これに対し，Popper の世界 3 という新たな実在と人間の関係を探求する状況の論理では，秩序的行為に追いやった心的状態を指摘するだけにとどまらずに，そのような心的状態に追いやった客観的知識状況の分析が可能である。その際，目的合理的行為に至った知識状況の同一性と共に価値合理的な行動に至った知識状況の同一性に関する推測も可能になり，さらに，状況との関連における感情的行為における規則性の発見，さらには制度の外的効力の合理性といったことに関する客観的な理論の探求の道が開けるといえる。

4　文化的分析とマーケティング

（1）機能的価値と情緒的価値

　以上の考察を基に，Weber を中心に Popper 的修正を加え，文化のとらえ方を示した図が図表 3 - 1 である。目的合理的，すなわち因果適応的な経済的合理性のもとでの経済的行為体系の理念型と，意味適合的だが因果適応的ではない価値合理性のもとでの文化的行為体系の理念型の間の相互関係でマーケティングの交換現象をとらえることが示されており，文化的行為体系の分析のマーケティング実践への示唆も示されている。

　そして，経済的秩序と文化的秩序の現実における対比という視点は，マーケティング研究における機能的価値と情緒的価値の対比に対応していると考えられる。したがって，これまでの考察によって，目的合理的行為における価値付け＝経済学的価値付け＝機能的価値付けという文明的結びつきと，価値合理的行為における価値付け＝文化的価値付け＝情緒的価値付け，という文化的結び付きが示されてきたといえる。そしてこのように文化的価値を規定することによってこそ，文明と文化の関係の分析という文化研究の中心的問題にアプローチできるのである。

　ところで，使用価値における情緒的価値の影響も考慮に入れてより現実の人間行為の理解に近づくアプローチをとってきたのは，まさにマーケティングである。

▶図表３−１　文化のとらえ方とマーケティング

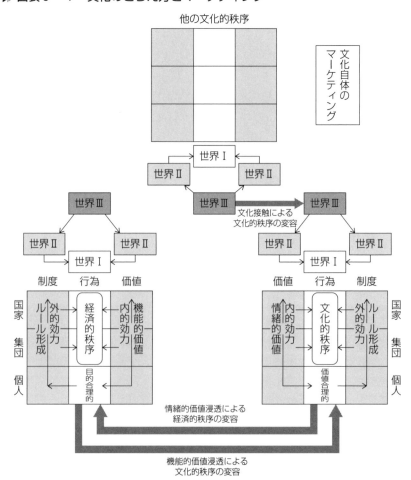

ミクロ・マーケティング論のパイオニアである Shaw［1915］においても，差別化されたブランド品が市場価格以上の価格で需要を創造している点に注目しており，情緒的価値が消費者の主観的効用に与える影響まで考慮されている。Shaw は次のように述べている。「差別化に用いられる方法はたくさんある。例えば，時々ほんの少しの改良を加えるだけで，商品がその使用法に一段とうまく適合する場合がある。装飾品や装備のすばらしさが利用される場合もある。新しくて一層便利な包装の仕方が用いられる場合もある。流通業者が商品に関する良い嗜好の雰囲気を作り出したり，消費者に不満を与えないことを保証する均一な品質についての評判を確立したりする場合もある。あるいは『サービス』や消費者への特別な便益に依存する場合もある。」（Shaw［1915］訳，p.44）この伝統は，戦後のミクロ的マーケティング論の中に受け継がれていくが，実践志向が先行し，情緒的分析は現状の市場細分化とその記述に重点が置かれ，その実践も短期的な戦術になりがちであった。そこには，情緒的価値が特定の範囲でどの程度の重要性が持たれ，それが経済的な機能的価値にどのように影響を与えているのか，といった詳細な分析とともに，その歴史的変遷の分析も含めた，より構造的な分析は存在しない。しかし，こうした構造的な分析は，企業活動のグローバルな展開の進展とともに異質な文化状況下の市場に出会う事によって，その重要性を増してきたのである。この失われていた構造的な分析の部分を補填するのが，既述のWeber の文化社会学的分析や文化記号論の成果であるといえるだろう。ただし，そこにおける感情移入という恣意的な方法による独断的意味付けから抜け出るためには，Popper の世界3という考え方の導入による客観化が必要なのである。

（2）文化的分析の必要性と 2種類のマーケティング・マネジメント

　以上のように整理した上で，より構造的な文化的分析で行うべき作業の内容を示せば，次のようになるだろう。
　① 分析対象とする個人，集団，国家それぞれのレベルにおいて，現状で流布されている世界3の内容を分析し，文化的価値としての情緒的価値にどのようなものが存在しどのように重きが置かれているのかをプロットする。
　② それとともに，その情緒的価値がどのように機能的価値に影響を与えているのかを分析し，現状の使用価値の内容を明らかにする。そこでは，情緒

的価値が機能的価値の受け入れを促進させている場合（ex.『プロテスタ
ンティズムの倫理と資本主義の精神』），それを阻止している場合（文化的
抵抗），そして無関係な場合（機能的価値の自生的浸透の可能性）の区別
がなされる。

③　さらに，その現状がどのような変遷を経過してきたのかを歴史的に分析す
る（文化的沈殿の経過分析）。それを基に，現在における様々な情緒的価
値の重要度の分析，そして今後の文化価値変容とそれに伴う経済的価値に
おける使用価値の変容の方向を予想する。

④　個人的現象から国家的集団現象に至るミクロ－マクロ・リンクの説明とし
て，その外的効力としての制度（ルール）の形成の展開，内的効力として，
目標とされる情緒的価値の伝播の分析をおこなう。

⑤　以上の分析を，異なった文化行為体系と比較し，その相違とその相違が生
じた原因を分析する。

　適切な実践が信頼できる分析に基づくとするならば，上述の多面的かつ重層的
分析があってこそ，文化を強みに変えるマーケティング実践が可能になるといえ
る。それゆえ，これまでのマーケティング・マネジメントでも行われてきたよう
に，機能的価値と情緒的価値双方にわたるニーズの現状をアンケート等で調査し，
ターゲットを決めてそれに適応するだけでは，文化的価値の分析を基にしたマー
ケティングとは言えない。現状を分析するにしても，上記①と②のように，その
現状に影響を与えていると思われる知識状況を世界３の分析によって明らかにし，
使用価値の内部において機能的価値（目的合理的行為，経済学的価値）と情緒的
価値（価値合理的行為，文化的価値）の関係がどのようになっているのかを理解
した上での実践でない限り，単なるニーズへの対応を超えた文化的マーケティン
グ実践とは言えない。

　さらに，より戦略的な実践をするべきなら，③，④，⑤の分析は不可欠となり，
その分析は第２章で述べられた文化変容の問題に関係し，異文化に対する適応よ
りも，異文化への提言とその説得としての戦略的マーケティングにおいて特に重
要となる。そこでは，特定の文化的価値に賛同して行為が出現し，次第にそれが
広がりマクロレベルの文化変容を引き起こすプロセスとメカニズムが探究される
のであり，目の前の状況に短期的に適応する以上に長期的な戦略的対応が探究さ
れるだろう。

　そして，以上のようなより詳細な文化的分析が必要とされる事態が，マーケティング研究において登場してきている。芸術消費，快楽消費といった，文化財と呼べるような財の消費行動に関する研究がそれであり，世界1的な因果適応的な結果とは無関係な価値合理的行為の研究といえる。これは，世界1的，すなわち物的な変化を引き起こさない，世界2的，すなわち心的な状態における感情的変化を目的とした行為の研究であり，高等な言語を持った人間において生み出される豊饒な意味的世界の研究である。そして，この意味作用は世界3の産物から影響を受け意識化されるのである。購買行為において，こうした世界2の変化を主目的とした商品の購買は，生活が豊かになるとともに増大してきているのであり，技術の進歩とともにその表現形態も多様になってきている。絵画，造形，文学，漫画，映画，アニメと多様さを増し，デジタル化と情報革命により，そのパッケージ化やダウンロード化によって商品化も容易になり，その市場も拡大してきている。

　こうした状況を鑑みると，マーケティング実践においても，機能的価値の販売における文化的価値の影響を考える場合と，文化的価値自体の販売を考える場合を区別して考える必要がある。前者は「文化付与のマーケティング」，後者は「文化自体のマーケティング」と呼べるだろう。このどちらも，現実には機能的価値と情緒的価値の混合として登場するが，前者の場合，あくまで商品に対する主たる意味付けは機能的価値にあるのに対し，後者では情緒的価値にあるという違いがある。

（3）文化的分析に基づいた　　戦略的マーケティング・マネジメント

　文化的分析に基づいたマーケティング・マネジメントとは，文化的価値を利用して需要創造を謀る行為であり，機能的価値と情緒的価値をどのように調合して使用価値を高めるのかという，新たなミックス問題であるといえる。

　文化付与のマーケティングにおいては，基本的に機能的価値が受け入れられるようにするために文化的価値を考えることになり，その関係を考える上で，主として次の3つの戦略的代替案が考えられる。

①　手段的意味付与戦略：因果的適応的な手段においてその文化的意味付けを強化する戦略。例えば，包装，色やデザインといった消費前の商品への情

緒的な価値の付与。

② 結果的意味付与戦略：因果適応的な結果においてその文化的意味付けを強化する戦略。例えば，信頼，安全，丈夫，おいしさといった結果に対するあいまいな感覚的印象の付与。

③ 意味追加・変換戦略：結果を超越した新たな文化的意味付けへの連結や変換を行う戦略。例えば，社会的関係性，倫理的義務，民族的伝統，宗教的善といった意味付与。

①や②はすでにマーケティングで行われてきている対応であるが，それと異なる文化的マーケティングという場合は，目の前の短期的対応ではなく，既述のようにその詳細な文化的分析がなされたうえでの対応であるのかどうかという点が問題となる。そして，上記の３つの戦略は，①から③になるほどより戦略の度合いが増すのであり，詳細な文化的分析の度合いも，③において高まるといえる。

文化自体のマーケティングにおいては，世界３における意味内容自体の情報伝達やコミュニケーションがその主たる活動になる。衣食住の産物を展示するという場合でも，それはあくまで文化的意味内容の伝達手段として行うのが文化自体のマーケティングである。そして，文化自体のマーケティングにおいては，機能的価値を持つ商品とのつながりなしに，より自由な観念的内容が提供されるのであり，世界３的内容が世界１の形で表現されて商品となる。既述のように，これらは文化財と言われるもので，本，レコードやCD，ビデオやDVDといった商品，そして，演劇，音楽，スポーツのライブといったサービスとしてのさまざまな文化的パフォーマンスが，文化自体のマーケティングでの交換の客体としての商品となる。もちろん，この文化自体のマーケティングにおいても，機能的価値の側面が関わってくるが，それはあくまで副次的な効果である。

文化自体のマーケティングにおいては，主に次のような３つの戦略的代替案が考えられる。

① 文化的適応戦略：これは，伝えようとしている文化的内容を，思い切って相手の文化に合わせて変更する戦略である。例えば，日本の時代劇を相手の国の現代に置き換えて制作しなおしたりする対応などであり，文化財における通常のSTPマーケティングに近い戦略といえる。

② 文化的抵抗の軽減戦略：これは文化的行為体系の違いや歴史的経緯などから，伝達しようとする文化的内容の受け入れを阻止する相手の文化的要因

との関係を断ち切ったり，中和化させる戦略である。例えば，アニメ文化に批判的な年代層を刺激しないようにしたり，その年代層にも理解できるより高度な文学的内容のアニメを制作したりといった対応などがあげられる。

③　文化的差別化浸透戦略：明らかな違いを明示し，新たなコノテーションの付与を通して根気よくそれを浸透させる戦略である。これは，異なった意味世界に興味を持った少数の異文化の人々から始めて，次第に伝達と拡散を広げていく伝導的な戦略である。

　文化自体のマーケティングは文化付与のマーケティングよりもより戦略的であり，企業以外のさまざまな主体によってより長期的に実施されるだろうし，企業活動でも，CSR活動やステークホルダーへの対応という，より長期的な効果を狙った戦略的行動となる場合が多い。しかし，既述のように文化財のマーケティングという領域が増えるとともに，文化自体のマーケティングの考察はより重要性を増してくるといえる。

　そして，この2つの文化的マーケティングは，これまでにないマーケティング研究の視点を与えるのであり，文化自体のマーケティングは文化付与のマーケティングを容易にさせ，技術革新を中心とする文明による文化変容を推進させるだろうし，文化付与のマーケティングは文化自体のマーケティングにおける理解を容易にさせ，文化接触による文化変容を促進させることになるだろう。それゆえ，この2つのマーケティング活動によって，次第に世界の異質だった文化は多くの同一性を持つようになっていくと考えられる。しかし，すべてが同一になるなどという事はありえず，人間の高度な言語活動による世界3の意味的世界は無限の広がりを持ち，差異化とともに新たな意味世界を次々に生み出していき，文化的異質性も新たに展開されていくだろう。それゆえ，文化的マーケティングは，世界の文化の同一性を高めるとともに，永遠に新たな差異化を求める行為でもあるといえる。

おわりに

本章で明らかになったことは以下の点である。

①　文化分析の曖昧さと混乱を避けるためには，1）集計水準の明確化，2）文化の対象としての価値－行為－制度の区別，3）価値における狭義の文

化的価値と文明的価値の区別，が必要である。

② Weber にとって因果適応性を持った目的合理的行為は，交換行為として
の経済学的行為の理念系であって，そこにさらに重ねあわされる意味適合
性しか持たないその他の行為の側面こそが文化の領域である。この経済学
的行為と文化的行為の区別は，文明と文化の区別に対応している。

③ この Weber の方法と酷似しているのが，合理性の原理の応用として提唱
された Popper の「状況の論理」と「ゼロ方法」という主張である。ただし，
Popper においては，世界３という考えの導入によって，Weber の主観的
解釈の限界を克服できる。

④ 文化的価値は，人間の心のうちの情的側面と意志的側面にかかわる観念的
価値を，因果的機能的価値を追求する目的合理的経済行為に色付けし，よ
り現実の人間行為に近づけるために必要なのであり，それはいわゆるマー
ケティングにおける情緒的価値と同義と見なせる。それゆえ，文化的価値
の分析とは，情緒的な価値が，様々なレベルで機能的価値にどのような影
響を与えているのかを分析することであるといえる。

⑤ さらに，こうした分析に基づいてこそ，マーケティング・マネジメントの
実践における新たな戦略的展望が明確になる。そして，その際に，「文化
付与のマーケティング」と「文化自体のマーケティング」の区別は，そこ
で交換される主たる価値において，前者は機能的価値，後者においては情
緒的価値という違いがあるがゆえに，機能的価値と情緒的価値のミックス
問題という新たな問題において，体系だった明確な戦略的提言を可能にす
る。

〔注〕

1）この心の３要素を考えたのは I. Kant であり，彼は主知主義的な人間観を批判
し，知以外の感情と意思の側面も含めた全体的人間像を考察した。彼の著書であ
る「純粋理性批判」「判断力批判」「実践理性批判」の３批判書は，この３つに対
応している。

2）コノテーションが引き起こす比喩には換喩（metonymy）と隠喩（metaphor）
の２つがある。換喩は隣接性に基づいて他のモノを意味内容として示すが，隠喩
はさらにそのモノの心的なイメージが意味内容として示されている。例えば換喩
では，「王冠」によってその近接性から「王様」というモノとしてのイメージが

意味内容として示されるが，隠喩での意味内容は，さらにその「王様」から連想される「権威」という心的なイメージが意味内容として示されているといえる。

3）Agassi［1960］は，従来からの社会科学における個人主義と全体論（holism）の間における論争，すなわちミクロ－マクロ論争において，ある種の混乱があると考える。すなわち，全体論－個人主義という軸とは別の種類の制度主義－心理学主義という軸が，そこにおいて暗黙のうちに，同一の軸として重ね合わされているのである。彼は，この2本の軸を引きはなし，社会科学における方法の4類型を導出した。すなわち，a）心理学主義的個人主義，b）制度主義的全体論，c）心理学主義的全体論，d）制度主義的個人主義，の4つであり，本論文の立場はd）である。堀越［2002］も参照のこと。

4）さらに，Walras 的新古典派の理論においては，基本的に様々に登場するはずの交換状態から一挙に一般均衡における使用価値の同質化を語るという比較静学的な展開に飛躍して，その間の動態的分析が欠けている。この新古典派的展開とは違って，より現実的にこの動態的プロセスに注目するのがオーストリー学派の経済学である。Walras と Menger という同じ限界革命の発見者でありながら，その目指した研究プログラムが異なっているという点は，いわゆる社会主義計算論争によって明らかになった。

5）この点について Popper は次のように述べている。「歴史学の以上二つの課題，すなわち因果の糸を解きほぐすことと，それらの糸が相互に織りなされる『偶然的な』様相を叙述することとは，そのいずれも必要なのであって，それら両者は互いに他を補いあい，ある時にはある出来事が典型的なものとみなしうる，つまりその因果的説明の見地から考察しうるが，また別の時には，唯一的なものと見なしていいのである。」（Popper［1957］訳，p.221）この「典型的なもの」と見なして因果的に構成されるモデルは，他の事象の説明にも役立つのであり，理論科学的な社会科学が関心を持つ理論と解釈できる。ただしそれは，合理性の原理を前提としたうえで，人間の行為が導出される状況に関する初期条件の組み合わせに関する言明となり，その意味でモデル的なものとなる。そして，そこでの予測は，ある範囲での規則性を示すタイプ的予測となる。

6）価値合理的行為に阻止されない純粋な目的合理的な行為の理念型は，経済的交換の中に強く出現する。しかし，現実の経済的交換は完全に純粋な目的合理的行為として出現することはなく，常に価値合理的行為がそれを阻止する場合が多い。F.A. Hayek は，それでも交易の拡大によって，交換を達成させようとする個々人の間での努力の自生的な結果として「拡張されたルール」が生み出され，市場行為における個人的な目的合理的行為を可能にする自生的秩序が生まれてきて

いると主張する。特にそのルールの中心には，個人的所有に関するルールの施行
に強制を限定する政府による制度化が存在し，それが保証されるとともに，共通
の目的のもとでの人間本来の部族的な本能である連帯と利他主義の規律の他者
への押し付けが制限され，個人の目的合理的行為をより可能にする自生的秩序が
確立されていくと考えている。そこでは，共通の明確な目的のもとでの部族的な
ルールの，個人の自由に基づいたより目的合理的な行為を可能にする抽象的ルー
ルへの転換が考えられているのであり，この分析は，本能と理性の間の分析とし
て位置づけられている。詳しくは，Hayek［1989］を参照のこと。

〔参考文献〕

堀越比呂志［2008］「マーケティング研究の行為論的基礎と制度」『三田商学研究』，
　慶應義塾大学出版会，第51巻，第4号。

―――［2015］「A.W. Shaw の現代性とマーケティング論の根本問題」『三田商学
　研究』，慶應義塾大学出版会，第58巻，第2号。

―――［2002］「オルダースンのマーケティング一般理論におけるゆらぎと不完全
　性」マーケティング史研究会編『オルダースン理論の再検討』，同文舘出版。

丸山圭三郎［1984］『文化のフェティシズム』，勁草書房。

Agassi, J.［1960］"Methodological Individualism", *The British Journal of Sociology*,
　Vol. ⅩⅠ, No. 3, p.246.

Barthes, R.［1967］*Systeme De La Mode.*（佐藤信夫訳［1972］『モードの体系』，
　みすず書房）

―――［1964］"Elements De Semiologie"（「記号学の原理」渡部淳・沢村昂一訳
　［1971］『零度のエクリチュール』，みすず書房）

Hayek, F.A.［1989］*The Fatal Conceit: The Errors of Socialism*, The University
　of Chicago Press.（渡辺幹雄訳［2009］『ハイエク全集Ⅱ―1 致命的な思いあがり』，
　春秋社）

Kotler, P., K.L. Keller［2006］*Marketing Management 12th edition*, Prentice Hall.（恩
　藏直人監修・月谷真紀訳［2008］『コトラー＆ケラーのマーケティング・マネジ
　メント　第12版』，ピアソン・エデュケーション）

Menger, C.［1871］*Grundsätze der Volkswirtschaftslehre. Erster*, Wilhelm
　Braumüller.（安井琢磨・八木紀一郎訳［1999］『国民経済学原理』，日本経済評
　論社）

Popper, K.R.［1957］*The Poverty of Historicism*, Routledge & Kegan Paul.（久野
　収・市井三郎訳［1961］『歴史主義の貧困―社会科学の方法と実践―』，中央公論

社）

—— ［1972］ *Objective Knowledge: An Evolutionary Approach.*（森博訳［1974］
『客観的知識―進化論的アプローチ―』，木鐸社）

Schelting, A.v.［1922］Die logische Theorie der histrischen Kulturwissenschaft
von Max Weber und im besonderen sein Begriff des Idealtypus, *Archiv für So-
zialwissenschaft und Sozialpolitik*, Bd. 49, S. 622-752.（石坂巌訳［1977］『ウェー
バー社会科学の方法論―理念型を中心に―』，れんが書房新社）

Shaw, A.W.［1915］*Some Problems in Market Distribution*, Harvard Univ. Press.
（丹下博文訳［1998］『市場流通に関する諸問題〔増補改訂版〕―基本的な企業経
営原理の応用について―』，白桃書房）

Tylor, E.B.［1871］*Primitive Culture* 2vols., London: John Murray & Co..

Weber, M.［1903－1906］"Roscher und Knies und die logischen Probleme der his-
trischen Nationalökonomie", *Gesammelte Aufsätze zur Wissenschaftslehre*, 2Aufl.,
1951.（松井秀親訳［1955－1956］『ロッシャーとクニース』2冊，未来社）

—— ［1904］"Die" Objektivität "sozialwissennschaftlicher und sozialpolitischer
Erkenntnis", *Gesammelte Aufsätze zur Wissenschaftslehre*, 3, Aufl, 1968.（出口勇
蔵訳［1973］「社会科学及び社会政策の認識の〈客観性〉」『世界の大思想3
ウェーバー政治・社会論集』，河出書房新社）

—— ［1920［1905］］*Die Protestantishe Ethik und der Geist des Kapitalismus
(1905): Gesammelte Aufsätze zur Religionssoziologie, Bd.1, 1920.*（梶山力・大塚
久雄訳［1979］「プロテスタンティズムの倫理と資本主義の精神」『世界の名著61
ウェーバー』，中央公論社）

—— ［1906］"Kritische Studien auf dem Gebiet der kulturwissenschaftlichen
Logik", *Gesammelte Aufsätze zur Wissenschaftslehre*, 2Aufl, 1951.（森岡弘通訳
［1965］『歴史は科学か』，みすず書房）

—— ［1922］"Soziologische Grundbegriffe", *Wirtschaft und Gesellschaft: Grun-
driß der verstehen Sozialogieden*, 5. Aufl, besorgt v. Winckelmann, J.J.C.B. Mohr,
1972.（清水幾太郎訳［1972］『社会学の根本概念』，岩波文庫）

【戦略編】
カルチャー・コンピタンス・マーケティング（CCM）戦略

第 | 4 | 章

カルチャー・コンピタンス・
マーケティングの体系

はじめに

　これまでの第1章〜第3章（第Ⅰ部）で，「文化」の構造や変容過程が明らか
にされ，その分析の中から，「文化」を用いたマーケティング戦略の有効性が示
された。

　そこで本章では，「文化」を競争力とするマーケティング戦略を，カルチャー・
コンピタンス・マーケティングと名づけ，その概念と戦略の体系を提案する。

1　カルチャー・コンピタンス・
　　マーケティング（CCM）の理論体系

　カルチャー・コンピタンス・マーケティング（CCM）の理論的検討を行うた
めに，まずカルチャー・コンピタンスという概念から考える。

（1）カルチャー・コンピタンスとは何か

　カルチャー・コンピタンス（culture competence）とは，「（企業の持つ）文化
資源の創造・調整能力」と本書で定義するが，コンピタンス（competence）概
念を用いた経営戦略は，プラハラードとハメル（Prahalad, C.K. and G. Hamel）
のコア・コンピタンス（core competence；企業の中核的競争力）概念に遡る
（Prahalad & Hamel［1990］）。

　1970年代以降のアメリカ企業が，SBU（strategic business unit；戦略的事業単位）に基づく財務的経営に偏り業績を悪化させる一方，80年代に躍進を遂げた多くの日本企業では，多角化した各事業が中核技術を基に相互に関連しつつ自らの競争力を作り上げていた（cf. 青島・加藤［2003］）。こうしてソニーの小型化技術やシャープの液晶技術に代表されるように，企業活動の中核となる企業独自の能力（競争力）のことをコア・コンピタンスと呼ぶようになった。

　コンピタンスの源泉としては，図表4－1のように，3つのものがある。

　コンピタンス（企業の競争力）の源泉は，まず自社内（コア・コンピタンス）があり，続いて，共にチャネルを形成する部品・原材料メーカーや卸・小売があり（「チャネル・コンピタンス」と呼べる；三浦［2004］），さらに，顧客に求めるのがカスタマー・コンピタンスである（Prahalad & Ramaswamy［2000］）。

　このような「コンピタンスの源泉」の拡大を主張した研究に対し，本書は，「コンピタンスの内容」の拡大を主張する。

　コンピタンスの内容については，企業の持つ技術をこれまで重視してきた。コア・コンピタンスは，a. 様々な市場への参入可能性を高め，b. 顧客価値に貢献し，c. 競合企業に模倣困難とされるが，例として，ディスプレー・システム（コア・コンピタンス）は，電卓，小型テレビ，ノートPCなどに参入可能（a.），個々の技術と生産技術の複雑な調和の産物なら模倣困難（c.），などと説明されるように（Prahalad & Hamel［1990］），非常に技術志向（技術偏重）である（書籍にまとめられた以下も同様；Hamel & Prahalad［1994］）。

　しかし，コア・コンピタンスが，「企業が顧客に特定の利益をもたらすことを

▶図表4－1　3つのコンピタンス

	コア・コンピタンス	チャネル・コンピタンス	カスタマー・コンピタンス
コンピタンスの源泉	企業内	チャネル・メンバー（サプライヤー，流通業者）	顧客
価値創造	自発的	チャネル・メンバーとのコラボレーション	顧客とのコラボレーション
コンフリクト要因	事業ごとの自主性とコア・コンピタンスとの対立	チャネル・メンバーとは価値の共創者であると同時にライバル関係	顧客とは価値の共創者であると同時にライバル関係

出所：三浦［2004］，p.394。cf. Prahalad & Ramawswamy［2000］.

可能にする一連のスキルや技術」と定義されるなら（Hamel & Prahalad［1994］；cf. 渡部［2010］），（生産を中心とした）技術以外にも，顧客に価値を与え競争優位を獲得することが可能なスキルがあるはずである。それが本書で提案するカルチャー・コンピタンスであり，文化資源に関するスキルのことである[1)2)]。

　企業の持つ技術資源に加えて，文化資源もコンピタンス（企業の競争力）になるというのが本書の立場である。本書では，カルチャー・コンピタンスを，「（企業の持つ）文化資源の創造・調整能力」と定義する。

（2）カルチャー・コンピタンスの定義と内容

　「（企業の持つ）文化資源の創造・調整能力」と定義されたカルチャー・コンピタンスであるが，より詳しく言うと，「自社の文化資源を模倣困難な形で創造し，進出先市場の文化にマッチング（調整）させる能力」と言い換えられる。

①　文化資源の創造能力

　文化資源の創造能力は，模倣困難性（imperfect imitability）が鍵となる。バーニー（Barney, J.B.）らの資源ベース論（RBV；Resource Based View）では，VRIO分析という競争力分析の中で，競争優位のために保持すべき資源の特徴の一つとして，模倣困難性をあげている（Barney［1991］［2002］）。競争力のある資源の創造のためには，技術資源であろうと，文化資源であろうと，模倣困難な形で創造することが必要なのである。

　他社が模倣困難（模倣にコストがかかる）と感じる経営資源の特徴として，a. 独自の歴史的条件，b. 因果関係曖昧性，c. 社会的複雑性，d. 特許，がある（Barney［2002］）[3)]。これら分析でも技術資源が念頭にあると考えられるが，d. の特許を除くと，a.〜c. は，技術以外の歴史的・社会的要因を含んでおり，それら要因の付加が模倣困難性を高めていると理解できる。

　文化資源は，a. 独自の歴史的条件（企業ブランドの形成に歴史が関わる），b. 因果関係曖昧性（製品コンセプトの創造メカニズムが時に不明），c. 社会的複雑性（ブランド創造に社員・チャネルなど多くの要因が関わる）を持っており，もともと模倣困難性は高い。したがって，企業が競争優位を確立するためには，文化資源を競争力とすることは非常に重要であり，それが本書でカルチャー・コンピタンス・マーケティングを主張する理由でもある。

　ただ，技術資源と違い，文化資源は，模倣の試みがコスト的には比較的容易なので（1987年のアサヒビール「スーパードライ」の成功時，ビール業界はドライ一色になった；ただ実質的にネーミングだけの模倣だったので，「辛口・キレ・挑戦」という製品コンセプト［文化資源］を確立していたアサヒビールが勝利した），模倣する競合各社への備えは不可欠である。

②　文化資源の調整能力

　文化資源の調整能力は，「進出先市場の文化にマッチング」させられるかがポイントとなる。マッチングが必要な理由は，自社の文化資源（企業ブランド，製品コンセプト，COO イメージ；次項で詳述）の意味づけ（評価）が，進出先文化圏（他国，自国の下位文化）によって異なるからである。例えば，ロッテ「XYLITOL」のコア価値（「むし歯のない社会へ」）は，ガムによる虫歯予防だが，ベトナム北部のハノイでは，日本と同様に虫歯予防のガムを評価するが，南部のホーチミンではそれほど評価しない。ホーチミンでは，虫歯予防（機能的価値の一つ）の意味づけが日本と異なるので，当地で「XYLITOL」を成功させるには，当該文化資源（「むし歯のない社会へ」という製品コンセプト）を，現地市場の文化にマッチングさせる必要がある。このマッチングの仕方には，文化発信（自社文化を発信）と文化適応（進出先文化に適応）の2つがある。

　文化発信／文化適応と言う分類は，第2章の統合／同化という2分類と相通じる。進出する側の視点（文化発信／文化適応）と，進出される側の視点（統合／同化）が違うだけで，文化発信は同化と，文化適応は統合と，コインの裏表を成す。またグローバル・マーケティング研究では，標準化／現地化という2大戦略があるが（cf. 三浦［2017a］，これらは文化発信／文化適応と同様に進出企業の視点からの分類であり，標準化は文化発信に，現地化は文化適応に対応する。こうしてマッチングの仕方には，文化発信／同化／標準化と，文化適応／統合／現地化という大きな2つの戦略があることが理解される。

　以上から，カルチャー・コンピタンスのある企業とは，自社の文化資源を模倣困難な形で創造できる企業であり，当該文化資源を進出先市場の文化とマッチング（文化発信・文化適応）させて浸透・評価を得る企業であると考える。そして，このカルチャー・コンピタンスを有効に用いるマーケティングをカルチャー・コンピタンス・マーケティングと呼ぶ。

（3） 3つの文化資源

　「（企業の持つ）文化資源の創造・調整能力」と定義されたカルチャー・コンピタンスであるが，企業の持つ文化資源には，企業ブランド（企業文化），製品コンセプト，COO（原産国）イメージ，の3つがある[4]。これらは企業，製品，国の「価値」を表しており，第1章で示した文化の構造と同様，その価値が象徴的意味として，企業ブランドの場合は企業に，製品コンセプトの場合は製品に，COOイメージの場合は製品および企業に，付加されて競争力を発揮する。

①　企業ブランド

　企業ブランドと企業文化は，コインの裏表と言われるように（cf. 三木 [2008]），企業の持つ価値が社外の市場から評価されると「企業ブランド」になり，社内の社員から評価されると「企業文化」となる。本章は対市場戦略としてのカルチャー・コンピタンス・マーケティングを考えるので，以下，企業ブランドという用語を用いる（もちろんその創造のためには，企業文化との関係を考えることは非常に重要である）。

　90年代後半からソニーが提唱した「デジタル・ドリーム・キッズ」という企業スローガンは，「デジタル技術で少年の夢を実現する」ということで，ソニーという企業の価値（わくわくする夢の世界を実現する）を主張し，それら価値（象徴的意味）を持つ企業として消費者から絶大な支持を受けた。ソニーの製品を含む企業全体が，デジタル技術で夢の世界を実現する企業として評価され，企業ブランドを確立した。企業ブランドのアンブレラ効果と言われるように（cf. Aaker [2004]），その傘（企業ブランド）の下にあるソニーの全製品にこの象徴的意味が付加されることになり，すべての製品の競争力が高まった。

　「トヨタウェイ2001」（全世界のトヨタで働く人々が共有すべき価値観や手法を示すもの；「知恵と改善」，「人間性尊重」が2つの柱；トヨタHPより）は，トヨタの企業文化を表すものであるが，それを市場から見ると，改善を重ねて完璧な製品をめざすものづくり文化のある企業として，トヨタの企業ブランドとなっている。トヨタのすべての車にはそのようなものづくり文化の価値が象徴的意味として付加されており，その結果，世界での大成功を生み出した。

②　製品コンセプト

　製品コンセプトは，製品ブランドの中核であり（cf. 三浦［2008］），製品のもつ最大の価値を一言で表すものである。第 1 章で見たように，当該文化の持つ象徴的意味は物や行為や制度に付加されるが，「部族の始祖」という象徴的意味をまとうトーテムや「高貴」という象徴的意味をまとう紫衣のように，物（製品）に象徴的意味をまとわせるのが製品コンセプトである。

　サントリーが2004年以来展開している緑茶飲料「伊右衛門」は，京都・福寿園や本木雅弘・宮沢りえの伊右衛門夫妻，竹筒パッケージなどから「日本のお茶の伝統」という価値（製品コンセプト）を象徴的意味としてまとわせ，大きなシェアを獲得している。1987年にアサヒビールが発売した「アサヒ　スーパードライ」は，その辛口という味（情緒的価値の 1 つ）を基礎とした「辛口・キレ・挑戦」という製品コンセプトを象徴的意味としてまとわせ，圧倒的な支持を得て1997年にはシェア No. 1 となり，今もその座にゆらぎはない。同1987年に花王が発売した衣料用コンパクト洗剤「アタック」は，少量（25g）で洗濯可能という機能的価値（製品コンセプト）を「スプーン 1 杯で驚きの白さに」というキャッチフレーズで象徴的意味としてまとわせ，大成功を続けている。

③　COO（Country of Origin；原産国）イメージ

　COO イメージとは，特にグローバル・マーケティングで重要な概念であり（cf. 三浦・丸谷・犬飼［2017］），対象となる製品の原産国が持つイメージである。服や化粧品に強く，ファッショナブルなイメージのフランス・イタリアに対し，日本は，テレビや車などに強く，高品質な COO イメージを持っている（ドイツも日本に近い；三浦［2013］；cf. Wilkinson［1992］，博報堂［2012］）。その結果，日本企業の製品には，海外市場において，「高品質」という象徴的意味が付加されることになり，それが競争力となって，家電や車が世界市場を席巻した。

　90年代以降は，攻殻機動隊やポケモン，ワンピースや NARUTO など，日本のアニメ・マンガの世界的ヒットの中，クールジャパンと言われたり，GNC（Gross National Cool；国民文化力）の高い国と言われるように（McGray［2002］），新たな COO イメージが象徴的意味として付加されて，日本企業製品の新たな競争力となっている。アジアの主要14都市の消費者を対象とした調査では，「日本製品」は「アメリカ製品」「ヨーロッパ製品」より，「カッコイイ／センスがいい」と回答した者の割合が多く（博報堂［2012］），日本企業製品に新たな競争力のある象

徴的意味が付加されていることがわかる。

　これら３つの文化資源の文化の構造を，第１章で見たように，価値・行為・制度の３階層で示すと，図表４－２のようにまとめられる。

　すなわち，「デジタル・ドリーム・キッズ」「トヨタウェイ2001」などの企業ブランドは，その価値が，象徴的意味として企業および製品に付加されることによって，それらを評価する市場・消費者から受容され，先進的で夢のある生活，高品質で信頼ある生活などの消費文化をめざす消費者にとって不可欠な製品として，ソニー，トヨタを購買する習慣（制度）が広がった。

　同様に，「伊右衛門」「スーパードライ」「アタック」の製品コンセプトが，その価値（象徴的意味）として消費者に評価されることによって，日本の伝統的生活，挑戦する生活，爽やかな生活などの消費文化をめざす消費者にとって不可欠な製品として，それら製品を購買する習慣（制度）が生まれた。

　また，日本企業のCOOイメージ（高品質，クールジャパン）が日本製品に象徴的意味として付加されることにより，それらが海外市場から評価され，高品質な生活，クールな生活などの消費文化をめざす海外消費者にとって不可欠な製品として，日本製品を常に購買する習慣（制度）が形成された。

▶図表４－２　３つの文化資源の文化の構造

文化資源のタイプ	企業・製品・国	価値	行為	制度
企業ブランド	ソニー「デジタル・ドリーム・キッズ」	少年の夢のような世界の実現	デジタルで夢を実現するソニーを使う	先進的で夢の生活に不可欠なソニー
	「トヨタウェイ2001」	知恵と改善	改善で完璧を目指すトヨタに乗る	高品質で信頼ある生活に不可欠なトヨタ
製品コンセプト	サントリー「伊右衛門」	日本のお茶の伝統	日本的な伊右衛門が飲む	日本の伝統的生活に不可欠な伊右衛門
	「アサヒ スーパードライ」	辛口・キレ・挑戦	辛口のスーパドライを飲む	挑戦する生活に不可欠なスーパードライ
	花王「アタック」	スプーン１杯で驚きの白さに	簡単に真っ白になるアタックを使う	爽やかな生活に不可欠なアタック
COOイメージ	日本（従来）	高品質	高品質な日本製品を使う	高品質な生活に不可欠な日本製品
	日本（近年）	クールジャパン	クールな日本コンテンツを視聴	クールな生活に不可欠な日本コンテンツ

2　カルチャー・コンピタンス・ マーケティング（CCM）戦略

　3つの文化資源（企業ブランド，製品コンセプト，COOイメージ）を創造し，調整する能力がカルチャー・コンピタンスであるが，このカルチャー・コンピタンスを基礎とするマーケティングがカルチャー・コンピタンス・マーケティング（CCM）である。それは，a.文化資源を創造する戦略（CCM1）と，b.文化資源を調整（マッチング）する戦略（CCM2），の2つに分けられる。

（1）CCM1：文化資源を創造する戦略

　企業が新たな独自の文化資源（企業ブランド，製品コンセプト，COOイメージ）を創造できたなら，非常に強力な競争力となる。ただ，これら3つの文化資源の内，企業ブランドは一朝一夕には創造できない長期的なものであり，COOイメージは（企業が創造するというよりも）相手先市場から事後的に国全体として評価されるものである（COOイメージは，創造するというよりも，利用／調整する文化資源と考えられる）。したがって，まずは製品コンセプト（価値）について，新たなものを創造していくことが基本となる[5]。

　その方法としては，a.ペルソナ戦略，b.現場調査，c.集合知戦略，がある。

a．ペルソナ戦略

　ペルソナ戦略とは，製品開発の新しい手法で（Pruitt & Adlin［2006］），消費者のインサイト（ニーズの核心）を探る。ペルソナ（persona）とは，「実在の人々についての具体的データを基に作られた架空の人物」であり，ペルソナ戦略の基本コンセプトは，「多くのユーザーを満足させるよりも，たった一人のために設計した方が成功する」である。例えば，大和ハウス工業の企画型住宅「EDDI's House」では，定量と定性の消費者調査に基づき，田崎雄一さん（33）一家（妻と娘の3人家族）という仮想ターゲット（ペルソナ）を設定し，年齢・職業から趣味・嗜好まで作り込み，彼らならどういう価値を欲しがるかを基に戦略策定した。実際にペルソナを動かしてみて（いろいろな生活経験をさせて），彼らがどのような価値にニーズを持つかを考えるもので，近年話題のカスタマー・ジャー

ニーの考え方もまったく同様である（cf. 高井［2014］）。

　ペルソナ戦略で，ターゲットのリアリティが獲得され，それが共通言語となっ
て，社内の意思が統一される。また，製品開発や広告の担当者が二者択一に迫ら
れた時（例：階段の手すりのデザインで迷った時），どれがペルソナ（田崎雄一
さん一家）を満足させるかを基準に意思決定できるので，戦略の方向性も明確に
なる。さらに大きな貢献として，自社製品のコンセプトを明確にできる。ペルソ
ナを細かく作り込むと，（ターゲットが限定され）販売減を危惧する人がいるが
杞憂で，特定の個人や家族をターゲットに設定すると，提供すべき価値（製品コ
ンセプト）がクリアになる。その結果，市場で確固たるポジションを確立し，販
売は却って上向く（一方，「幼稚園児の娘がいる30代夫婦」などおおざっぱなター
ゲット設定では，製品コンセプトも拡散する）。

　このように，ペルソナ戦略は，製品コンセプト（文化資源）を創造する重要な
戦略である（海外市場向けには，海外市場におけるペルソナを創って戦略展開す
る；cf. 高井［2014］）。

b．現場調査

　現場調査とは，消費者の自宅に訪問して，製品の使用場面や生活場面に触れ，
ターゲット消費者のインサイト（ニーズの核心）を探る調査手法である。

　花王は，売上の落ちたシャンプー「メリット」の現場調査（風呂場にメリット
のある40世帯訪問調査）を行い，消費者が小さい頃に親にメリットで洗っても
らった経験を懐かしく話したことなどを基にして，「家族」を新コンセプトに，
2001年8月，新・家族シャンプー「メリット」を発売し，業績はV字回復した（三
浦［2011a］）。貝印は，“親子でクッキング”がコンセプトの家庭調理道具「ちゅー
ぼーず」の第2シリーズに向けて，携帯電話による現場調査（幼稚園児を持つ母
親49名対象；自宅から携帯で画像やコメントを送信依頼）を行なった。「ポイン
トはミッキーづくし！　おにぎり，ナゲット，ソーセージで作りました！」など
のメッセージや写メを拾い上げ，2008年，スマイルマークなど細かい表情のパー
ツまで抜ける「のりパンチ」など多くのお弁当グッズを発売し，大成功を収めた
（三浦［2012a］）。現場調査は，消費者の生活実態に直接触れることができるので，
グループ・インタビューに比べても大きな有効性を持っている。

　近年，JETRO（日本貿易振興機構）は，世界で現場調査した情報を「スタイ
ルシリーズ」として発信している（cf. 丸谷［2017］）。2010年に「デリースタイル」

などから始め，その後，中国，ASEAN，南米，先進国と拡大した。現在，世界
60以上の都市について，衣食住から進出に関する情報まで網羅し，企業人にとっ
て「出張1回分」の情報提供というコンセプトが支持されている。特に，お宅訪
問による現地の家庭の食卓や所得別の自宅タイプや保有家電などの情報は，画像
も多く含み，まさに現場情報を視覚化・言語化したものであり，現地消費者のイ
ンサイトを掴む上で大変有用な情報源となっている。

　このように，現場調査は，国内であれ国外であれ，消費者ニーズの核心（イン
サイト）を掴むことのできる有用な手法であり，製品コンセプト（文化資源）を
創造する重要な戦略である。

c.　集合知戦略

　集合知戦略とは，集合知を活用して新たな価値の発見・創造を行うものである
（cf. 三浦［2011b］）。集合知（wisdom of crowds, collective intelligence）とは，
特定専門家の知識でなく，一般の人の普通の知識を集合させて新たな知を生み出
す考え方であり（cf. 木村［2008］），web2.0を提唱したオライリーの7原則にも
あげられていた。発想の端緒は，1991年にヘルシンキ大学院生リーヌス・トーバ
ルズ（Linus Torvalds）が開発したリナックス（Linux；UNIX 互換 OS）に遡る。
リナックスは，無料で使え，誰もが改良可能だったので，世界中のユーザーが改
良し，いまや PC に加え，スマホなどの組み込みソフトでも使われている。リナッ
クスは，セミプロのユーザー（大学院生や研究者）が改良していたが，インター
ネットの普及で，一般消費者が発信できるようになり，クックパッドや YouTube
に多くのレシピや動画がアップされ，集合知の状態を示している。彼らの集合知
をうまくすくいあげられれば，画期的なイノベーション（集合知マーケティング
と呼べる；三浦［2011b］）が可能になる。

　代表的成功例に，「初音ミク」がある（三浦［2012b］）。女声ボーカルの DTM
（デスクトップ・ミュージック）ソフトの「初音ミク」では，発売元のクリプト
ン・フューチャー・メディア社は，非営利無償の2次創作を公式認可した。その
結果，ソフトを使った楽曲がニコニコ動画などに投稿されると，その曲に別の投
稿者がアニメや CG をつけて再投稿し，それをまた誰かがダンスをつけて再々投
稿するなど，二次創作，三次創作の輪が広がった。曲自体も，アマチュアからプ
ロまで多数が初音ミクにオリジナル曲を提供し，数は何万曲にも達し，日本のオ
リコンや米国アップル iTunes Store のワールド部門（米国の外国音楽部門）

チャートでも上位を賑わせた。2009年以来，CGの初音ミクと生バンドによるコンサートも行われ，2011年には米国トヨタが新カローラのメインキャラクターに初音ミクを起用し，コンサートシーンのTVCMが米国全土に配信された。2014年には，レディーガガの世界ツアーの前座に選ばれた。

　製品の価値は，研究開発部門が創るというのが従来の発想だが，一般の消費者の集合知は企業を越える可能性も持つ。文化資源のイノベーションでも，集合知戦略による文化資源の価値の創造は，インターネットの時代，その重要性は増大している（集合知戦略は，価値の創造の源泉を消費者に求めるので，図表4－1のカスタマー・コンピタンスの考え方とほぼ同じである）[6]。

　以上，文化資源を創造する戦略例をまとめると，図表4－3のようになる。

（2）CCM2：文化資源を調整（マッチング）する戦略

　企業の持つ文化資源の相手先市場への調整（マッチング）には，文化発信と文化適応があり，その意思決定は，相手先文化の分析（自国文化との異同分析）に基づく。すなわち，（文化同志の）親和性と中心性の分析である（第2章参照）。

①　相手先文化の分析

　仮に食品メーカーの海外進出を考えた場合，食品業界における各国食文化の（日本食文化との）親和性，中心性は，図表4－4などのように表せる。

▶図表4－3　文化資源を創造する戦略（CCM1）

戦略目的	戦略名	例
価値の創造	a. ペルソナ戦略	大和ハウス工業「EDDI's House」
	b. 現場調査	花王「メリット」，JETRO「スタイルシリーズ」
	c. 集合知戦略	クックパッド，初音ミク

▶図表4－4　食文化の親和性・中心性：日本との比較分析

	中心性・高	中心性・低
親和性・高	アジア	
親和性・低	フランス	アメリカ

　日本にとって，アジア諸国は，同じ稲作文化・米食文化圏に属し，食文化の親和性は高い（cf. 戸田［2001］）。一方，欧米諸国は，狩猟文化・小麦文化圏なので，食文化の親和性は低い。ただ，同じ欧米でも，文化項目の中で食を大事にするフランスの（食の）中心性は高く，同じく（食の）中心性が高い日本と近い（共にフランス料理，日本料理という，ユネスコ「食の無形文化遺産」に認定された料理を持つ）。一方，アメリカは，バーベキューやハンバーガーなどが中心で，文化項目の中で食に中心的価値を置いているとは言えず，フランスと異なり，食の中心性は低い（アメリカ文化は，スポーツの中心性は高い）。

　親和性の高い市場（アジア）には文化発信，低い市場（欧米）には文化適応，が基本である。ただ，親和性の低い欧米でも，食の中心性が高いフランスに対しては，文化発信をしても（日本食の価値を主張しても），精緻な料理の価値を知るフランス消費者は，日本食の価値を受容する可能性がある。例えば，東京ミシュラン3つ星（当時）の日本料理店「小十」の奥田透シェフが，2013年，パリに和食レストラン「OKUDA」を開店するとすぐにパリでも1つ星を獲得した。また，フランスでの日本食のメディア露出を分析すると，フランス消費者にとって日本食の価値は，「「新鮮，フレッシュ」。その上で文化的なレベルが高く評価」とまとめられると言う（日本貿易振興機構農林水産部［2009］）。このように，親和性が低くても，食の中心性が高いフランスに対しては，日本食文化の価値を文化発信できる可能性があることが理解される。

　これら親和性と中心性で相手先市場の文化が分析されたなら，その結果に基づき，文化発信もしくは文化適応の戦略がとられることになる。

②　調整（マッチング）の2つの方向性と4つの戦略代替案

　文化発信・文化適応という2つの調整（マッチング）の方向性を，国内・国外で分けて考えると，図表4－5のように，4つの戦略代替案が生まれる。

　第1に，国内・文化発信の組合せで，「消費文化をつくるCCM」である。国内市場向けに，自社が創造・保有する文化資源を発信して，消費文化をつくる。先に見たソニー「デジタル・ドリーム・キッズ」やサントリー「伊右衛門」，またグリコ「ポッキー」の「シェアハピネス」（第1章参照）やTOTO「ウォシュレット」の新たな排便文化の提案，などがあげられる。

　第2に，国内・文化適応の組合せで，「（国内）サブカルチャーに適応するCCM」である。国内市場向けに，自社の文化資源を，サブカルチャー（下位文化）

▶図表4−5 CCMの調整（マッチング）戦略の4つの代替案

	文化発信	文化適応
国内	消費文化をつくるCCM 例：サントリー「伊右衛門」 　　TOTO「ウォシュレット」	サブカルチャーに適応するCCM 例：ファミリーマート：初音ミクのキャンペーン 　　マクドナルド：マックか？　マクドか？
国外	海外で消費文化をつくるCCM 例：トヨタ「ものづくり文化」 　　ヤクルト「乳酸菌文化」	海外で異文化に適応するCCM 例：ポカリスエット：インドネシアでラマダン・ドリンク 　　すかいらーく：タイのフードコート出店

に適応させる。若年オタク層に適応するため，彼らに人気の初音ミクを使った
キャンペーンを2012年以来展開しているファミリーマートや，2017年にマクドナ
ルドが愛称をかけたバーガー対決の「マックなのか？　マクドなのか？　おいし
さ対決！」などがあげられる（関西文化に適応）。

　第3に，国外・文化発信の組合せで，「海外で消費文化をつくるCCM」である。
国外市場向けに，自社の文化資源を発信して，当該国外市場で新たな消費文化を
つくる。トヨタは，日本で培ったKAIZENのものづくり文化を世界で主張して
評価された。ヤクルトは世界30カ国以上で乳酸菌文化とでも言うべき価値を提案
し（第1章参照；cf. 大石［2017］），コカコーラはアメリカ的な豊かで若々しい
ソーダ文化によって世界の消費文化を変革・創造した。

　第4が，国外・文化適応の組合せで，「海外で異文化に適応するCCM」である。
国外市場向けに，自社の文化資源を，当該国外市場に適応させる。大塚製薬「ポ
カリスエット」は，インドネシアではイスラム教に適応するため，日本でのス
ポーツ・ドリンクという製品コンセプトを，ラマダン・ドリンクとでも言うべき
コンセプトに修正して成功したし（三浦［2015］；cf. 川端［2013］，林［2014］），
すかいらーくは，日本のファミレスをタイでは一般的なフードコートの一店舗と
しての出店に切り替え成功した（三浦［2015］；cf. 川端［2005］）。

③　調整戦略の核心：価値／意味づけの操作

　上記のように，国内外とも，文化発信は，自社の文化資源の価値（企業ブラン
ド・製品コンセプト・COOイメージ）を進出先市場でも主張するのに対し，文
化適応は，進出先市場において，どこかの部分を相手先文化に適応させる。

　文化発信／文化適応の意思決定は，グローバル・マーケティングでの標準化／

現地化に対応し，マーケティング（STP，4 P）のどこを標準化／現地化するかは，膨大な先行研究がある（cf. 三浦［2017a］）。ただ，企業利益のためには，高コストの製品の現地化は避けたく，製品は標準化のまま，コンセプト（意味づけ）だけ変える現地化戦略は以前から有効とされていた。例えば，ホンダのアコードは，製品は標準化で，コンセプトを日本でファミリーカー，アメリカで 2 台目または通勤車，ヨーロッパ一部で高度技術スポーツカー，一部低開発国で高級車と意味づけを現地化して成功した（Takeuchi & Porter［1986］）[7]。

　（製品は標準化したまま）意味づけだけ操作するマーケティングは利益拡大が期待できるが，実は，それがカルチャー・コンピタンス・マーケティング（CCM）の核心である。文化発信の CCM では，意味づけ（価値）を発信し，文化適応の CCM では，意味づけ（価値）を適応させる。意味づけ（価値）の適応は，a. 意味づけだけ適応の戦略（製品・サービスは同じ），b. 製品・サービスと意味づけを共に適応の戦略，に分けられる。先の例では，ポカリスエット，ファミリーマート，マクドナルドは前者（a.）で，製品などは同じでありつつ，インドネシアのポカリスエットは意味づけの修正（スポーツ・ドリンク→ラマダン・ドリンク），ファミリーマートとマクドナルドはプロモーションの意味づけの付加（ファミリーマートに初音ミクの意味づけ付加，マクドナルドに関西文化の意味づけ付加），を行った。一方，タイのすかいらーくは後者（b.）で，店舗形態（製品・サービス）と店舗コンセプト（意味づけ／価値）を同時に適応させた（日本型レストラン→伝統的フードコートの一店舗）。

④　調整（マッチング）の実際の展開戦略

　以上のように，カルチャー・コンピタンス・マーケティングの調整戦略（文化発信／文化適応）は，企業の文化資源の価値（意味づけ）の調整が核心となる。文化資源の価値を，相手先市場に伝達・拡散し，購買を習慣化（制度化）してもらうことがその目的なので，以下，価値の伝達・拡散，制度の構築，という 2 つの展開戦略について検討する。

展開戦略①：価値の伝達・拡散

　企業が創造した価値（製品コンセプト）をターゲット消費者に伝達して，受容してもらう方法としては，a. 異文化ゲートキーパー，b. 集合知戦略，c. 集散地戦略，d. 行為させて理解させる戦略，の 4 つがある。

a. 異文化ゲートキーパー

異文化ゲートキーパーとは，文化生産論（審美的・表現的製品の生産論）における文化ゲートキーパー（Hirsch［1972］）の概念を拡張したもので，異文化間における文化の橋渡し役を表す（松井［2016］）。音楽，テレビ番組，映画，ミュージカル，書籍，コミックなどの審美的・表現的な製品（Hirsch［1972］は「文化製品」と定義）は，評価基準がコンセンサスに基づくことが多く（Bielby & Beielby［1994］），優劣の客観的判断基準がないので（三浦・伊藤［1999］），国内でも価値の伝達は難しく，文化ゲートキーパー（公式的には，TVディレクター，教科書著者，小売店バイヤー，レストラン評論家など；非公式的には，オピニオン・リーダー，友人，家族など）が重要となる（cf. Solomon［2013］）。

国外市場へは異文化ゲートキーパーが重要となり，日本マンガの欧米進出では，米仏などのマンガ出版社がその役割を担う[8]（日本政府のクールジャパン政策の下，日本の出版社もその役割が期待される；cf. 経済産業省商務・サービスグループクールジャパン政策課［2018］）。異文化ゲートキーパーには，文化ゲートキーパーと同様，a. 探索と選択，b. 生産，c. テイストメイキング，の3つの役割がある（Foster, Borgatti and Jones［2011］）。北米への日本マンガの価値伝達というCCMでは，北米マンガ出版社は，異文化ゲートキーパーとして，a. 膨大な日本マンガから北米市場に適したタイトルの絞り込み（性暴力表現への意識の違いなども勘案），b. アメコミに似せたフォーマットや反転印刷による生産，c. 雑誌による啓蒙などのテイストメイキング，を行った（松井［2016］）。

このように異文化ゲートキーパーは，企業の代理人（エージェント）として，文化発信の戦略（日本マンガの独自の価値の発信）だけでなく，さまざまな文化適応の戦略（タイトルの絞り込み，反転印刷など）も行っている。

b. 集合知戦略

先述のように，集合知戦略は，価値の創造で力を発揮するが，伝達・拡散でも有効性を発揮する。初音ミクの例に見るように，YouTubeやニコ動に多くの動画がアップされ，CGやダンスをつけて二次・三次創作の輪が広がり，それがSNSで拡散していくと，消費者は，（発売元のクリプトン社が宣伝しなくても，）初音ミクが旬の話題であると体感する。同様に，ワンピースのファンサイトが米仏などで出来ると，ファンの集合知が集まり，マンガの価値が共有され，（出版元の集英社が何もしなくても）世界各国にファンの輪が広がる。

このように集合知戦略には，a. 一般消費者の知識や想いを膨大な数集めることによりイノベーションの源泉となる（価値の創造）と共に，b. 一般消費者が自ら価値を選び取って他の一般消費者と共有する（価値の伝達・拡散）という2つの大きな意味があるのである。

上で見た異文化ゲートキーパーが，北米マンガ出版社など（上からの）価値の伝達・拡散であったのに対し，集合知戦略は，次に見る集散地戦略と共に，一般消費者による（下からの）価値の伝達・拡散と言える。

c．集散地戦略

集散地とは，集積地を乗り越える概念である（山村［2008］）。文化資源による地域活性化には，集積地と集散地がある。集積地とは，歴史的な街並みなどによって，地域に高質の文化資源を集積する戦略である。京都やローマなどに見られる戦略だが，a. 文化歴史的な資源を持つ地域（京都など）はよいが，持たない地域では難しい，b. 博物館など新たな文化資源集積の施設を作る場合，莫大な費用（建設費・収集費・維持費など）がかかる，などの課題を持っていた。

一方，集散地とは，文化資源（情報・技術・知識・知的財産・メディアコンテンツなど）が集まり，人的交流によって，他地域へ文化資源が向かうソフトの「集散地＝集まって散るハブ」となる戦略である。集まる人（アニメオタクなど）が情報を持ち，彼らが来訪地で情報を発信するので，地域は，歴史遺産など集める必要はなく，来訪者が交流する場所（プラットフォーム）と機会さえ提供すればよい。代表例として，1975年に始まるコミケ（コミック・マーケット：3日間で来場者50−60万人規模）や，パリで2000年来行われているジャパン・エキスポ（4日間で来場者25万人規模）がある（三浦［2017b］）。

地域にリアルのプラットフォーム（コミケなど）を設定することによって，集合知を集め，文化資源の価値を伝達，拡散していくことが可能になる。

d．行為させて理解させる戦略

文化資源の価値を伝達する際に，上記 a.〜c. のように価値自体を伝達するのではなく，（その価値に基づく）行為をさせて，価値を理解させる戦略がある。プロモーション・ミックスのSP（販売促進）が，値引きや試供品でまずはトライアル（行為）させてそこで価値を認めてもらうのと同型の考え方である。

異文化市場へのCCMでは，特に日本の伝統的製品の場合，価値は簡単には伝

わらないので，まず行為させる戦略をとることが多い。2016年のアニメ・エキスポ（1992年以来開催の全米最大のアニメ・コンベンション；4日間で来場者30万人規模）では，文具の呉竹が，筆ペンによる習字コーナーを開いた。価値の伝達（書道家を招いたイベント，ファンサイトの開設）も行っているだろうが，アメリカ人に，「筆で」「日本の字を書く」ことの価値は簡単には伝わらないので，まず行為してもらう（筆で日本の字を書く）のである。車やチョコレートなど欧米由来の製品を国外へ売る場合と異なり，日本伝統の製品を国外で売る場合には，（価値伝達より前に）行為させる戦略は大変重要である。

展開戦略②：制度の構築

　上記諸戦略で，文化資源の価値（製品コンセプトなど）が伝達・拡散されると，ターゲット消費者は当該製品を購買（行為）する。ただ，トライアル購買（行為）が起こってもリピート（再購買）がないと，制度（習慣）まで至らず，CCMは失敗である。製品のパフォーマンス（機能や味など）はもちろんリピートの基礎だが（cf. CPバランス理論；梅澤［1984］［2018］），CCMとしては，制度化する戦略として以下の3つを考える。a.（集合知・集散地の）プラットフォーム戦略，b. 年中行事と連動戦略，c. 宅配などチャネル戦略，である。

a. （集合知・集散地の）プラットフォーム戦略

　クックパッドやコミケ，ジャパン・エキスポなどは，安定した来訪習慣を獲得しており，制度に近い。ネットのクックパッドは一般消費者の集合知を集めて，それを魅力に多くの消費者を引き付けた。同様に，コミケやジャパン・エキスポは，リアルの場で集散地を設定し，一般消費者が集い，情報が拡散する場所となった。ネットとリアルの違いこそあれ，ともに一般消費者のプラットフォームとなったのであり，それが安定的な消費習慣（制度）を生み出した。

　プラットフォームは，「複数のユーザーグループや消費者とプロデューサーの間での価値交換を円滑化するビジネスモデル」と定義されるが（Moazed & Johnson［2016］），ユーザーとリソースからなるプラットフォームを作れば，消費者がいつでもアクセスでき，ユーザー同士が交流・取引できるコミュニティとなる。従来のビジネスモデルが，生産から消費までの直線的サプライチェーンを作るものであったのに対し，プラットフォームは，多方向にコネクトされたネットワークを作ることによって（Moazed & Johnson［2016］），持続的な仕組みと

なっており，消費購買習慣の制度化に向けた重要な戦略と言える。

b. 年中行事と連動戦略

　大塚製薬「ポカリスエット」は，インドネシアに進出した1989年当初は，日本同様，スポーツ・ドリンクで販売したが業績はよくなかった。インドネシアは人口の9割近くがイスラム教という世界最大のイスラム教国で，ラマダン（断食月）には日中は何も口にしないため，日没後の断食明けには軽い脱水症状に陥り，水分補給が欠かせない。その際にポカリスエットが最適という提案を現地人社員が発想し，大成功に導いた（川端［2013］，林［2014］）。日本ではスポーツ・ドリンクのポカリスエットが，インドネシアではラマダン明けの飲料（ラマダン・ドリンク）として評価されたわけだが，ラマダンはヒジュラ暦（イスラム教の太陰暦）の第9月で毎年巡ってくるので，ラマダン＝ポカリスエット，という図式ができやすく制度化しやすかった。

　日本の中元・歳暮の制度も，夏にお中元，冬にお歳暮と，年中行事化しているところが制度化の1つの要因である。特にCCMなどマーケティングが対象とする消費者行動では，母の日のカーネーションやバレンタイン・デーのチョコレート，端午の節句のちまきなど，年中行事と連動するものが多いので，大変重要かつ効果的な戦略である（サッポロビールは，「父の日に親子でエビス」という戦略を展開；制度まではいかないが，目指していると考えられる）。

c. 宅配などチャネル戦略

　ヤクルトは，世界30カ国以上に展開し，多くの国で成功しているが，要因の1つはヤクルトレディによる宅配システムである。製品の価値が消費者に伝わっても，近くの店舗になければ誰も買えないので配荷が大事なことは，国内のチャネル戦略でも同様である。特にヤクルトが注力する東南アジアは，MT（Modern Trade：近代的流通；スーパーやCVSなど；cf. 三浦・丸谷・犬飼［2017］）の割合が低く，日本の万屋のようなTT（Traditional Trade；伝統的流通）しかない地域も多い。そこで威力を発揮するのが，ヤクルトレディである。近代的チャネルがないところに，自前で宅配チャネルを作ることによって，ヤクルト製品の価値を認識した消費者は簡単に継続的に購買することが可能になる。

　消費習慣は，サンクションが少ないために制度になりにくいが，宅配などの流通チャネルを整備することは，制度化へ向けての重要な戦略と考えられる。

▶図表 4 - 6　文化資源を調整する戦略（CCM 2 ）

戦略目的	戦略名	例
価値の伝達・拡散	a. 異文化ゲートキーパー b. 集合知戦略 c. 集散地戦略 d. 行為させて理解させる戦略	北米マンガ出版社 欧米亜における日本マンガのファンサイト コミケ，ジャパン・エキスポ 呉竹のアニメ・エキスポでの習字コーナー
制度の構築	a.（集合知・集散地の）プラットフォーム戦略 b. 年中行事と連動戦略 c. 宅配などチャネル戦略	（ネットの）クックパッド，（リアルの）コミケ ポカリスエット（インドネシアではラマダン・ドリンク） ヤクルトのヤクルトレディによる宅配システム

　以上，文化資源を調整する戦略例をまとめると，図表 4 - 6 のようになる。

　文化発信・文化適応の CCM では，対象市場（国内・国外）の文化の分析（親和性・中心性など）を前提に，自社創造の価値（文化発信の場合）や対象市場に適応した価値（文化適応の場合）を対象市場の消費者に浸透させる（価値を理解し，行為し，制度化してもらう）のが目的であり，図表 4 - 6 にまとめた実際の展開戦略は一つの指針となる。

おわりに

　本章では，文化（企業の文化資源）を競争力とするマーケティングをカルチャー・コンピタンス・マーケティング（CCM）と名づけて考察し，当該戦略が，a. 文化資源を創造する戦略（CCM 1 ）と，b. 文化資源を（相手先市場に）調整／マッチングする戦略（CCM 2 ）の 2 つからなる事が示された。

　本書全体に通底する基本的考え方として，企業の文化資源（企業ブランド，製品コンセプト，COO イメージ）を 1 回だけ購買してもらうだけでなく，継続して買い続けてもらってはじめて企業の文化が競争力として発揮されるわけであるので，CCM 1 および CCM 2 のすべての戦略を達成することが望ましい。

　以下，まず第 5 章で，相手先市場の文化を分析するリサーチの方法論を示した上で，続く第 6 章〜第11章で，業界ごとの CCM 戦略の可能性を事例分析によって示す。

〔注〕

1）企業の持つ資源が競争力になるという発想は，バーニー（Barney, J.B.）らの資源ベース論（RBV；Resource Based View）に源を発するが（Barney［1986］），その後，90年代に入ると，資源そのものの特徴の研究から，資源を組合せ活用する能力の研究へと関心の重心が移り，本書が依拠するコア・コンピタンス論や，ケイパビリティ論（Stalk, Evans & Shulman［1992］），結合ケイパビリティ論（Kogut & Zander［1992］），ダイナミック・ケイパビリティ論（Teece［2007］）などへと続いていく（cf. 渡部［2010］）。

2）カルチャー・コンピタンス（Culture Competence）の類縁概念に，カルチュラル・コンピテンス（Cultural Competence）がある。これは「異文化に対する個人の適応能力」を表し，Inter-/Trans-cultural Competence などの研究がある（瓜生［2015］）。また，カルチュラル・コンピテンスを，「文化の違いを活用する力」と定義する研究もある（ベルリッツ・ジャパン［2013］）。いずれにしろ異文化への個人の対処能力を表す概念である。

3）特許は模倣不可能性を法的に保証するが，特許戦略が必ずしも競争優位をもたらさないという議論もある。小田部［2017］によると，2013年以降，世界の特許制度は First-to-file 原則（先願主義）で，この方式の下，特許出願すると，15～18ヶ月後に，出願書が公開される（公開情報は，Web で特許庁に入れば pdf で簡単にダウンロード可能）。特許成立には普通5－6年かかるので，一年半待てば他社の技術情報が見たい放題となる。したがって，研究開発投資を重ねて特許を取得するより，ライセンシング，ハイテク企業の買収，公開された特許出願中の技術の「学習」などにより外部情報を獲得した方が競争優位を得やすいのではと小田部氏は述べる。

4）資源ベース論やケイパビリティ論でも，3つのうち，「企業ブランド」とコインの裏表を成す「企業文化」は，企業の重要資源として提示される。例えば，Ulrich & Smallwood［2004］は，（統合）ケイパビリティは，「組織に通底するDNA，企業文化，個性」と述べている（cf. 渡部［2010］）。

5）企業ブランドという文化資源の創造については，次稿に譲る（cf. Aaker［1996］，三浦［2008］）。

6）BtoC の消費者や，BtoB の顧客企業（部品メーカーにとっての完成品メーカーなど）にイノベーションの源泉を求める「ユーザー・イノベーション」も，同型の考え方である（von Hippel［1988］，cf. 椙山［2000］）。

7）小田部正明氏（米国テンプル大学教授）によると，この戦略は，「（日本企業の）一石二鳥戦略」とかつて言われた。すなわち，製品は標準化し，意味づけ（コン

セプト）だけを現地化して，標準化による規模の利益と，現地化による現地ニー
ズ対応を同時に達成したのである。

8）明治時代にお雇い外国人として来日したフェノロサ（Fenollosa, Ernest Fran-
cisco）は，日本美術を評価し，アメリカに帰国後，ボストン美術館東洋部長と
して日本美術の紹介に努めるなど，日本美術の異文化ゲートキーパーであったと
言える（cf. 保坂［1989］）。

〔参考文献〕

青島矢一・加藤俊彦［2003］『競争戦略論』，東洋経済新報社。

梅澤伸嘉［1984］『消費者ニーズをヒット商品にしあげる法―商品コンセプトをど
う開発するか―』，ダイヤモンド社。

―――［2018］『新版 ロングヒット商品開発―成功率100倍の MIP の秘密―』，同
文舘出版。

瓜生美智子［2015］「日本文化を通してコスモポリタンを育てる―トランス・カル
チュラル・コンピテンスと「共感」のもつ役割―」『ことばと文字』，4 号，
pp.139-147。

大石芳裕［2017］『実践的グローバル・マーケティング』，ミネルヴァ書房。

川端基夫［2005］『アジア市場のコンテキスト【東南アジア編】―グローバリゼー
ションの現場から―』，新評論。

―――［2013］「アジア市場に対する「思い込み」」，『NNA. ASIA』，2013.4.23,
pp.36-37。

木村忠正［2008］「解説　ウィキペディアと日本社会」Assouline, Pierre 他著・佐々
木勉訳『ウィキペディア革命』，岩波書店，pp.118-158。

慶應義塾大学ビジネススクール［2004］ケース「P&G「ジョイ」の攻勢と花王・
ライオンの対応」。

経済産業省商務・サービスグループクールジャパン政策課［2018］『クールジャパ
ン政策について』，2018年 1 月。

小田部正明［2017］「競争優位のパラダイムの変遷を見失った日本企業」『世界経済
評論』，Vol. 61，No. 2，pp.50-56。

杉本徹雄・杉谷陽子［2012］「消費者の態度形成と変容」杉本徹雄編著『新・消費
者理解のための心理学』，福村出版，pp.115-136。

椙山泰夫［2000］「ユーザー・イノベーション」高橋伸夫編『超企業・組織論―企
業を超える組織のダイナミズム―』，有斐閣，pp.109-118。

高井紳二編［2014］『実践ペルソナ・マーケティング―製品・サービス開発の新し

い常識―』，日本経済新聞出版社。

高橋邦丸［2005］「Resource-Based View による資源配合プロセス」『原価計算研究』，Vol. 29，No. 1，pp.1-12。

戸田博愛［2001］『食文化の形成と農業―日欧中韓のばあい―』，農山漁村文化協会。

日本貿易振興機構農林水産部［2009］『平成20年度 食品産業国際化可能性調査：ヴランスにおける日本食・食材普及の現状および市場拡大可能性』＜https://www.jetro.go.jp/ext_images/jfile/report/07000052/05001651_001_BUP_0.pdf＞

風来堂編［2017］『ダークツーリズム入門―日本と世界の「負の遺産」を巡礼する旅―』，イースト・プレス。

博報堂［2012］「アジア14都市における日本製品イメージ」『Global HABIT』，Vol. 1，pp.1-12。

博報堂生活総合研究所編［1985］『「分衆」の誕生―ニューピープルをつかむ市場戦略とは―』，日本経済新聞社。

林廣茂［2014］「食品企業」マーケティング史研究会編『日本企業のアジア・マーケティング戦略』，同文舘出版，pp.79-98。

ベルリッツ・ジャパン編［2013］『グローバル人材の新しい教科書―カルチュラル・コンピテンスを伸ばせ！―』，日本経済新聞出版社。

保坂清［1989］『フェノロサ―「日本美術の恩人」の影の部分―』，河出書房新社。

松井剛［2016］「クールジャパンと異文化ゲートキーパー」日本消費者行動研究学会第52回消費者行動研究コンファレンス・統一論題発表資料（於：関西学院大学，2016年6月19日）。

丸谷雄一郎［2017］「グローバル・マーケティング・リサーチ」三浦俊彦・丸谷雄一郎・犬飼知徳［2017］『グローバル・マーケティング戦略』，有斐閣，pp.73-92。

三浦俊彦・伊藤直史［1999］「思考型／感情型製品類型と国際マーケティング戦略―APD 世界10地域消費者調査を題材に―」『マーケティング・ジャーナル』，第72号，日本マーケティング協会，pp.12-31。

三浦俊彦［2004］「パーティシペーションの進化モデル」中小企業診断協会編『コンサルティングイノベーション―進化する診断・支援への挑戦―』，同友館，pp.385-400。

――――［2008］「ブランド戦略」原田保・三浦俊彦編著『マーケティング戦略論―レビュー・体系・ケース―』，芙蓉書房出版，pp.121-146。

――――［2011a］「マーケティング戦略」高橋宏幸・丹沢安治・花枝英樹・三浦俊彦共著『現代経営入門』，有斐閣，pp.136-159。

――――［2011b］「e マーケティング」高橋宏幸・丹沢安治・花枝英樹・三浦俊彦共

著『現代経営入門』，有斐閣，pp.290-314。

――――［2012a］「消費者行動分析」和田充夫・恩藏直人・三浦俊彦『マーケティング戦略（第4版)』，有斐閣，pp.104-128。

――――［2012b］「ブランド戦略のコンテクストデザイン―コンテクスト・ブランディングがブランド戦略の要諦―」原田保・三浦俊彦・高井透編著『コンテクストデザイン戦略―価値発現のための理論と実践―』，芙蓉書房出版，pp.291-313。

――――［2013］『日本の消費者はなぜタフなのか―日本的・現代的特性とマーケティング対応―』，有斐閣。

――――［2015］「コンテクスト・ブランディングのグローバル展開―国を越えてのライフスタイルと世界観の提示―」『商学論纂』，第56巻，第5・6号，中央大学商学研究会，pp.115-158。

――――［2017a］「標準化／現地化とグローバル・ブランドによる展開」三浦俊彦・丸谷雄一郎・犬飼知徳［2017］『グローバル・マーケティング戦略』，有斐閣，pp.130-161。

――――［2017b］「国家ブランドとしてのクールジャパン」三浦俊彦・丸谷雄一郎・犬飼知徳［2017］『グローバル・マーケティング戦略』，有斐閣，pp.248-278。

三浦俊彦・丸谷雄一郎・犬飼知徳［2017］『グローバル・マーケティング戦略』，有斐閣。

三木佳光［2008］「"その企業らしさ"の経営とは―企業DNA（遺伝子）―」『文教大学国際学部紀要』，第18巻2号，pp.1-22，文教大学。

山口静一［1982］『フェノロサ―日本文化の宣揚に捧げた一生―（上)（下)』，三省堂。

山村高淑［2008］「観光情報革命時代のツーリズム（その3）―文化の集散地の可能性―」『北海道大学 文化資源マネジメント論集』，Vol. 3，北海道大学大学院国際広報メディア・観光学院観光創造専攻文化資源マネジメント研究室，pp.1-5。

渡部直樹編著［2010］『ケイパビリティの組織論・戦略論』，中央経済社。

――――［2014］『企業の知識理論―組織・戦略の研究―』，中央経済社。

和田龍夫［2012］「ブランド戦略論を展望する」第2回JACS（日本消費者行動研究学会）公開セミナー，於：早稲田大学，2012.3.5。

Aaker, David A. [1996] *Building Strong Brands*, The Free Press. （陶山計介・小林哲・梅本春夫・石垣智徳訳［1997］『ブランド優位の戦略―顧客を創造するBIの開発と実践―』，ダイヤモンド社）

――――［2004］*Brand Portfolio Strategy*, The Free Press. （阿久津聡訳［2005］『ブランド・ポートフォリオ戦略』，ダイヤモンド社）

Ajzen, Icek [1991] "The Theory of Planned Behavior," *Organizational Behavior and Human Decision Processes*, Vol. 50, pp.179-211.

Ajzen, Icek and Martin Fishbein [1970] "The Prediction of Behavior from Attitudinal and Normative Variables," *Journal of Experimental Social Psychology*, Vol. 6, Iss. 4, pp.466-487.

Barney, J.B. [1986] "Strategic Factor Markets: Expectations, Luck, and Business Strategy," *Management Science*, Vol. 32, No. 10, pp.1231-1241.

——— [1991] "Firm Resources and Sustained Competitive Advantage," *Journal of Management*, Vol. 17, No. 1, pp.99-120.

——— [2002] *Gaining and Sustaining Competitive Advantage (2nd ed.)*, Addison-Wesley. (岡田正大訳 [2003]『企業戦略論―競争優位の構築と持続―』, ダイヤモンド社)

Bielby, William T. and Denise D. Bielby [1994] "All Hits Are Flukes": Institutionalized Decision Making and the Rhetoric of Network Prime-Time Program Development," *American Journal of Sociology*, Vol. 99, No. 5, pp.1287-1313.

Foster, P., S.P. Borgatti and C. Jones [2011] "Gatekeeper Search and Selection Strategies: Relational and Network Governance in a Cultural Market," *Poetics*, Vol. 39, No. 4, pp.247-265.

Hamel, Gary and C.K. Prahalad [1994] *Competing for the Future*, Harvard Business School Press. (一條和生訳 [1995]『コア・コンピタンス経営―大競争時代を勝ち抜く戦略―』, 日本経済新聞社)

Hirsch, P.M. [1972] "Processing Fads and Fashions: An Organization-set Analysis of Cultural Industry Systems," *American Journal of Sociology*, Vol. 77, pp.639-659.

Kogut, Bruce and Udo Zander [1992] "Knowledge of the Firm, Combinative Capabilities, and the Replication of Technology," *Organization Science*, Vol. 3, No. 3, pp.383-397.

McGray, Douglas [2002] "Japan's Gross National Cool," *Foreign Policy*, 130. (May/June), pp.44-54.

Moazed, Alex and Nicholas L. Johnson [2016] *Modern Monopolies: What It Takes to Dominate the 21st Century Economy*, St. Martin's Press. (藤原朝子訳 [2018]『プラットフォーム革命―経済を支配するビジネスモデルはどう機能し, どう作られるのか―』, 英治出版)

Prahalad, C.K. and Gary Hamel [1990] "The Core Competence of the Corporation," *Harvard Business Review*, May-June, pp.79-91.

Prahalad, C.K. and Venkatram Ramaswamy [2000] "Co-opting Customer Competence," *Harvard Business Review*, January-February, pp.79-87.（中島由利訳 [2000] 「カスタマー・コンピタンス経営」『DIAMOND ハーバード・ビジネス・レビュー』11月号，ダイヤモンド社）

Pruitt, John and Tamara Adlin [2006] *The Persona Lifecycle*, Elsevier Inc.（秋本芳伸・岡田泰子・ラリス資子訳 [2007]『ペルソナ戦略—マーケティング，製品開発，デザインを顧客志向にする—』，ダイヤモンド社）

Solomon, Michael R. [2013] *Consumer Behavior (10th ed.)*, Pearson Education.（松井剛監訳 [2015]『ソロモン 消費者行動論（上・中・下)』，丸善出版）

Stalk, G., P. Evans and L.E. Shulman [1992] "Competing on Capabilities: the New Rules of Corporate Strategy," *Harvard Business Review*, Vol. 70, No. 2, pp.54-66.（八原忠彦訳 [1992]「戦略行動能力に基づく競争戦略」『DIAMOND ハーバード・ビジネス』，第17巻，第4号，pp.4-19）

Takeuchi, Hirotaka and Michael E. Porter [1986] "Three Roles of International Marketing in Global Strategy," in Michael E. Porter (ed.), *Competition in Global Industries*, Harvard Business School Press.（土岐坤・中辻萬治・小野寺武夫訳 [1989]「国際マーケティングの3つの役割」『グローバル企業の競争戦略』，ダイヤモンド社）

Teece, David J. [2007] "Explicating Dynamic Capabilities: The Nature and Microfoundations of (Sustainable) Enterprise Performance," *Strategic Management Journal*, Vol. 28, pp.1319-1350.

Ulrich, D. and N. Smallwood [2004] "Capitalizing on Capabilities," *Harvard Business Review*, Vol. 82, No. 6, pp.119-127.（DIAMOND ハーバード・ビジネス・レビュー編集部編訳 [2007]「組織能力の評価法」『組織能力の経営論—学び続ける企業のベスト・プラクティス』，ダイヤモンド社，pp.475-508）

von Hippel, E. [1988] *The Sources of Innovations*, Oxford University Press, N.Y.

Wilkinson, Jon [1992] "The Battle for Europe: The Role of Nationality in Branding," *The Race Against Expectations*, Proceedings of 45th ESOMAR Marketing Research Congress, pp.171-182.

第 | 5 | 章

文化の マーケティング・リサーチ： CCM のためのマーケティング・リサーチ手法

はじめに

　国際化やグローバル化が進展するにつれて，マーケティング・リサーチもグローバルな視点で行われるようになってきた。それにともない，グローバル・マーケティング・リサーチの研究も行われるようになってきた（Kumar［2015］, Keegan and Green［2017］）。これらの研究の中で，世界における様々な文化（カルチャー）が認識され，マーケティング・リサーチにおける文化（カルチャー）との関連について述べているものも多くある。しかし，カルチャー・コンピタンス・マーケティング戦略（以下 CCM 戦略）も中核としていくためのマーケティング・リサーチの議論や方法論はまだ確立していない。

　そもそも，文化とマーケティング・リサーチにおける議論は，①文化そのものが消費者に与える影響を解明しようとするもの，②文化的要素がマーケティング・リサーチ手法に与える影響が中心であるが，CCM 戦略にとって重要な概念である「親和性」「中心性」「文化受容」の測定尺度を含めて操作的定義に関する議論に至っていない。

　本章では，CCM 戦略を形成する上で，既存のマーケティング・リサーチの課題を抽出し，CCM 戦略のためのマーケティング・リサーチの枠組みとそのアプローチについて議論していく。

1 CCM戦略のための
マーケティング・リサーチの現状と課題

　現代のマーケティング・リサーチの種類はさまざまである。調査目的によって，探索的調査，記述的調査，因果的調査に分類される。文化との関連でこれらの調査を検討すると，まずは，記述的調査は，事象を理解する上で役に立ち，文化の類似性や親和性を測定するのに有用なリサーチ手法を提供してくれることがわかる。ただ，その文化の中心性を理解しようとするならば，現象解明的な記述的調査よりも探索的調査が有用である可能性が高い。さらに，その文化が人々によって受容されるか，あるいはなぜ受容されたのかを理解するためには，因果的調査が必要となってくる。

　調査目的による分類以外にも，収集したデータの種類とその分析方法により，リサーチは数量的分析を目的とした「定量的リサーチ」と，回答データの質的分析を行うことを目的とした「定性的リサーチ」がある。

　従来から文化についてリサーチを行う場合は，定量的リサーチと定性的リサーチの両方を活用してきた。定量的リサーチは主に社会学的アプローチ，定性的リサーチは文化人類学的アプローチによる手法を用いてきた実績がある。本節では，CCM戦略のためのマーケティング・リサーチが抱えている実務的課題を確認した上で，これらの2つのアプローチの課題について，CCM戦略にとって重要な概念である「中心性」「親和性」「文化受容」と関連付けながら議論していく。

（1）CCM戦略のためのマーケティング・リサーチの実務的課題

① 標本設計における課題

　文化を測定しようとする場合，通常のマーケティング・リサーチとは異なり，標本設計の課題が起こる。標本設計の課題は，「標本抽出方法」と「標本の代表性」に関する2つの問題がある。

　インターネット法の普及により減少傾向にあるものの，今でも郵送法，電話法，面接法はよく使用される調査方法である。これらの調査方法にとって最も重要な作業は標本抽出である。標本抽出については，無作為抽出法が統計学的に処理しやすいが，国の文化や社会状況によっては，無作為抽出をするための名簿や台帳

が整備されていないことも多い。その国の郵便普及率やインフラによって，名簿や台帳を入手することが困難な場合もあり，抽出が円滑にできるとは限らない。

　標本抽出法によっては，標本の代表性を保証できないことも少なくない。また，その国の民族の多様性によって標本抽出とそのサンプルサイズも異なってくる。中国やインドのように人口が多く，多様な民族が対象となる国のリサーチでは，より多くの標本数を確保しなければ標本の代表性を確保できない。一方，日本のような民族が少ない国では，分散が低いため，多くのサンプルがなくても代表性を確保できる。

　標本設計は，調査企画や調査分析にも影響を与える。これは特に，調査の「等価性」の問題につながるので重要課題であるが，これは後述する。

②　調査票設計における課題

　Young and Javalgi [2007] は，マーケティング・リサーチを実施するにあたって，文化的要素が影響すると指摘している。その中でも調査票の設計に影響する文化的要素として言語的問題を挙げている。グローバル化が進み，英語が世界各国で使われている状況にはなってきたが，言語（language）は今でも調査票を設計する時には大きな問題である。Young and Javalgi [2007] は同じ英語圏でもイギリスとアメリカでは意味の異なることを例示し，文化に関するリサーチを行うときの調査票設計に対して警鐘を鳴らしている。

　言語の翻訳（translation）も調査票を設計する際に問題になる要素である。文化的差異によって，同一概念がない場合，言語を翻訳することが難しい。統語論的（syntax）な問題も生じるのが言語の翻訳である。また，表現方法や文構成によって，意味が異なる場合もある。例えば，日本では稲，米（コメ），ご飯を状態によって区別するが，欧米では rice という同一言語を用いる。リサーチにおいて，言語の翻訳には逆翻訳（Back Translation）によって，この課題を克服することが一般的な方法であるが，現実的には完全に同一のものを作ることは不可能である（Zikmund [2000]）。これも後述する調査の「等価性」の問題に影響を与える。

　仮に調査票を翻訳することができても，言語によって調査票の長さが変わってくることもあり，回答時間に影響する場合がある。Lee and Wong [1996] は，英語で20分かかる質問票は，イタリア語なら18分，フランス語なら22分になり，翻訳された言語そのものの影響ではなく，回答時間によって回答が変わる可能性

を指摘している。これらは言語依存的でない写真や画像を用いた調査をすることによって克服されると考えられている（落原，江戸［2012]）。

③ 実査における課題

実査時に影響を与える文化的要素として，時間帯（time zones）と祝日（national holidays）がある（Young and Javalgi［2007]）。インタビュー調査の場合には，その時間を確保することが重要であるが，平日や休日あるいは連休の考え方がその国の文化によって異なっている。中国では春節には多くのビジネス機能がストップするだけではなく，マーケティング・リサーチを行うのは困難になる。イスラム圏ではラマダン中の実査は避けるべきである。また，日本人の労働に対する考え方によって，仕事時間中にインタビューを受けるのを嫌がる傾向が他国に比べて高いと指摘している。

（2）文化と定量的リサーチ：
　　社会学的アプローチによる親和性の分析

社会学的アプローチによる定量的リサーチで，「文化」を扱う場合には，比較論によって2つ以上の価値観の差異を分析するという国家横断的分析手法を主に採用してきた。三浦・丸谷・犬飼［2017]は，収集されたデータを個人レベル，国家あるいは同一文化単位内（たとえば，マレーシアではマレー系，中華系，インド系）レベル，国家および文化単位間レベル，の3層があることを指摘しており，これらの分析は，文化や国家単位に限定せずに全体をとらえる「汎文化型分析（Pan-cultural analysis）」，国や文化を比較する「国家横断的分析（Cross-cultural analysis）」に大別される。

国家横断的分析の主要研究として，Hofstede は，「個人主義／集団主義（individualism-collectivism）」「権力格差（power distance）」「男性らしさ／女性らしさ（masculinity-femininity）」「不確実性回避（uncertainty avoidance）」「長期志向／短期志向（long-term orientation）」「気ままさ／自制（indulgence-self restraint」の6つの次元（因子）を挙げ，各国の差異を定量的に分析している。これらは文化を比較することに焦点が当てられており，国家横断的に国を比較し，親和性を理解するために，価値や行為について分析することが可能であるものの，文化の中心性に対する発見をしたり，分析したりすることは容易ではない。

（3）文化と定性的リサーチ：
　　文化人類学的アプローチによる中心性の分析

　前項では，Hofstede の枠組みによって，文化の親和性に対しては定量的リサーチの有効性について論じてきたが，文化の中心性は定量的リサーチだけでは発見することが困難である。親和性は，第 2 章にあるように，「自文化がイノベーション・接触文化とどの程度共通性／類似性があるかを表す概念」に対して，中心性は，本書，第 2 章にあるように，「ある文化圏においてある文化が，どの程度重要な価値と結び付いているか」であり，これを説明するためには定性的リサーチを欠かすことができない。

　定量的リサーチの代表的手法である質問紙を用いたアンケート調査では，文化の中心性を，ある文化（例えば食衣住に関する文化）を重要度や関与度で定量的に測定することは可能である。これは予め「食文化は衣文化よりも中心性が高い」ことが推測できている場合に可能であるが，現実的には文化はあまりにも多様であり，どの程度重要な価値と結び付いているのかを発見することは定量的リサーチには向いていない。

　この中心性を調査及び分析できるものが文化人類学アプローチによる定性的リサーチである。文化人類学の対象は，衣食住，芸術，民具，技術，芸術，婚姻制度や家族，社会・政治・経済の仕組み，人間関係，伝統，宗教，教育，都市，国家などさまざまである。代表的な手法が，フィールドワーク（実地調査）であり，参与観察は，数カ月から数年に渡って研究対象となる社会に滞在し，その集団の構成員の一員として生活する。フィールドワークには，観察，参与観察，面接（インタビュー），心理テストなどの手法がある。

　例えば，Hall [1976] は文化人類学的研究として，文化について，コンテクストを用いて定性的リサーチしている。コンテクストとは，状況や文脈のことであり，高コンテクスト文化と低コンテクスト文化について論じている。高コンテクスト文化は，コミュニケーションにおいて，言葉の解釈がその時のコンテクスト（状況や文脈）に「高く」依存しているものである。日本を初めとして，アジア文化は高コンテクストである。一方，低コンテクスト文化では，言葉やメッセージそのものに多くの情報が含んでいるために，言葉の解釈をコンテクストに依存しなくてすむ。アメリカを始めとした欧米文化がこれに該当する。高低コンテク

スト文化は，消費者のコミュニケーション行動に影響を与えるだけではなく，個人主義／集団主義という価値観にも関連が深い（三浦・丸谷・犬飼［2017]）。

　この研究結果のように，コンテクストの高低は定量的リサーチで発見することは困難であり，それを定量的リサーチによって測定するには，測定のための操作的定義が必要になってくる。しかし，これらは，次項で議論する調査の「等価性」の問題や，前節で指摘したように言語的問題を始めとした実務的課題を克服しなければならず，時間や費用の側面を考えると，文化人類学的なアプローチによる定性的リサーチによって，文化の中心性を分析することが有用であることがわかる。

　そのため，マーケティング・リサーチ分野でも文化人類学的アプローチによる定性的リサーチが積極的に導入されてきた。ターゲット層を理解するためのフォーカス・グループ・インタビュー，被験者に日記をつけてもらう日記調査や行動ログ分析，定点カメラによる人間行動分析，あるいは家庭訪問調査が普及した。特に，家庭訪問調査は，消費財メーカーが海外進出するときに市場受容の可能性を判断するために，よく使用される方法である。

　これらの文化人類学的なアプローチは文化の中心性という側面を分析するために有意義ではあるものの，統計的データを処理し，時系列的に現象を理解して記述するということに焦点があたっていないため，文化受容や文化変容という動態的分析が難しい。そのため，文化受容や文化変容を測定するためのリサーチ手法を適用しなければならない。

（4）CCM 戦略のリサーチの課題：データの等価性と動態性

①　データの等価性

　これらのアプローチにはデータの質に関する課題も抱えている。特に，データの等価性は，国際的調査を行うにあたり最も重要な課題の一つである（Kumar［2000]）。この等価性の問題は，国際的文化研究に限ったことではなく，サブカルチャーを含めた下位文化と上位文化との関係を比較する時にも生じてくる。

　データの等価性については，Young and Javalgi［2007］は次の3つを指摘している。第1に，構成概念の等価性である。これは，複数の国や文化において同じ現象が調査対象になっているかどうかということである。第2に，その構成概念を測定する尺度の等価性が挙げられる。そして第3にサンプルの等価性である。

　諸上・藤沢［1999］は国家横断的分析にとって比較可能なデータであるために
は，現象・行動の機能的等価性，測定具の機能的等価性の問題を指摘している。
現象・行動の機能的等価性は，複数の国や文化にわたって同じような現象や行動
が，同じような機能や意味を持っていることを示している。諸上・藤沢［1999］は，
自転車の例を挙げ，ある国では基本的運輸手段として扱われる一方で，別の国で
はレクリエーション志向が強いものであるとして，これらを文化や国家間で比較
する妥当性がないことを説明している。前項の中心性の測定が定量的リサーチに
不向きであることは，これに起因している。

　一方，測定具の機能的等価性とは測定する用具，すなわち刺激材料（質問，課
業，テスト項目）と定量化方法（コード化，得点化方法）の等価性のことを指す。
多くの場合は，言語的問題により，機能的等価性を確保することは困難である。
そのため，比較する文化や国で，質問を修正したり，変えたりすることがあるが，
外見だけ同じにしようとする場合もある。これを「形式的等価性」という。

　諸上・藤沢［1999］は，これらの機能的等価性に基づいて国家横断的分析（cross
national analysis）のための測定具についての分類を整理している（図表 5 − 1）。
第 1 の文化普遍的な測定方法は，翻訳された同じ設問等の同一の刺激材料に対し

▶図表 5 − 1　国家横断的分析のための測定方法の分類

提示される刺激素材

	形式的に等価	機能的に等価
形式的に等価	文化普遍的 (Etic approach)	文化修正的
機能的に等価	文化独自的	文化特定的 (Emic approach)

（左側縦軸：定量化方法）

出所：諸上・藤沢［1997］，p.67

て，同一の記録，集計方法を用いて複数間の文化を比較しようとするものである。これは，エティック・アプローチ（Etic approach）であり，各文化の共通性を前提にした測定方法である。現象・行動の機能的等価性と測定具の機能的等価性の両方とも認められる場合にのみ適用できるアプローチ方法であり，文化比較をするのに理想的ではあるものの，リサーチの現場でこのような状態になることは現実的ではない。

　第2の文化修正的な測定方法は，測定するべき構成概念が文化的に修正されている。定量化方法に形式的な等価性が認められており，それぞれの文化に適応した形の文化測定となり，比較が困難である。

　第3の文化独自的な測定方法では，同一の刺激材料に対して，集計されたデータを複数間の文化で比較するのではなく，その文化内で分析を行うものである。標準偏差や分散という散らばりを表す代表値によって，複数間の分析を行うことは可能であるが，独自の測定方法を使用しているので，中央値や平均値による中心的傾向を表す代表値による分析には向いていなく，国家横断的分析は難しい。

　第4の文化特定的な測定方法（エミック・アプローチ）は，機能的等価性を確保するために，外観的同一性を最低限にしている。多くの文化人類学的研究において伝統的に採用されてきたものである（諸上・藤沢［1999］）。統一した基準がないため，複数文化間の比較は直接的に行うことはできない。

②　文化変容と動態性における課題

　①の文化を測定するための方法においては，いずれにおいても，文化の現状を把握することができるものの，文化受容や文化変容についてのリサーチを行い，単純に結論を出すことはできない。CCM戦略において重要なことは，企業や組織が持つカルチャー・コンピタンスが異なった国や文化において他国で受容されるのかどうかを判断するためのリサーチである。また，受容されるのであれば，そのままの形で文化受容があるのか，あるいは修正されて受容されるのか，受容される文化とそうでない文化の差や要因は何かを研究するためのフレームワークや測定尺度が必要になってくる。山本と丹野［2002］はHammer and Benettの異文化感受性発達尺度（Intercultural Development Inventory）の日本語版開発を試み，井上と伊藤［1997］はBerryの文化受容理論に基づいた文化受容態度の調査を行っている。いずれも個人の文化に対する受容態度の測定を試みている点，外国で作成された測定尺度を日本でも試みようとする点は類似している。こ

れらは，個人のミクロ的な文化受容が対象であること，比較可能が困難な文化独自的な測定方法を採用していることから，文化の親和性や類似性が比較できていない。一方で，向井と渡部は，日独英の 3 カ国の異文化受容度を比較した研究を行っている。文化受容度の影響要因として，愛国心，死の脅威，地域共同意識，自尊心の 4 つの概念を用いたモデルを構築して分析している。

　このように，文化受容や文化変容に関するリサーチは，社会学的アプローチに基づいており，文化を受け入れたり，拒否したりするものを追究しようとするものであり，一定の成果がもたらされた。しかし，これらのリサーチは一時点における文化測定尺度によって調査分析を行っていることが多く，刻々と変化する文化受容や文化変容を普遍的要素として測定尺度を固定化してしまっている。また，文化に影響を与え，関連性の高い社会，政治，経済の変化と連動することなく分析してしまっていることが問題として指摘される。文化受容や文化変容は，絶えず変化し続けているものであり，これらに合わせた文化測定尺度が必要であり，そのためのリサーチ技法を欠かすことができない。次節では，文化測定尺度が固定化されないためのリサーチ・コンセプトとしてベイズ統計の考え方の導入を提唱する。

2　CCM 戦略に必要なリサーチ・コンセプト：記述推測統計とベイズ統計

　マーケティングにおいて定量的リサーチは，伝統的な記述統計学および推測統計学を基礎に発展してきた。記述統計が，母集団から標本を抽出して，その標本の特徴を説明（記述）するのに対して，推計統計は抽出された標本を分析することによって，母集団を推測する統計的手法である。これらに対して，ベイズ統計学は，標本を必ずしも必要とせず，あるデータから確率を導き出していく方法である。そのため，ベイズ統計では主観確率を使うのに対して，記述統計や推測統計では客観確率が用いられている。

　ベイズ統計のもとは1700年代中頃のベイズの定理から始まっているが，主観確率を用いるために，推測統計学者らの批判を受けて使用されなくなったが，その有用性がわかり出し，1950年代に入り再び研究され，現在ではビッグデータやAI の分野で注目されている。ベイズ統計では，新しいデータを加えて修正をしていくことで，新しいモデルが生まれることになる。既存の文化に対して，新し

い文化受容もしくは拒否によってどのように文化が変容したのかを分析するには適切な考え方である。

　文化およびサブカルチャーは，均一性や普遍性のない事象を扱うことが多く，もともとの確固たるものがない中で，文化と推測統計や記述統計はあまり相性がよくなかったとも言える。サンプル数の確保や母集団の推計や検定といったことから脱却するためにもベイズ統計学の考え方を CCM 戦略のリサーチに導入していくことが求められる。同時に，現代社会の情報化スピードは益々進んでおり，文化やサブカルチャーは不安定な状態にあり，より動態的なリサーチが要求されている。そのような中で，ベイズ統計を用いた，CCM のためのリサーチの枠組みが重要になってくる。

3　CCM 戦略リサーチのフレームワーク

　前節では，CCM 戦略に必要なリサーチ・コンセプトとしてのベイズ統計の考え方について議論を行った。CCM のためには，推測・記述統計だけではなく，ベイズ統計の考え方を導入したリサーチ手法が必要であることが明らかになった。その結果として，CCM 戦略のためのリサーチ・フレームワークが図表5－2である。従来のリサーチ手法である社会学的アプローチや文化人類学的アプローチを否定するものではなく，中心性や親和性・類似性，さらには文化受容をより理解するためのリサーチ方法を体系化した。

　ベイズ統計を導入することにより，定量的リサーチである社会学的アプローチには定性的要素が加わることとなり，文化計量学的アプローチに，定性的リサー

▶図表5－2　カルチャー・コンピタンス・マーケティングに向けたリサーチ方法

	定量的リサーチ	定性的リサーチ
推測・記述統計	社会学的アプローチ	文化人類学的アプローチ
ベイズ統計	定性的な定量的リサーチ（文化計量学的アプローチ）↓ 文化受容 親和性	定量的な定性的リサーチ（ピクチャマイニングアプローチ等）↓ 価値や行為の受容 中心性

チには定量的要素が加わることになり，ピクチャマイニングを始めとする定性的リサーチの定量化が今後期待できるはずである。ここではそれぞれについて説明していく。

（1）定性的な定量的リサーチ：文化計量学的アプローチ

① 調査技法の変化

ICT 技術が飛躍的に進歩したこと，スマートフォンを始めとする端末の普及により，従来は使っていなかったマーケティング・リサーチ技法が使われるようになってきている。図表5－3は，GREENBOOK RESEARCH AND INDUS-

▶図表5－3　近年のマーケティング・リサーチの傾向

(%)

	2014年	2015年	2016年	2017年	2018年	前年比	5年前比
オンライン・コミュニティ	56	50	59	60	59	−1	3
モバイル・ファースト型調査				50	54	4	
テキスト分析	40	38	46	46	51	5	11
ウェブカメラ利用インタビュー	34	33	43	47	51	4	17
ソーシャルメディア分析	46	43	52	43	49	6	3
ビッグデータ分析	32	34	38	38	45	7	13
モバイル定性調査	37	34	42	44	43	−1	6
アイ・トラック調査	34	28	35	34	38	4	4
モバイル・エスノグラフィー	30	31	33	35	38	3	8
小規模調査	25	25	35	34	33	−1	8
行動経済学モデル	25	21	29	29	32	3	7
ゲーミフィケーション導入調査	23	20	25	25	26	1	3
表情分析	18	18	24	20	24	4	6
市場予測	19	17	24	19	21	2	2
ニューロサイエンス適用	13	15	16	21	20	−1	7
クラウドソーシング	17	12	16	15	18	3	1
バーチャル環境／VR	17	10	14	11	17	6	0
生体反応	13	10	12	12	16	4	3
IOT	12	9	14	12	15	3	3
センサー利用通信型データ		7	11	11	13	2	
ウェアラブル型調査	7	8	10	9	9	0	2
モバイル調査	64	68	75				

出所：GreenBook, GREENBOOK RESEARCH INDUSTRY TRENDS REPORT 2018, p.22を筆者加工

TRIES TREND REPORT（GRIT）2018調査において，1,260社に対して新しい調査技法等についてヒアリング調査を行ったものである。結果は，新しい調査技法の利用状況について尋ねた結果である。

前年との比較においては，ビッグデータ分析（7％），ソーシャルメディア分析（6％），テキスト分析（5％）の使用状況が上昇している。これらの3つに共通していえることは，実査型の定量的リサーチではないことである。

ここ数年の傾向について言及するのであれば，この調査は対象項目から，「モバイル調査」の代わりに2017年から，「モバイル・ファースト型調査」に項目変更をしたことが挙げられる。モバイル・ファースト型調査とは，パソコン向けの調査設計を行うのではなく，モバイル向けの画面作成を優先的に開発して，実査を行う調査のことである。変更前の「モバイル調査」の利用率が75％に到達し，十分に普及したという判断から，「モバイル・ファースト型調査」に項目を切り替えたと説明している。それでも，「モバイル・ファースト型調査」の利用率が54％であることは注目に値する。

② 文化計量学的アプローチと定性的な定量リサーチ

Hofstede 指数は，国ごとの文化を定量化するための試みではあるが，前述のように，文化全体の親和性や類似性を説明することができるかもしれないが，中心性を必ずしも言い表すことはできない。それは，指数の一般的特性であるデータの中心的傾向を表す代表値（平均値，中央値，最頻値）によって結果を表すからである。文化が持つ多様性や分散状態をこれらの平均値として定量化するのは難しい。加えて，文化受容や文化変容が起こっているかも，中心的傾向を表す代表値のみで判断することは細心の注意をもった分析でも困難である。

このような中で，前項におけるリサーチ手法の変化がある。「テキスト分析」「ソーシャルメディア分析」「ビッグデータ分析」等は，もともとは文章や単語を分析対象とした定性的分析であったものだが，近年の機械学習や AI 研究の進展により，定量的分析も可能になってきた。そこには，ベイズ統計が使用されており，今後，Hofstede 指数が文化受容を動態的に分析するための方法になる可能性を示している。

このように文化を計量化する，あるいは定量化していくためのアプローチを文化計量的学アプローチと呼ぶことができる。文化計量的アプローチは，村上［2002］によって提唱されたものである。村上［2002］は，「文を計る」「美を計る」

「古代を計る」を分析対象としている。「文を計る」では，単語の出現率や単語の長さ，文の長さ等を調査し文学という文化を定量的に分析しようと試みている。また，「美を計る」では浮世絵の分析を行っており，目の端，鼻の頭，下顎下縁などの計量点の情報分析（顔認識システムと同じ考え方），当時の美人観を解明しようとしている。さらに「古代を計る」では，寺院の金堂の平面形状の特徴と建立年代の推定を行った。

　村上［2002］の文化計量学的アプローチの価値は，文化を定量的なデータで分析しようとしただけではなく，文化そのものを表すことのできる代理変数を見つけ出そうとしたところにある。Hofstede は 6 つの指数（因子）に集約しようと試みているが，これでは文化概念があまりにも固定化してしまい，すぐに変容する可能性のある文化を認識することができない可能性がある。ビッグデータや機械学習が進歩した現代であるからこそ，文化受容や文化変容については，ベイズ統計の視点からのマーケティング・リサーチが望まれる。

（2）定量的な定性的リサーチ： ピクチャマイニングアプローチの可能性

①　新しい定性的リサーチの時代

　図表 5 - 3 をさらに分析し，5 年前と比較してみると，前述のビッグデータ分析，ソーシャルメディア分析，テキスト分析に加えて，ウェブカメラ利用インタビュー，モバイルエスノグラフィーと小規模調査の使用度が上がってきた。これらの共通してることは，定性的リサーチであるということである。新しいマーケティング・リサーチの技法については，定量化から定性化に仕組みをシフトしてきている（Kelly［2018］）。

　近年，定性的リサーチの使用が増加している傾向について，Kelly［2018］は，定量的リサーチより定性的リサーチの方が優れている点を挙げて説明している。第 1 の利点は，精度の高いデータを提供できる可能性があるということである。定量的リサーチでは，リサーチャーの枠組みに対して回答者が合わせることになってしまい，自分たち自身を自由に表現することができない。

　第 2 に，累積的に集計されたリカート尺度を机上で分析するよりも，実際に消費者の行動を観察したりするほうが，豊かな知見を得られる可能性が高い。

　第 3 に，定性的リサーチは，定量的リサーチによって得ることのできない発見

を生むかもしれないということである。構造化された定量的リサーチでは発見できない消費者の傾向をつかむことができる可能性がある。Kelly［2018］は，テキスト分析，コンピュータ画像分析，モバイル・ファースト型の飛躍的な進展により，定量的リサーチがお金と時間がかかり，尺度化できなかったときと比較して，「定性的リサーチの新しい時代」が到来していると指摘している。

②　CCM戦略と定量的な定性的リサーチ

　文化をある特定の構成員の共有された価値や行動とするならば，どれくらい共有されているのかを測定していくためのマーケティング・リサーチでなければならない。そのためには，定量的分析が必要になってくる。

　これらの課題を解決するためには，定性的リサーチと定量的リサーチの両側面を併せ持った定量的定性調査が可能なリサーチ技法が望ましい。これらの調査方法を「定量的な定性リサーチ」と呼ぶ。前述の定性的な定量的リサーチの基本が定量であるため，主な目的は今までになかった代表値を探し出したり，代理変数を探し出したりすることに焦点があたっているのに対して，定量的な定性的リサーチでは，定性的リサーチによって探索的に抽出した変数を定量的分析に耐えうるものとして加工していくことに焦点があたっている。

　定量的な定性調査のためのマーケティング・リサーチ技法には，いくつかの方法があり，今後リサーチ技法の進展より期待できるものが多くある。文化理解におけるすべての側面において，ピクチャマイニングがマーケティング・リサーチの課題を解決してくれるわけではないものの，数多くある分析手法の中で，定量的な定性的リサーチとして有用なものとして「ピクチャマイニング」がある。現段階では，定性分析の要素が強いものの，近年，インスタグラム等のソーシャルメディアにおいて，写真や画像のアップロード行動は日常的になっており，テキストデータや数値データとともに大規模な画像リソースである「ビッグ・ピクチャデータ」構築が可能な環境になってきた。定量的な定性的リサーチの可能性を持っているアプローチである。

　落原・江戸［2012］は，ピクチャマイニングを「写真や画像（あるいは動画）を探索的・因果的に分析することによって，有用な知見を得ようとする分析手法」であると定義している。代表的な分析手法に，画像データを調査対象者の意識が反映したものとして捉え，画像データの特徴を分析し，写真から潜在因子を抽出する方法がある。

▶図表 5 − 4 言語依存的調査におけるバイアスの可能性

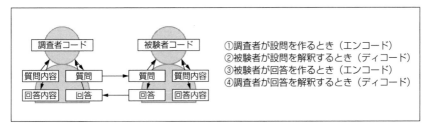

出所：江戸・北方・山崎 [2013]，p.26

　ピクチャマイニングは，ピクチャを調査対象者に回答するタイプの調査方法及び分析手法の一つであり，新商品開発，ライフスタイル調査，デザイン性や抽象性が強い調査において有効とされてきた（Edo and Kitakata [2014]）。また，図表 5 − 4 のように，言語依存的な調査は，言語を記号化，解読する際のバイアスがかかることが多いが，ピクチャマイニングの場合はバイアスが生じる可能性が低く，言語による等価性が難しい文化を対象としたリサーチにも向いていると考えられている。近年では，写真データの収集が容易になっており，定量的定性調査として，カルチャー・コンピタンスの発見に有益な知見をもたらす可能性が高い。

おわりに

　文化とマーケティング・リサーチは，グローバル化とともに研究が進んできたものの，CCM 戦略が発揮されるためのマーケティング・リサーチを十分に行って来なかった。特に，CCM 戦略の重要概念である中心性，親和性，文化変容と関連付けた文化とマーケティング・リサーチ研究がされていなかった。本章では，従来の記述・推計的統計の方法論で行ってきた社会学的アプローチや文化人類学的アプローチに加えて，ベイズ統計による文化のマーケティング・リサーチを試みた。文化計量化アプローチやピクチャマイニングアプローチ等の可能性と貢献を指摘することができた。今後，これらの文化のリサーチに対するアプローチを用いた具体的な調査結果と従来型の調査研究との有効性の比較が実証的行われることが望まれる。

〔参考文献〕

井上孝代，伊藤武彦 [1997]「留学生の来日1年目の文化受容態度と精神的健康」，心理学研究第68巻，第4号，pp.298-304，1997年。

江戸克栄，北方晴子，山崎匡 [2013]「ピクチャマイニング手法による「かっこよさ」概念の検討―現代メンズファッションとしての女性が評価するクールビズの分析―」，ファッションビジネス学会，ファッションビジネス学会論文誌，vol. 18，pp.21-31。

落原大治，江戸克栄 [2012]「ピクチャマイニング確立のための基礎的研究―写真調査の類型化と新しい調査方法の課題と方向性―」，日本リサーチ協会，JMRAアニュアルカンファレンス論文集，2012年11月，pp.23-32。

三浦俊彦，丸谷雄一郎，犬飼知徳 [2017]『グローバル・マーケティング戦略』，有斐閣。

村上征勝 [2002]『文化を計る―文化計量学序説―』，朝倉書店。

諸上茂登，藤沢武史 [1997]『グローバル・マーケティング』，中央経済社。

山本志都，丹野大 [2002]「異文化感受性発達尺度（The Intercultural Development Inventory）の日本人に対する適用性の検討：日本語版作成を視野に入れて」，青森公立大学紀要，第7巻2号，pp.24-42。

Douglas, S.P and Craig, C.S. [1983] *International Marketing Research*, Englewood Cliffs, NJ, Prentice Hall.

Edo, K. and Kitakata, H. [2014] 'The Social and Economic Impacts of 'Cool Biz' and 'Super Cool Biz' fashion in Japan', International Federation of Fashion Technological Institutes, IFFTI Conference papers, January 2014.

Hall, E.T. [1976] *Beyond Culture*, Anchor Press. （岩田慶治・谷泰訳 [1979]『文化を超えて』，TBSブリタニカ）

Hofstede, G., Hofstede, G.J. and Minkov, M. [2010] *Cultures and Organizations: Software of the Mind*, McGraw Hill International. （岩井八郎，岩井紀子訳 [2013]『多文化世界―違いを学び未来への道を探る』，有斐閣）

Keegan, W. and Green M. [2017] Global Marketing (9th Edition), Pearson Education Limited.

Kelly, R., [2018] "GRIT Commentary: New Qualitative Methods are poised for Growth", 2018 Q3, Q4 GRIT REPORT, pp.26-27.

Kumar, V. [2000] *International Marketing Research*, Upper Saddle River, NJ: Prentice Hall.

――― [2015] *Global Marketing Research*, Sage.

Lee, B, and Wong, A. [1996] "An Introduction to Marketing research in China," *Quirk's Marketing Research Review*, 10 (10), pp.18-19, 37-38.

Meyer, E. [2014] *The Culture Map: Breaking Through the Invisible Boundaries of Global Business, Public Affairs.* (田岡恵監訳 [2015]『異文化理解力—相手と自分の真意がわかるビジネスパーソン必須の教養』, 英治出版)

McSweeney, B. [2013] 'Fashion founded on a flaw. The ecological mono-deterministic fallacy of Hofstede GLOBE and followers,' International Marketing Review, Vol. 30, No. 5, pp.483-504.

Mooij, M. [2015] 'Cross-cultural research in international marketing: clearing up some of the confusion," *International Marketing Review*, Vol. 32, No. 6, pp.646-662.

Strauss, M.A. [1969] "Phenomenal Identity and Conceptual Equivalence of Measurement in Cross-National Comparative Research," *Journal of Marriage and the Family*, Vol. 31, No. 2.

Young, R.B. and Javalgi, R.G. [2007] "International marketing research: A global project management perspective", *Business Horizons* No. 50, Elsevier, pp.113-122.

Zikmund, W. [2000] *Exploring marketing research* (6th Ed.). Dryden Press, Orlando, FL.

第｜6｜章

メーカーのCCM：
消費者情報処理アプローチと文化

はじめに

　本章では，消費者情報処理アプローチの視点から文化を捉えることによって，主としてメーカーがカルチャー・コンピタンス・マーケティング（CCM）を実践する際の理論枠組みを提供することを目的とする。そのため，本書第1章における文化の定義，すなわち「価値と象徴のシステム」の検討を基に，文化が消費者の購買行動に与える影響について，消費者行動研究における情報処理アプローチの成果を取り込みながら論理を展開し，事例を用いながらメーカーのCCMを論じていく。

　本章での基本的な主張は三つある。一つめは，主として社会学的な視点から分析されてきた文化と消費者行動の関係を，認知的な視点からも捉えることによって戦略から戦術まで一貫したCCMの策定が可能になるということ，二つめは，文化資源の獲得が企業にとって極めて強力な持続的競争優位の獲得を意味すること，そして三つめは，ニーズとの適合を熟慮せずに状況要因に左右されやすい低関与商品の購買行動においてこそCCMの貢献度が高いということである。

　本章の構成は大きく2部に分けられ，前半の第1節において文化が消費者の購買行動に与える影響に関する理論的考察を行い，後半の第2節において，メーカーのCCMに関するケースの分析を行う。

1　消費者の購買意思決定における文化の関わり

　本節では，マーケティングにおける文化への認知的アプローチ，とりわけ消費者情報処理アプローチの意義を論じた上で，消費者がいかなる心理的プロセスに従って商品の購買意思決定を行うのかを記述し，そのプロセスにおいて文化がいかに関わり，さらに，文化がいかに企業にとっての持続的競争優位を持ちうるのかを論じていく。

（1）マーケティングにおける文化への認知的アプローチの意義

　従来，文化はマーケティング戦略策定における外的要因の一つとして，とりわけセグメンテーション基準の一つとして論じられてきた。なぜなら，特定の文化に属する消費者は同質的な選好を有していたり，特定のマーケティングに手段に対して同質的な反応を示したりすると考えられるからである。当然のことながら，文化に関心を寄せる消費者行動研究では，国家間の違い，民族間の違い，下位文化間の違いなど，消費者の類型化に研究の焦点を当ててきた。この点に関して，田嶋［2016］は，消費者行動研究の集計水準とマーケティング・マネジメントの戦略的な階層性との連結を示したフレームワークの中で，文化に関する消費者行動研究は主としてマーケティング・マネジメントにおけるセグメンテーションやターゲティングに貢献してきたことを論じた。このフレームワークでは，図表6－1のように，マーケティング・マネジメントは，戦略的な段階から戦術的な段階へと，①企業・事業課題の抽出，②STPの決定，③マーケティング・ミックスの策定，の3水準の階層に分けることができる。一方，消費者行動研究のタイプは，集計水準の高い方から低い方へと，①市場動態論，②消費者類型論，③個別消費者行動分析[1]の3つに分けることができる。そして，消費者行動研究のマーケティング・マネジメントへの貢献は，消費者行動研究の集計水準の高さとマーケティング・マネジメントの戦略性との関係の中で論じることができる。集計水準の高い市場動態論は企業・事業課題の抽出への貢献度が高く，消費者類型論はSTPの決定への貢献度が高い。そして，個別消費者行動分析はマーケティング・ミックスの策定への貢献度が高いと考えることができる。さらに，このフレームワークから導かれる重要な示唆は，マーケティング・マネジメントの一貫

▶図表6−1 マーケティング・マネジメントの階層性と消費者行動研究の集計水準

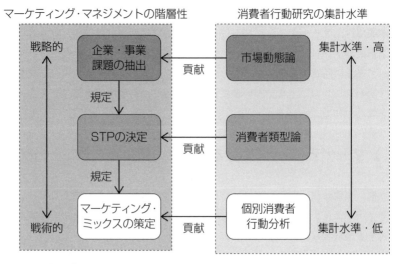

出所：田嶋 [2016] を加筆修正

性が戦略上の成功可能性を高めるものであると考えるのであれば，それに対応する消費者行動研究もまた，集計水準を通じて一貫性が求められるべきであるということである。このフレームワークを通じて，主として社会学をベースとする文化に関する消費者行動研究は，集計水準が中程度から高程度の消費者類型論に基礎を置くことで，マーケティング・マネジメントにおけるSTP，とりわけセグメンテーションやターゲティングに貢献してきたと言える。

　一方，本章で試みる認知的アプローチによる文化の分析は，相対的に集計水準は低い。結果として，この分析から得られる成果はマーケティング・ミックス策定への貢献が期待できる。例えば，ターゲットとして選択された特定の文化に属する消費者がいかなる価値を持ち，そしていかなる商品を象徴の対象とするのかという視点での分析を可能にし，この集計水準の低い分析に基づくことで具体的なマーケティング・ミックスの策定が容易となるのである。

　以上のように，文化に関わる消費者行動への認知的アプローチは，消費者類型論に基づくSTPの決定に留まることなく，STPと一貫した形でマーケティング・ミックスを策定するためのフレームワークを提供できるという点で，実務的

および理論的意義を有していると考えることができる。

（2）消費者による「商品」の購買意思決定

　メーカーによって生産され，店頭に陳列された個々の商品[2]を消費者がいかなる心理的プロセスに従って購買意思決定を行うのかは，これまでの消費者行動研究の重要なテーマとして扱われてきた。消費者の購買意思決定は，消費者情報処理アプローチ[3]の下では，概ね，問題認識→情報探索→代替案評価→購買→消費→消費後評価というプロセスを辿ると考えられている。この購買意思決定プロセスに従えば，まずニーズ（何らかの欠乏状態）に直面した消費者は，ニーズを満たすことを問題として認識し，その問題を解決するために必要な情報を探索する。次に，探索して得た情報と，既に自身の記憶の中に有している情報を基に，問題を解決するために適当だと考えられる解決策としての商品を絞り込み，選択し，そして購買する。さらに購買された商品は消費され，消費後にその商品に対する評価を下す。

　消費者を購買に導くためには，企業はこれらの諸段階すべてを管理していくことが重要であるが，特にメーカーにとっては，自社の商品が選ばれるかどうかが決定される「代替案評価」の段階が重要で，消費者行動研究においてもこの段階，すなわちブランド選択における理論化が精力的に行われてきた。この「代替案評価」の段階では，消費者は処理可能な数にまで代替案を絞り込み，その中で代替案を吟味し評価する。その代替案の評価方法については，伝統的には多属性態度モデルと呼ばれる考え方が基礎となっている（参考：Fishbein［1967］）。多属性態度モデルの下では，各商品は「属性の束」として捉えられる。属性とは，消費者の動機やニーズと関連し，それらを充足させうる当該製品クラスの潜在的・内在的な性質・特性であり，車であれば，経済性，走行性，快適性，デザイン，そしてブランドなどである。複数の属性が束となったものとしての商品に対する消費者の総合的な評価，すなわち態度は，「各属性に対する評価」と「各属性に対する重要性」の関数として表され，その結果算出される総合評価スコアの高い商品が選択される可能性が高いと予測される。多属性態度モデルから示唆されることは，同一商品であっても，消費者によって属性の評価が異なったり，属性に対する重要性が異なったりすれば，結果として商品の全体的評価は異なったものとなるということである。ただ，属性をベースにしたこうした情報処理は消費者に

認知的負荷をかけるため，購買に対する関与が低い場合や，商品についての購買経験や使用経験を積んでいる場合には，属性に関する綿密な検討は行わず，ヒューリスティクスと呼ばれる簡略化された情報処理によって商品が選択される場合がある。例えば，あらかじめ決められた重要な属性のみによって商品を比較検討したり，属性の検討および商品間の比較検討は行われず，過去の経験を基に特定の商品を排他的に選択したりする場合である。

（3）消費者の購買意思決定における文化の関わり

①　本章における文化の捉え方

　では，このような消費者の購買意思決定プロセスにおいて文化はどのように関わるのであろうか。先述したように，消費者行動と文化の関わりは，社会学的見地や解釈学的見地から消費行為との関わりで論じられることが多かったが，本節では，消費者行動と文化の関わりを認知的な視点，とりわけ消費者情報処理アプローチから捉えることで，文化の力を詳細に描き出すこととする。そこでまず注目するのは，本書第1章で規定された文化の定義である。第1章において，文化とは，「（生活全般にわたる）価値と象徴のシステム」と定義され，文化が持つ特徴は，a. 人々の生活様式全般に関わるもので，b. 人間が学習・創造したもので，c. 特定の社会・集団で共有され，d. 人間行動を規定し，e. 国や集団によって内容は異なるが優劣は簡単につけられない相対的なものとして規定された。本章ではこの概念規定を基に，文化を，「特定の社会・集団において共有された価値と象徴のシステム」と捉える。

　本章で特に注目するのは，「特定の社会・集団において共有されている」対象としての「価値と象徴のシステム」である。本章では消費者情報処理アプローチという消費者個人に対する認知的視点からの分析を試みるため，「価値と象徴のシステム」を，まずは集団の概念から切り離し，消費者個人に帰属するものとして区別することは重要であると考える。個人に帰属する「価値と象徴のシステム」が集団において共有されてはじめて文化となりうると考える。

②　文化が消費者の購買意思決定に与える影響のメカニズム

　前項における文化の規定に従えば，消費者の購買意思決定における文化の関わりは，特定の社会・集団において共有された「価値と象徴のシステム」が，代替

案としての商品の絞り込みやその評価・選択において影響を与えるプロセスとして解釈することができる。

　先述したように，多属性態度モデルに基づけば，購買意思決定に直面した消費者は，まず検討の対象となる商品がいかなる属性を有しているのかを知覚し，そして各属性にどの程度の重要性を配分するのかのウェイト付けを行う。重要性のウェイト付けは，消費者個人の「何を大事にするか」を反映するものであるため，第1章で規定された「価値」として捉えることができる。例えば，車の選択において燃費という属性よりも，頑丈さという属性に重きを置く場合には，頑丈な車であることによって車体の重量が重くなり燃費が悪くなったとしても，「同乗する家族の安全を最も優先したい」といった価値が反映されたものとして考えることができる。こうした価値と属性との関係によって，消費者のニーズと，商品またはその具体的特性の水準とが結び付き，特定商品の選択確率が高まることになる。上記の例では，車のドアの厚さや硬さといった具体的特性が，頑丈さという属性を通じて消費者個人の「同乗する家族の安全を最優先する」という価値に結びつく。

　上記の例のように，価値が属性を通じて因果的または機能的に商品の具体的特性に具現化する形で価値と商品が結び付く場合がある一方で，価値が恣意的または情緒的に商品に具現化される形で，価値と商品が結び付く場合がある。第3章でも詳述されたように，前者の場合を機能的価値付け，後者の場合を文化的価値付け，情緒的価値付け，または抽象的で象徴的な心的変化に対する価値付けと呼ぶことができる。例えば，車の商品選択において，富による自己顕示に価値を置く消費者にとっては，高価格という具体的特性や，高級イメージを持つ車自体に象徴的意味を見出すかもしれない。高価格という具体的特性は，様々な機能を高水準で装備していることの結果でもあるため，消費者の中には，そうした機能に対して因果的・機能的に結び付いた価値を見出す者もいるかもしれない。しかし，富による自己顕示に価値を置く消費者にとっては，高価格という具体的特性は自身の価値を表す象徴であり，価値と象徴，すなわち，富による自己顕示と高価格とが恣意的・情緒的に結びついていると解釈できる。富による自己顕示としての価値が恣意的・情緒的に結び付く象徴としての具体的特性は高価格だけとは限らず，上質な素材を使った内装，手厚い付帯サービス，または価格帯イメージを有するブランドなどがその対象となりうる。

　このように，価値と象徴とが消費者個人の中でシステムとして結び付いている

状態を，「価値と象徴のシステム」として捉えることができる。ただし，この価値システムはあくまで個人に帰属する価値と象徴のシステムであるため，文化として消費者の購買意思決定に影響を与えるためには，この価値と象徴のシステムが特定の社会・集団の成員によって共有されている状態にあることが必要である。ある特定の「価値と象徴のシステム」が特定の社会・集団の成員によって共有されている場合には，その成員が共通して持つ価値に対して，特定の商品やその具体的特性が象徴として具現化されているため，結果として彼らは同じような商品を選好し，同じような商品を購入する。すなわち，文化が消費者の購買意思決定に与える影響は，特定の社会・集団の成員が特定の商品に対して同じような選好を持つという点で大きな特徴を持つと言える。そこで次項では，この特徴について詳述することによって，CCM と企業の競争優位との関係について論じていく。

（4）文化が持続的競争優位になりうる理由

① 文化の影響を受ける消費者行動の特徴

では，文化の影響を受ける消費者の購買意思決定はどのような特徴を持っているのであろうか。まず注目するのは，価値と商品との結び付きが因果的であるか否かということである。本書第3章でも論じられているように，価値と象徴との関係は，「因果適合的」ではなく，「意味適合的」であり，恣意的である。このことは，消費者の持つ価値と商品も恣意的に結び付いていることを意味し，なぜその商品が選ばれるのか，または価値と商品との関係を合理的に説明することは困難である。

価値と商品との恣意的な結び付きは，二つの理由によって，特定の商品が排他的に選ばれる可能性を高める。一つは，価値と商品との関係を因果的に説明することが困難であることで，他の代替手段を比較不可能にし，価値に対する他の代替手段を排除できる点である。例えば，iPhone を自身の価値を反映する象徴と捉えている消費者にとっては，iPhone 以外のスマートフォンは，代替手段として考慮されにくい。一方，因果的・機能的に価値と商品が結び付いている場合には，代替手段間の価値に対する貢献度の比較は容易であるため，もし将来において結果としての価値をより良く導く他の商品が利用可能になった場合には，現在選択されている商品が代替されるリスクが常につきまとう。

もう一つは，価値と商品との恣意的な結び付きによって，商品の購買に当たっ

ては，価値の認識と同時にほぼ自動的にその商品が選択されやすいという点である。因果的関係の下では，商品の購買に当たって消費者は，商品がいかに自身の価値を達成させうるのかを因果的に熟慮した上で，全体的評価の高い商品が選択されるという，いわゆるボトムアップ型の処理が想定される。一方，価値と商品との関係が恣意的である場合には，価値の認識とほぼ同時に象徴としての商品が認識され，消費者の記憶内で，いわゆるトップダウン型の情報処理がなされると考えられる。例えば，スマートフォンの新機種を選択する場合に，iPhone を象徴として捉えている消費者は，スマートフォンの機種変更を認識した時点で他のブランドを想定することなく iPhone が選択されるであろう。

　価値と商品との恣意的な結び付きから生じる消費者のこのような行動は，特定の商品の購買が半ば自動化されやすいという点で，一見するとブランド・ロイヤルティに似た行動として捉えることができる。しかし，ブランド・ロイヤルティは過去のポジティブな購買経験に基づいて形成されたものであり，そこには消費者の価値と商品との因果的な関係の裏付けが存在するはずである。従って，ブランド・ロイヤルティの下では，何らかのきっかけで消費者の価値を達成するベターな他の代替案が利用可能になった場合には，他の代替案が選択されるリスクを将来にわたって残すことになる。一方，「価値と象徴のシステム」においては，その対応関係が崩れる可能性がないわけではないが，それは他のベターな代替案の登場によって影響を受けるのではなく，価値の変化によって影響を受ける。従って，消費者の価値が変化しない限りにおいては，価値と象徴としての商品との関係は安定的であると考えられる。

　文化の影響を受ける消費者行動の特徴において次に注目するのは，価値と商品との結び付きが個人的なのか，集団的なのかということである。本章で依拠する「価値と象徴のシステム」は，本節第3項①において論じたように，集団の概念とは切り離された，個人に帰属するものとして明示された。従って，価値と象徴のシステムは，必ずしも集団によって共有されているとは限らず，消費者個人が独自の価値と象徴のシステムを有している場合がある。例えば，他の人々にとっては何の思い入れのない商品に対して，昔の思い出を重ねたり，親しかった故人の形見としたりすることは，あくまで個人特有の「価値と象徴のシステム」である。

　一方，文化の影響を強く受ける消費者の購買意思決定においては，「価値と象徴のシステム」が特定の社会・集団の成員によって共有されている状態であると

▶図表6－2　購買意思決定が文化の影響を受ける条件

		価値と商品との関係	
		因果的・機能的	恣意的・情緒的・象徴的
価値と商品の関係における集計水準	個人的	個人による代替的購買	個人による排他的購買
	集団的	集団による代替的購買	集団による排他的購買

考えるため，象徴となる商品や具体的特性に対する重要性は，その集団内の成員間でおしなべて高くなると想定される。このことは，各成員が商品の購買に当たって同じような評価方法を採用し，結果として同じ商品を選択する可能性が高いことを意味する。

　以上の説明から，図表6－2に示すように，消費者の購買は，価値と商品の関係が因果的・機能的なのか，恣意的・情緒的・象徴的なのか，そして，価値と商品の関係の集計水準が個人的なのか集団的なのかによって4つのセルに分けることができる。4つのセルのうち，左上のセルに当たる購買は，価値と商品の関係が因果的・機能的で，集計水準が個人的な場合であり，価値に対して商品が機能的に代替可能性を有しているという意味で，「個人による代替的購買」と呼ぶこととする。一方，右下のセルに当たる購買は，価値と商品の関係が恣意的・情緒的・象徴的で，集計水準が集団的な場合であり，価値に対して商品が排他的に選択されるという意味で「集団による排他的購買」と呼ぶこととする。この右下のセルこそが文化の影響を強く受ける消費者の購買意思決定であり，価値と商品とが恣意的・情緒的・象徴的に結びついていることと，価値と象徴（商品）のシステムが集団によって共有されていることの2つの条件が揃うことによって生じうる。「集団による排他的購買」のように，文化によって消費者が特定の商品にロックオンされている状態を，本章では，特定の商品への「文化的拘束性」と呼ぶこととする。そこで次項では，この「文化的拘束性」をはじめとする文化の消費者行動への影響が，企業のマーケティングにおいていかに有利に働き，いかに企業の持続的競争優位になりうるのかを論じていく。

②　文化が持続的競争優位になりうる理由

　まず，文化が持続的競争優位になりうる一つ目の理由は，前述したように，特

定の商品が特定の社会・集団にとっての象徴の対象として知覚されている場合には，その商品への「文化的拘束性」が高まり，集団の価値が変わらない限りにおいては，他の商品によって代替される可能性は低くなる点である。価値に対する因果的関係によって商品が結び付いている場合には，将来，消費者の価値に対するベターな商品が利用可能になったならば，その商品によって代替されてしまう可能性を残すことになる。例えば，燃費性能の高い車は，経済性を重視するという価値を持つ消費者や，環境問題を重視するという価値を持つ消費者によって選択されるだろうが，燃費性能のより高い車が利用可能になれば，その車によって代替される可能性はあるだろうし，場合によっては，車の所有という消費形態とは異なる，カーシェアや公共交通機関の利用などによって代替される可能性もある。従って，文化によって特定の商品が排他的に選ばれる可能性が高いという意味で，文化が企業の持続的競争優位になりうると考えられるのである。

　文化が持続的競争優位になりうる二つ目の理由は，文化が「特定の社会・集団において共有された」ものであるというまさにその点である。特定の商品やその属性が特定の社会・集団にとっての象徴の対象となる場合には，その商品は個人としての採用だけではなく，集団としての採用，さらに，上述の理由と併せて考えれば，集団としての排他的採用や文化的拘束性が期待できる。

　最後に，集団としての採用が期待できる結果として，空間的波及効果だけでなく，時間的波及効果も期待できることも持続的競争優位になりうる理由として考えられる。特定の商品が特定の社会・集団にとっての象徴となる場合には，特定時点での集団による採用で完結するとは限らず，場合によっては世代を超えて採用されうる。特定の集団内の成員同士が互いにコミュニケーションを行う場やメディアがある場合には，それらは文化を継承する装置としての役割を果たすことになり，その集団内の価値をよく知る者から知らない者への「価値と象徴のシステム」の伝達が行われるだろう。結果として，こうした時間的な波及効果は，象徴となる商品の持続的な競争優位を形成する源泉となりうるのである。

　以上の3つの理由より，特定の商品やその具体的特性が特定の社会・集団にとっての象徴の対象となる場合には，その商品を生産するメーカーにとっての持続的な競争優位の源泉となりうることが示唆され，このことは，本書で一貫して主張されるカルチャー・コンピタンス・マーケティングの重要性を示すものである。

（5）メーカーによる CCM における文化資源の調整

① メーカーによる CCM の特徴

　本章では主としてメーカーの視点から CCM を論じていくが，まずは，商品を生産するメーカーならではの CCM の問題について整理していく。メーカーを物理的な商品としての物財を生産する企業として捉えるならば，サービスと比べた物財の特徴を識別することで，メーカーならではの CCM の特徴を捉えることができる。サービスマーケティングの領域で語られる物財とサービスの違いの一つに，生産と消費の同時性という特性がある。これは，サービスは，物財とは異なり，サービスの提供場所自体が生産場所でもあり消費の場所でもあるという意味である。この特性を逆に物財の視点から捉えれば，物財は，サービスに比して，生産と消費の場が分離された財であり，さらには生産と消費だけでなく，販売の場も分離された財と言うこともできる。

　生産，販売，そして消費が分離されている物財の特性を踏まえると，物財を生産するメーカーの CCM の特徴はどのように捉えられるのであろうか。生産，販売，そして消費が分離されていることは，特定の物財に対して，それぞれの段階で関わる主体によって別々の意味付け，すなわち別々の象徴が付与されうることを意味する。特定の商品を，いかなる集団のいかなる象徴とするかの意思決定は，原則としてその商品を生産するメーカーが行い，後述する「調整」の活動によってターゲットとする集団内に周知する必要がある。しかし，その商品を販売する流通業者がそのメーカーと独立した組織であるならば，商品は流通業者の品揃え形成の中で，メーカーが意図したものとは別の象徴が付与される可能性がある。例えば，理科の実験で使うような三角フラスコがバラエティショップなどでインテリア雑貨や花瓶として売られるような場合である[4]。

　さらに，消費が生産や販売から分離されていることで，販売後に消費者の手に渡った商品は，今度は消費者自身のコンテクストの中で，また別の象徴が付与される可能性がある。いわゆる，ある商品が，特定の消費者達によって，メーカーが意図したものとは異なる用途で使われるといった現象である。消費者による商品への意味付けに関しては，消費者行動研究においても精力的に議論されてきたトピックである[5]。

　従って，メーカーが意図した通りの「価値と象徴のシステム」を特定の集団に

共有してもらうためには，生産場面の管理だけでなく，チャネルとしての販売場面や消費場面の管理も重要である。そして，商品購買の習慣化（制度化）を目指す場合には，販売場面および消費場面の管理を「継続的」に行うことが求められる。こうしたマーケティング・チャネル全体の継続的管理の必要性こそが，メーカーならでのCCMの特徴と言える。

②　消費者の情報処理とCCMにおける調整

次に，これまでの議論を踏まえて，CCMにおける調整は，消費者情報処理の視点からいかに捉えられ，そこからいかなるマーケティング実践上の示唆が得られるのかを論じていく。CCMにおける調整とは，第4章でも述べられたように，企業の持つ文化資源を相手先市場へマッチングするマーケティング活動であり，その方法には「発信」と「適応」がある。「発信」とは自社が創造・保有する文化資源を発信して消費文化をつくる方向性であるのに対して，「適応」とは，新たな消費文化をつくるのではなく，相手先市場の既存の消費文化に合わせて自社の文化資源を適合させる方向性である。

先述したように，ある商品が集団によって排他的に購買されるためには，価値と商品との関係が恣意的・情緒的・象徴的である必要がある。そして，「価値」をマーケティングの所与の条件として統制が困難なものとするのか，それとも統制が可能なものとするのかによって，価値と商品との恣意的・情緒的・象徴的関係の構築の仕方は異なる。前者は，相手先市場の既存の消費文化に合わせるという意味で，CCMにおける調整のうちの「適応」であるのに対して，後者は消費文化をつくるという意味で「発信」である。

まず「適応」においては，集団で共有されている既存の価値に合わせる形で商品に象徴的意味を付与する取り組みが求められる。例えば，乗用車を選ぶ際にカーレースでの優勝実績が象徴的に重視されるヨーロッパの自動車市場において，トヨタ自動車は近年，豊田章男社長の下，ヨーロッパでのモーターレースに参戦するようになり，2018年WEC世界耐久選手権グランプリ，2018年WRC世界ラリー選手権総合優勝，2017年ニュルブルクリンク最高クラスグランプリ・レクサス総合優勝と，少しずつ実績を積み重ねている。こうしたトヨタの取り組みは，ヨーロッパ市場においてトヨタの商品に象徴的意味を付与するものであり，車選びにおけるヨーロッパでの「価値と象徴のシステム」に合わせるという意味では，「適応」戦略として解釈することができる。

　一方,「発信」においては, 集団が共有する価値は操作可能であるとの視点に立ち, 既存商品の象徴的意味に合わせる形で集団の価値を創造する取り組みが求められる。集団の価値を創造することは決して容易なことではないが, もし「発信」に成功すれば, 商品のスペックを変更することなしに相手先市場による受容を促進させることが可能となる。例えば, トヨタによるカーレースでの実績がヨーロッパ市場における「適応」に成功した暁には, ヨーロッパにおける「価値と象徴のシステム」を日本市場においても創り出すことは可能であろう。すなわち, カーレースでの優勝実績によってトヨタの商品を象徴として知覚する日本人が増え, そうした知覚を基に日本人が商品を絞り込んだり, 選択したりするような状況を創り出すことができれば,「発信」戦略は成功と言える。ただ, こうした価値と商品との恣意的・情緒的・象徴的関係の構築を徹底するためには, メーカーから消費者への直接的なプロモーションだけでなく, 流通業者からの協力を仰ぐ形での販売時点での継続的管理や, 購買後の消費場面の継続的管理も重要となる。

2　ケース

（1）低関与商品において求められる CCM

　本節では, ここまでの議論が実際にメーカーの CCM にどのように展開されているのかを検討していく。事例として取り上げるのは日清食品の即席麺のコミュニケーション活動である。即席麺を事例として取り上げるのは, メーカーによる CCM が最も求められる商材の一つであると考えられるからである。即席麺はコンビニエンスストアやスーパーなどで100円～200円程度で購入できることから, 相対的に低関与な商品である。低関与商品の場合には, 消費者は商品と自身のニーズとのマッチングを熟慮することよりも, 簡潔に選ぶこと, すなわちヒューリスティクスと呼ばれる選択方法を採用する。そのため, 低関与商品を購買する消費者にとって重要なのは, 商品と自身のニーズとのマッチングを判断するための情報ではなく, ヒューリスティクスのための情報である。恐らく多くの消費者にとっては, 即席麺の購入に際しては多くの購買努力を払うべき商材ではなく, 結果としてその購買意思決定においては, CM 等の影響は受けつつも, 相対的に価格など, 店頭での状況要因の影響を受けやすい。購買意思決定に費やされる時

間は僅かなものであるため，商品選択の際に考慮される属性の数も限定的で，そうした属性が消費者の価値を反映していることも稀であろう。一般的に即席麺はバラエティシーキング[6]される傾向があるために，毎回同じ商品が購買されるとは限らない。

　また，日本においては即席麺を製造するメーカーは多数存在し，さらに各社が多数の商品を製造・販売する。そして，即席麺の流通チャネル政策においては一般的に「開放的チャネル」が採用されるため，店頭では自社商品とともに他社の商品も含め多数の商品が陳列される。消費者は小売店頭において多数の商品の中から選択する必要があるが，先述したように，商品選択において熟慮する程度は低く，簡便な方法や状況要因によって商品が選択される。そして即席麺の流通チャネル政策のもう一つの特徴は，「間接流通」であるということである。店頭での即席麺の販売はメーカーとは独立した組織の流通業者に依存せざるをえず，販売時点でのメーカーによる統制の程度は限定的にならざるをえない。

　以上のように，即席麺は，メーカーによる統制が限定的な店頭において，消費者がヒューリスティクスや状況要因に基づき，競合他社の商品も含めた多数の商品の中から選択するという特徴を持つ。しかもバラエティ・シーキングされやすい商材であることから，同一の商品が購買され続けるとは限らない。このような特徴を持つ商材のメーカーにとっての課題は，自社商品に対する消費者の指名購買を引き出すことや，それによる店頭での優先的取り扱いを促進することである。前節で論じたように，CCMによって，特定の商品に対する消費者の「文化的拘束性」を高めることができれば，持続的競争優位を構築することが可能である。そこで次項では，即席麺メーカーである日清食品による近年のコミュニケーション活動が，CCMを実践する好例であるという認識の下，その記述と解釈を行う。

（2）日清食品のコミュニケーション活動

　近年の日清食品が打ち出すコミュニケーション活動は特徴的である。日清食品のテレビ広告はもともと定評があり，1993年には同社の主力商品，カップヌードルのテレビ広告が広告業界で世界最高のコンクールといわれるカンヌ国際広告映画祭でグランプリを獲得するなど多くの話題を集めてきた。従来は，こうしたテレビ広告に加えて，コンビニエンスストアやスーパーの店頭でのPOPなどの店頭販促によって，消費者にテレビ広告で見聞きしたブランドを想起してもらい購

買につなげることが定番の手法であった。しかし，近年は若年層を中心にテレビ離れが進み，テレビ広告を中心としたコミュニケーションだけではこれらの層にリーチしにくくなってきた。そこで同社が注目したのが，スマートフォンやソーシャルメディアである。近年，同社は自社サイトだけではなく，動画共有サイト・写真共有サイト・短文投稿サイトなどのソーシャルメディアの公式アカウントを持ち，積極的に情報発信を行っている。そこでは従来のテレビ広告では伝えきれない詳細な商品情報，裏話，オリジナル広告などが発信される。同社による投稿の中には引用回数が16万件以上に上るものもある。また，テレビ広告も1回視聴しただけではわからないような演出をふんだんに盛り込むことによって，若者が動画共有サイトを通じて何度もテレビ広告を視聴し，さらにそれを話題としてソーシャルメディアで拡散してもらうよう促している。

　広告で扱う題材やキャスティングするキャラクターも特徴的である。万人が認知しているタレントやアニメキャラクターだけではなく，どちらかというと限られた客層にのみ支持されているタレント，アニメキャラクター，ロックバンド，最近で言えばVtuberや2.5次元ミュージカル俳優などを起用することも多い。さらに，こうした，どちらかと言えば万人が認知しているとは限らないキャラクターをテレビ広告で起用するのとともに，動画共有サイトでWeb限定の動画広告を発信することも多い。

　有名タレントなど認知度の高いキャラクターを起用した従来のテレビ広告の場合には，消費者はそのキャラクターと商品とを関連付けて意識的または無意識的に記憶し[7]，店頭での商品選択の際にその記憶が想起されることが期待される。一方，認知度の低いキャラクターを広告に起用する場合には，そのキャラクターを知らない消費者にとっては，そのキャラクターは商品と関連付けるための手がかりにはなりえず，店頭での想起効果は限定的にならざるをえない。Web限定の動画広告に至っては，100万回の再生回数を獲得することは稀で，あるいは100万回を達成するためには非常に多くの時間がかかる。さらに，一人の消費者が同じ動画を複数回視聴していることを考慮すれば，リーチとして獲得できる消費者の数は再生回数から割り引いて考えねばならないだろう。

　では，こうした認知度の低いキャラクターを起用することにどのような意味があるのであろうか。認知度の高いキャラクターをテレビ広告で起用する場合には，数千万人の消費者にリーチすることが可能である一方，認知度の低いキャラクターの起用によって獲得できる認知的効果は必ずしも高くない。しかし，近年同

社が起用するキャラクターは，認知度は高くないものの，熱烈なファンがついていることが少なくない。例えば，カップヌードルのテレビ広告では Vtuber のキズナアイや輝夜月，ロックバンドのマキシマム ザ ホルモンを起用し，どん兵衛のWeb限定広告では深夜アニメの「ケムリクサ」とタイアップしている。特にどん兵衛の広告は，アニメのストーリーの中で展開する動画であるため，ファン以外の消費者には分かりにくい内容となっている。ファンにとって，自身が愛顧するキャラクターがテレビ広告で起用されることは極めて大きな関心事であるため，広告に対して能動的にアクセスするであろうし，同じ広告を繰り返し視聴するかもしれない。その結果，対象商品は，時として自身が愛顧するキャラクターに関連した象徴となることがあり，即席麺を選択する際のヒューリスティクスを支援する役割を果たすと考えられる。例えば，アニメやゲームの世界をミュージカルとして演出する2.5次元ミュージカルの俳優を同社の袋麺「旅するエスニック」の広告に起用した際の，ソーシャルメディア上でのファンと見られる人達からの投稿は興味深い。「スーパーに行って探したくなった」「買います！絶対！」というコメントからは購買意向が読み取れ，「今まであまりスーパーの袋麺ゾーンに行ったことなかったけどこれ見て最近袋麺ゾーンにいくようになった」というコメントからは新規客の獲得，また，真偽は不明だが，「仕入れなけきゃ！（スーパー加食担当）」というコメントからはスーパーでの取り扱いにも影響を与えていることがうかがえる。さらに，「さすが日清さんや」「日清すげえや」というコメントからは，企業に対する態度にも肯定的な影響を与えていることがわかる。

　そして，ファンはオフラインやオンライン上でコミュニティを形成していることが多く，ソーシャルメディアを通じてWeb広告が共有・拡散される効果もある。特に動画共有サイト上のWeb広告は，テレビ広告とは異なり，時間，場所，デバイスの制約を受ける度合いは低いため，テレビ広告とは異なり一過性で終わることはなく，継続的かつ累積的に消費者に視聴されうるという特性をもつ。

　こうした日清食品による取り組みは，商品のスペック自体は変えずに，消費者の商品に対する知覚を変化させたという意味で「文化発信」として捉えることができる。普段何気なく購入している即席麺のテレビ広告において，自身がファンとして愛顧するアニメや漫画のキャラクターが起用されたことで，その即席麺自体が突然に象徴の対象となりうるのである。商品がひとたび象徴の対象となったのならば，その即席麺に対する消費者の文化的拘束性は高まり，指名購買の程度

や購入確率が向上することになる。なぜならば，自身の価値と象徴としての特定の即席麺が，「価値と象徴のシステム」として恣意的に結び付き，排他的に選択される可能性が高まるからである。特に低関与商品の場合には，自己のニーズとの適合よりも，簡便な選択が優先されるため，この「価値と象徴のシステム」がヒューリスティクスとして機能しやすい。そして，この一連の心理プロセスと行動は個人的な現象に留まることなく，特定の集団内の成員の間で，すなわちキャラクターのファンの間で同時的に起こりうる。

ただし，広告制作においては，単に漫画やアニメのキャラクターを広告に起用すればよいという問題ではなく，ファンの心を掴むためには，ファンだからこそ気付くような細部にこだわった演出など，彼らへの敬意に基づいたマニアックな広告制作が重要である。ファンへの敬意を欠いた広告内容は，逆に，彼らからの反感を買ったり，炎上を引き起こしたりするリスクがあるだろう。

価値の伝達・拡散においては，動画共有サイト，写真共有サイト，短文投稿サイトなどのオンライン上のコミュニティやオフラインのコミュニティが重要な役割を果たす。広告自体がオンライン・コミュニティで共有されることもあれば，広告に関するコメントの投稿が共有されることもある。

商品購買の習慣化としての制度の構築においては，小売店での継続的な取り扱いを実現することが重要となる。通常，マス広告の展開が，店頭での取り扱いを後押しするが，同社によれば，近年は Web 限定広告のみの展開でも店頭での取り扱いを検討してくれる流通業者がいるという。原則として，店頭での取り扱いや販売促進は流通業者の裁量によるものであるが，同社によるサブカルチャーを活用した継続的なコミュニケーション活動が，店頭を活用した「制度構築」に効果を発揮しつつあると言える。実際に，2.5次元ミュージカルの俳優を起用した先の広告の事例では，店頭での取り扱いを促進したばかりか，店頭での POP 動画広告も行うことができ，メーカーによる店頭での「意味づけ」の管理が実現できていると言える。

また，ファンと見られる消費者によるソーシャルメディアへの投稿の中には，実際に購入したことを投稿する際に，商品の写真や広告へのリンクを張るものもあり，流通段階だけでなく，消費段階においてもメーカーの意図した通りの意味づけが管理できていると言える。さらにこうした投稿が他のファンまたは他の消費者に拡散することによって，他の消費者による購買を促し，さらなる制度化に貢献していると言える。

おわりに

　本章の目的は，消費者情報処理アプローチから文化を捉えることによって，主として製品を製造するメーカーがCCMを実践する際の理論枠組みを提供することであった。そのためにまず，第1章において定義された文化を認知的に捉える試みを行い，文化が消費者の購買行動に与える影響について，消費者行動研究における情報処理アプローチの成果を取り込みながら論理を展開した。特に商品に対して象徴的意味づけがなされることで，価値と商品とが，因果的ではなく，恣意的に結び付き，結果として特定の商品への消費者の「文化的拘束性」が高まると論じた。さらに，こうした価値と商品との関係が特定の集団内で共有されることは，文化的拘束性が個人的な現象ではなく，特定の集団での社会的現象となり，メーカーにとっての持続的競争優位の構築に寄与することを示唆した。

　その後のケースを用いたメーカーのCCMの考察では，CCMとしての日清食品による即席麺のコミュニケーション活動によって，同社の商品に対する集団による排他的購買を促進することが可能となることを考察した。とりわけ，ニーズとの適合を熟慮せずに状況要因に左右されやすい低関与商品の購買行動においては，CCMの実践は指名購買とそれによる店頭での優先的取り扱いを促進する上で貢献度が高い点を示唆した。

〔注〕

1）「個別消費者行動分析」とは，一人の消費者の心理や行動プロセスを認識対象とするものであり，主としてマーケティング諸手段として消費者にインプットされる外部情報を消費者がどのように処理し，そしてアウトプットしていかなる反応を示すのかを分析するものである。消費者行動研究における主要研究テーマはHoward-Shethモデル，Bettmanモデルや消費者情報処理モデルに代表される消費者のブランド選択行動モデル，消費者関与，消費者知識といった個人差を説明する構成概念に関する研究などもこの分類に入る。

　　　次に，「個別消費者行動分析」よりもやや集計水準の高い中層のものが，「消費者類型論」と呼ばれる認識のタイプである。「消費者類型論」とは，消費者間・消費者内の異質性と消費者の分類に焦点を当てたものであり，マーケティング諸手段に対して同質的な反応を示す消費者のグループをいかに切り取るかという点において，「個別消費者行動分析」より集計水準が高くなる。この集計水準に

おける消費者行動研究としては，商品分類研究，市場細分化研究，Assael［1987］による消費者類型，精緻化見込みモデルなどが代表的である。

　最も集計水準の高い消費者行動研究が「市場動態論」と呼ばれる認識のタイプである。「市場動態論」は，様々な消費者群が統合されてより大きな市場を形成していく動態的なプロセスに焦点を当てたものであり，類型化された消費者群をいかに連結するかという点で，「消費者類型論」よりも集計水準はさらに高くなる。代表的な研究事例はRogersの普及理論である。普及理論は，その名の通り，主たる関心の対象が「普及」というマクロ的現象であるため，本質的に分析対象の集計水準は高い。

2）消費者行動研究では消費者が選択する対象をブランドや銘柄として呼ぶことが多いが，今日，ブランドという用語がカバーする領域は広くなり，時には異なる製品カテゴリーを横断して使用されることも多いため，本章では，消費者が購買対象とするSKUレベルの対象物を識別して「商品」と呼ぶこととする。

3）消費者情報処理アプローチとは，消費者の行動に対する分析視角の一つであり，消費者の情報処理能力が有限であるという前提で，消費者の購買行動を問題解決行動として捉えたうえで，問題を解決するための情報収集や脳内での情報処理に焦点を当てたアプローチである。Bettman［1979］

4）ただし，次章（第7章）でも論じられるように，小売業者によるPB商品の場合には，販売に関わる主体が生産者でもあるため，生産段階と販売段階において付与される象徴のギャップは生じにくいであろう。

5）詳しくは松尾・赤岡［2014］を参照のこと。

6）バラエティシーキングとは，Assael［1987］によれば，ブランド間の知覚差異が大きく，関与度の低い購買状況において見られる購買のタイプである。その名の通り，ブランド間のスイッチを意図的に行う行動であり，新しい商品への好奇心や既存製品への飽きなどによって起こる。

7）Kurugman［1965］によれば，消費者はテレビ広告を積極的に視聴しているわけではないが，ブランド名などを無意識的に記憶している。このような現象を低関与学習と呼ぶ。

〔参考文献〕

青木幸弘［1989］「消費者関与の概念的整理―階層性と多様性の問題を中心として―」『商学論究』第37巻1－4号合併号，pp.119-138。

―――［1993］「「知識」概念と消費者情報処理―研究の現状と課題―」『消費者行動研究』第1巻第1号。

――――［1994］「「知識」概念と消費者情報処理―構造的側面と基礎概念―」『商学論究』（関西学院大学），pp.137-160。

田嶋規雄［2016］「消費者行動研究の集計化における理論的および実務的諸問題」，KMS 研究会監修，堀越比呂志・松尾洋治編著『マーケティング理論の焦点』，中央経済社，pp.51-73。

松尾洋治・赤岡仁之［2014］「市場の理解における諸問題 2」，KMS 研究会監修，堀越比呂志編著『戦略的マーケティングの構図』，同文館出版。

Assael, H.［1987］*Consumer Behavior and Marketing Action, 3rd ed.*, Kent Publishing.

Bettman, James R.［1979］*An information Processing Theory of Consumer Choice*, Reading, MA: Addison-Wesley.

Fishbein, M.［1967］"A Behavior Theory Approach to the Relations between Beliefs about an Object and the Attitude towards the Object," in Fishbein, M. ed., *Readings in Attitude Theory and Measurement*, John Wiley & Sons.

Howard, J.A., J.N. Sheth［1969］*The Theory of Buyer Behavior*, John Wiley & Sons.

Krugman, H.E.［1965］"The Impact of Television Advertising: Learning without Involvement," *Public Opinion Quarterly*, vol. 29, no. 3, pp.349-356.

Rogers, E.M.［1962］*The Diffusion of Innovations 1st eds.*, New York: The Free Press.（藤竹暁訳［1966］『技術革新の普及過程』，培風館）

第 | 7 | 章

小売業のCCM：
英国 M&S のレディーミール事業に見る
文化マーケティング戦略

はじめに

　本章は英国の総合小売業者である Marks and Spencer（以下，M&S）の食品事業を事例として取り上げ，同社が実践した文化マーケティングの諸相を分析することを目的としている。M&S[1)]は1884年に創業し，19世紀から20世紀の世紀転換期にペニーバザール，すなわち今日でいうところのワンコイン・ショップをチェーン展開して成長の基盤を築いた。そして，1920年代からは創業者の名前に由来する聖マイケル（St. Michael）というプライベート・ブランド（以下，PB）を開発して，当初は衣料品を中心に PB 商品を販売した。M&S は PB 商品の開発に際して，サプライヤーの技術力や開発能力に依存するのではなく，各領域の技術者や専門家を雇用して商品の素材開発から仕様書の作成まですべてを自社で行なった上で，サプライヤーに製造を委託するというビジネス・モデルを確立した。M&S は「科学的知識とビジネスの融合」という理念に基づいた高い製品開発能力を基礎としたマーチャンダイジング戦略を採用して PB 開発を成功させた。また，M&S は1927年に「バイイング・ブリティッシュ原則」を掲げ，販売する商品の90％をイギリス国内の生産者から直接調達する方針を打ち立て，1959年にその比率が99％に到達し，1970年代には多少減少したものの，およそ90％台を維持し，1990年代末にその原則を廃止するまでの間，M&S の商品は英国産であるということを強調した（戸田［2008］）。第二次世界大戦後は，この PB を食料品や生活用品に広く拡張し，価格に比した高品質が主に中産階級の支持を得て，店内で販売される商品は全て PB で占められるという独自性を発揮し，2000年に聖

マイケルの使用を終了するまでのおよそ70年間，British icon，すなわち英国を代表する象徴的なブランドとして英国の消費者に愛された。

　そして，同社の高い製品開発力は加工食品の開発にも大いに発揮され，1979年に英国の小売業者としては初となる調理済みの冷蔵食品，すなわちレディーミールを発売すると，働く女性の増加を背景に，その利便性や品質の高さが支持されて大きな成功をみた。M&S に触発されて，テスコ（Tesco）やセインズベリーズ（Sainsbury's）など競合他社もレディーミールを導入した。これにより，英国における伝統的な内食という食文化から，中食という新しい食の文化的価値が1980年代に急速に定着した。これは，小売業が先導する形で新たな食の文化を作り出した好例であり，本章の第1節ではこの事例について詳述する。

　1980年代から1990年代にかけて，レディーミールは英国の食生活にはなくてはならないものとして普及したが，2000年代以降，英国における成人病の増加と医療費の高騰という事情を背景に，国民皆保険制度が危機的状況にあり，英国保健省はその原因として，レディーミールのような塩分や油分の多い食品を中心とした食生活の問題を指摘している。そして，レディーミールのおよそ90％が小売業者の PB であることから，高カロリーなレディーミールを安価に提供している小売業者が英国民の不健康な食生活を助長していると指摘している。こうした状況を背景に，M&S は健康的なレディーミール，すなわちヘルシーミールを提供する試みを行っているが，必ずしもその事業が成功しているとはいいがたいのが現状である。第2節では，2000年代以降の M&S によるヘルシーミールを取り上げて，その展開を分析する。

　そして第3節では，レディーミールとヘルシーミールの両事例について，第4章で提示された文化資源の創造と調整といったカルチャー・コンピタンスの観点から整理し，それぞれを第3章で定式化された文化マーケティング戦略の類型を適用して分析する。

1　1970年代におけるレディーミールの開発と成長

（1）M&S における食品事業の製品開発と鮮度管理

　M&S の PB 戦略は，1930年代に米国のシアーズ・ローバック社（Sears, Roebuck）のビジネス・モデルを学んだことに起源を有す。1926年に副社長に就任

したシーフ（Sieff, Israel）は，1928年に商標登録をした聖マイケルというPBの開発を進展させるべく，1934年にアメリカに渡りシアーズ社のマーチャンダイジング部門がいかに商品開発を実践していたかを学んだ（Rees［1969］）。その後，M&SはPBの衣料品を自社で開発するために，シアーズに倣って1935年に繊維実験所を作り，1936年にはマーチャンダイジング部門とデザイン部門を設置し，素材の開発から最新のファッションやデザインを取り入れた衣料品の商品開発を行った。1960年代には2代目の社長であったサイモン（Marks, Simon）の「科学的知識とビジネスの融合」という信念に基づいたマーチャンダイジング戦略を展開し，とりわけ人工繊維の衣料品開発がM&Sの成長を牽引した。

　この衣料品で培われた科学的知識に基づいた製品開発の経験は，第二次世界大戦後に食品事業にも応用された。M&Sの食品販売はペニーバザールの時代に遡ることができるが，その当時の取り扱いは小麦粉や乾物，ビスケットなどの菓子類に限られていた。1927年には店舗にカウンターを設置してアイスクリームが販売され，2年後にはサンドイッチの販売が始まった。そして1931年に食品事業部が設立されると，缶詰やフルーツ，野菜，焼き菓子などが販売されるようになり，1934年には限定した店舗で調理済みの肉類やソーセージ，パイ，チーズやベーコンなどが販売されるようになった。1935年にはいくつかの店舗でカフェ事業を始め，フィッシュ・アンド・チップスやステーキなどの食事を摂ることができるようになった（*M&S: Food,* Briggs［1984］）。第二次世界大戦以前に開始していた食品事業とカフェ事業は，戦時中の衣料品販売の制約を補填することを可能にした。1941年に食品の配給制度が開始されたが，カフェやレストランはその対象外であったために営業を継続可能であったという事情や，食品配給の供給業者としてM&Sが指定されたことによって，食料品事業で衣料品販売の制限を埋めることができた（Briggs［1984］，Bookbinder［1989］）。

　第二次世界大戦後，1948年に技術責任者として化学者のゴールデンバーグ（Goldenberg, Nathan）を招き，新たに食品技術事業部（Food Technology Department）を設立し，高度なトレーニングを受けた有資格者の食品衛生士を雇用した（Rees［1969］，Briggs［1984］）。そして当時，食品衛生の権威であったラーナー博士（Lerner, A.）の指導のもと，食品衛生基準を確立した（Briggs［1984］）。食品の衛生管理の最大の課題は，M&Sが設定した衛生基準をすべての食品サプライヤーに遵守させることであり，M&Sはサプライヤー各社に専門の食品衛生士を雇用させ，実験施設と試験的な製造工場及びキッチンを設置するよう要求し

た（Rees［1969］, Annual Report［1964］）。そして1949年に社内用の資料として「衛生的な食品の取り扱い」というマニュアルを作成したところ，衛生管理の諸機関や食品衛生に取り組む産業組織からも高い関心を集め，M&Sの経験と蓄積がイギリスの食品衛生を事実上リードするようになった（Annual Report［1964］）。

　1960年代になると，その衛生管理技術の高さを生かして，安全な方法で乳製品や食肉を販売する事業を始めた。鶏肉のような生肉はバクテリアが繁殖する危険性があるために，当時，大規模なチェーンストアでは冷凍して販売されることが一般的であった。生肉を冷蔵された状態で販売することができたのは家族経営による小規模な精肉店だけであったが，大規模な小売店で生肉の冷蔵販売を実現したのは，M&Sが初めてであった（Chislett［2009］, *Marks in Time, Our M&S Heritage*）。この開発の契機となったのは，当時の社長であったサイモンが冷凍された鶏肉の味を嫌い，1950年代末にゴールデンバーグと彼の開発チームに新鮮な冷蔵の鶏肉の調査を命じたことであった。徹底した研究の結果，冷凍と生肉ではその加工の仕方が異なることが判明し，鶏肉を冷凍する場合には絞めてすぐに冷凍加工し，生肉の場合は絞めたあと2，3日の間，冷蔵装置の中に吊るして保存することによって，いずれの加工方法も共により風味豊かな食肉になることがわかった（Chislett［2009］）。そして，1960年に冷蔵の商品棚が設置され，生肉の販売が開始されると，消費者に大いなる支持を得てこの事業は大成功を収めた（*Marks in Time, Our M&S Heritage, M&S: Food*, Chislett［2009］）。

　さらに，生肉の販売には輸送の段階においても新たな革新が必要であり，全国の店舗に迅速かつ効率的に食肉を輸送せねばならなかった。そこでM&Sは1963年に温度管理可能な冷蔵庫を設置したトラックを導入し，この「低温流通革命（cold chain revolution）」が，英国全土の店舗への食肉の輸送を可能にし，また，これは，その後の生鮮品やレディーミールなどの冷蔵加工食品の発展の基礎にもなった（ibid）。M&Sは伝統的にマス広告を行わず，製品開発に資金を投入するという原則を維持してきたが，店頭広告に加え，生肉の販売に際しては，「鶏肉の味がしたのがいつだったか覚えている？」「聖マイケルの新鮮な鶏肉は鶏肉の味がするよ！」というようなキャッチコピーを添えたM&Sでは初めてとなるテレビCMを1972年に放映した（*M&S: Food*, Chislett［2009］）。さらに1973年に業界を先んじて，食肉のパックに販売期限（Sell-by dates）を表示し，その日のうちか2日以内に調理するようにとの指示をパックに貼付したことで，鮮度の良い状態での調理することの必要性を消費者に示すことができた（Chislett

[2009]）。こうして，聖マイケルの食品は品質および鮮度の高さと安全性の保障として知られ，その売り上げは1964年から1974年の間に約3倍に増加した（Annual Report 1965－1974）。

（2）M&S におけるレディーミールの開発

　1960年代に生肉の冷蔵販売の領域において示された M&S の食品衛生管理や製品開発の能力は，1970年代になると他の加工食品の領域で発揮され，鶏肉の塊や牛肉のミンチ，カレーで味付けされた鶏肉などの缶詰商品に加え，1972年にはピザ，ラザニアやフィッシュパイといった英国の消費者に馴染みのあるメニューを中心とした最初の冷凍加工食品（frozen ready-prepared recipe dishes）が発売されると，翌年にはおよそ100店で発売され，広く消費者の支持を得た（Chislett [2009]）[2]。しかしながら，この加工食品においても生肉の時と同様に，当時の社長であったサイモンが冷凍食品を嫌悪していたことが契機となり，冷凍以外の方法で食品を提供することができないか，製品開発チームが試行錯誤を重ねた結果，1974年には袋状容器に食品を詰めた常温保存が可能なレトルト（boil-in-the bag）食品がラビオリやパスタソースなどのアイテムで発売された。レトルト食品は加圧加熱滅菌処理が施されているために長期保存が可能な上に，袋ごと湯煎して温めて食すことができ，その手軽さから「コンビニエンス・フード」（convenience foods）と称された（*M&S: Food*, Chislett [2009]）。こうした，一連の利便性の高い調理済み加工食品は，「利便性（useful）」と「有益性（helpful）」を訴求点として，たとえ食材の下ごしらえから始めて調理をする時間があったとしても，時間を節約することは良いことだというメッセージとともに宣伝され，一般に普及した（Winterman [2013]）。

　当時，冷凍加工食品やコンビニエンス・フードの商機は，離婚率の上昇によってももたらされた（Winterman [2013]）。英国の離婚率は，1969年に離婚法が制定された後[3]，1971年には年間約5万件であったのが，1981年には3倍の15万件へと増加した（Thompson et al. [2012]）。こうした加工食品は，自分で調理をしなくてはならなくなった多くの男性に利便性を与え，バーズアイ（Birds Eye）のような食品メーカーの広告キャンペーンは，主に独身男性に向けられた（Winterman [2013]）。しかしながら，正しい食生活は自宅で家族とともにテーブルを囲むことだという伝統的な食生活への観念は根強く，一人で食事をとるこ

▶図表7－1　英国における離婚率の変化

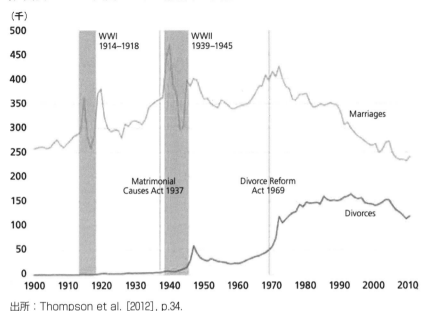

出所：Thompson et al. [2012], p.34.

とは，しばしば「社会的孤立」を象徴するものでもあった（ibid.）。こうした加工食品が「寂しさ」を連想させてしまうことに加え，その品質も疑問視されるようになると，冷凍加工食品やコンビニエンス・フードは，次第に二流品と考えられるようになっていった（ibid.）。

　こうした一般的な傾向を背景に，後にM&Sの冷蔵の調理済み食品，すなわちレディーミール（chilled ready meals）の生みの親となるチャップマン（Chapman, Cathy）は，1975年にM&Sに入社した当時，同社のどの冷凍加工食品やコンビニエンス・フードも酷い味であったと回想している（Slater [2010], *Food Spark*）。彼女は10代の時に伝統的なフランス料理を勉強し，食品サービス産業で数年間コンサルタントとして仕事をした後，M&Sの食品事業部で製品開発の担当を任されたが，その頃はまだ，付加価値のある鮮度の高い加工食品が提供されていないと感じた（Farhoud [2018]）。M&Sは既述のように，冷蔵の生肉類を販売し，店頭での冷蔵設備も整備していたことを背景に，チャップマンは，冷凍加工食品や缶詰，コンビニエンス・フードに代わる，冷蔵保存可能なレディーミールの開発を託された。

▶図表7－2　女性の就業率の変化

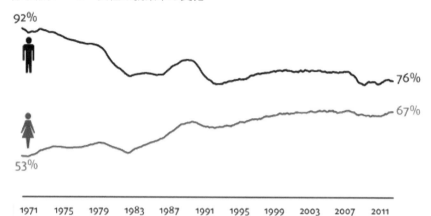

出所：Women in the labour market, 2013, Office for National Statistics.

　1970年に同一賃金法（The Equal Pay Act）が施行され，女性の社会参画が増加した[4)]ことに注目したチャップマンは，新しく発売するレディーミールでは，新たなセグメントとして，多忙な（time-poor）働く女性および，ダブルインカムで可処分所得が高く，外食や旅行などを楽しむゆとりのある家族をターゲットにすべきだと考えた（Slater［2010］, Freear［2015］）。彼女はまた，こうした家庭が，より高品質の食品の購入や外食にお金を費やす傾向があり，また彼らが伝統的な食事に固執するというよりは，諸外国の独自の料理に興味を抱き，より冒険的な味に挑戦する傾向を読み取っていた（*Food spark*）。

　まもなくして，ダッカー（Docker, John）というレストラン経営者が，レストランで提供される品質の食品を，顧客に提供するというアイディアをM&Sに持ちかけてきた（Farhoud［2018］, Slater［2010］）。その当時，英国の消費者は外食をする比率が増え，有名シェフのいるレストランで食事をするということが一種のブームのようになっていた（ibid）。そしてチャップマンは，ダッカーのレストランで提供されていた，チキン・キエフという，ウクライナ料理に由来する鶏肉のカツレツのような料理が流行していたことに注目し，新商品となるレディーミールの候補に最適であると考えた（Slater［2010］）。しかし，このチャップマンの提案は，M&Sの取締役たちにはあまり好意的に受け取られることがなかった。その理由は，チキン・キエフではガーリックバターを使用するが，当時

の英国では料理にニンニクを使うことは一般的でなく，取締役たちは，消費者にも好まれないと考えたからであった（Slater［2010］）。その時，社長を務めていた，シーフ（Sieff, Marcus）も，この料理は絶対に売れないと思ったと回想している（Farhoud［2018］）。取締役たちは，ガーリックバターのニンニクの風味を抑えたバターを使うように進言したが，チャップマンはチキン・キエフにとってガーリックバターは最も重要であるとして，この提案を退けた（Slater［2010］）。チャップマンの考えでは，チキン・キエフは新しい食を求める冒険心のある消費者の心を捉える，異国情緒漂う料理であると同時に，まさしく家で調理するような家庭料理ではなくレストランで提供されるような類のものであったため，必ず消費者に受容されると確信した（ibid.）。こうして，1979年に英国では最初となったレディーミールのチキン・キエフをM&Sが発売すると[5]，社長や取締役の反対に反して，数百万ポンドを稼ぎ出すもっとも成功したレディーミールとなり（Chislett［2009］），サプライヤーはチキン・キエフを製造するための専用の工場を建設したほどであった（*M&S: Food*）。これまでのレディーミールとの違いは，「冷凍」ではなく「冷蔵」だという点にあり，消費者の新鮮さへの要求に応えたと同時に，チャップマンが予想した通り，働く女性たちの調理時間の節約への要求や，より良い食品にお金を支払いたいという欲求，そして新しい料理を体験したいという欲求にも適合したと言える。

　この成功を契機に，チャップマンとその開発チームは，1980年代にはイタリア料理やインド料理，メキシコ料理など，多岐にわたるメニューの開発に試行錯誤し，彼女はラザニア，チリコンカルネ，チーズ春巻き，チキンティッカマサラなど，数多くの多国籍料理のレディーミールを監修した（Slater［2010］）。1982年になるとクリスピー・パンケーキやポーク・スペアリブなどのアイテムとともに，タンドリーチキンを発売すると概ね良好な市場の反応を得たため，直ちにこうしたアイテムのレディーミールを200店舗で販売した。1980年代に入ると，電子レンジの普及も相まって[6]，こうしたレディーミールは急速に売り上げを伸ばした。また，1985年には，新たな製品ラインとしてベジタリアン向けのラザニアやギリシャ料理のムサカを発売するなど，1980年代にレディーミールはその品目数を急速に拡大して，幅広い品揃えを提供した。次第にM&Sは，より鮮度が高く，加熱時間の短いレディーミールの品揃えを拡充していった。また特徴的なこととして，初期のレディーミールは一人用の分量でパッケージされたものが展開されたということである。これはM&Sの開発者たちの熟慮の結果決定されたことで，

一つのパッケージのサイズを大きくせず，あえて一人用とすることにより，単身者の需要に応えることができるだけでなく，家族で違う種類の料理を少しずつ取り分けて食すことができるという効果があった。先に見たように，伝統的な英国の料理だけでなく，エスニック料理やベジタリアン用の料理をレディーミールで提供した理由は，自分で調理することが困難であるような，レストランでしか食すことのない多国籍の料理を，家庭の中に持ち込む機会を提供するということであった（Freear［2015］）。

　1979年に冷蔵のレディーミールを発売してから，およそ5年の間にM&Sの食品事業の売り上げは17.4％増加し，その中心的な役割を担ったのがレディーミール事業であった（Annual Report［1984］, Freear［2015］）。サイモンの信条であった「科学とビジネスの融合」というアイディアのもと，レディーミールのレシピの開発から食材の選定，調理方法，試作品作り，試食まで全てM&Sが主導して行い，1970年代末にはおよそ790ものサプライヤーに対して具体的な製造方法や加工技術を指導した（Briggs［1984］）。M&Sはその高い技術開発力を背景に次々と新製品を生み出し，レディーミールという加工食品の分野でイノベーションをもたらした。このイノベーションは，単に製品開発に限られたものではなく，既述のように，その製品を輸送する車両の冷蔵設備の開発や，販売を行う店舗における冷蔵設備や在庫を管理する設備のイノベーションも伴うものであった。

　このようなM&Sのレディーミールの成功の後を追うように，スーパーマーケット各社はレディーミールの開発と発売を始め，小売業者によるPBとしてのレディーミールが市場を席巻するようになると（Davies and Carr［1998］），レディーミールは1980年代から1990年代を通じて英国全体に急速に浸透していった（Slater［2010］, Farhoud［2018］）。2012年までにレディーミールは，英国の加工食品の57％を占め，PBとして独自の商品を展開するスーパーマーケットが支配的な地位を占めた（Slater［2010］）[7]。チャップマン率いるM&Sの開発チームは，当初ターゲットとしていた働く女性やダブルインカムの高所得家庭に留まらず，家庭では調理することが難しいような異国情緒漂う食事を提供するという形で，仕事を持たない伝統的な家庭の主婦たちにも受け入れられ，広く英国国民に「レディーミールを冷蔵庫に入れる抵抗感を無くし」（Slater［2010］），新たな食文化を普及させることに貢献したのであった。

2　2000年代におけるヘルシーミール事業の展開

　1980年代以降M&Sが主導し，他の小売業者が追随するようにして，英国内ではレディーミールが急速に浸透して行った。しかし，2000年代になると，英国における成人病の増加と医療費の高騰という状況を背景に，国民皆保険制度が危機的状況に陥り，英国保健省はその原因として，レディーミールのような塩分や油分の多い食品を中心とした食生活の問題を指摘するようになった。保健省を中心にして国民に健康的な食生活，すなわちヘルシー・イーティングを促進するように訴えているが，現在も変わらずに国民の肥満や成人病の増加が深刻である。英国のスコットランドでは，スコットランド国民党が不健康な食生活の改善を公約に掲げていたにも関わらず，2016年の統計によれば，成人の65％が太り過ぎであり，そのうち29％は肥満と分類され，この数値が2008年からほとんど変化していないことから，党首は公約の不履行の責任を問われている。また2015年の統計では，子供の13％が太り過ぎであり，15％は肥満であることが報告されており，幼少期からの肥満はさらに健康リスクが高いことが問題視されている（Scottish Daily Express, September 21, [2016]）。こうした実態を反映して，スコットランドは「ヨーロッパの病人」と評されているが，このような状況はスコットランドに限られたことではなく，英国内のイングランドやウェールズにおいても類似しており，英国の伝統的な料理であるフィッシュ・アンド・チップスに代表されるような油脂分と塩分の多い食事を避けて，いかに健康的な食生活を実現するか，国を挙げた社会問題と認識されている（戸田［2019]）。

　この問題への取り組みとして，保健省のみならず英国栄養財団（The British Nutrition Foundation）や食品基準局（Food Standards Agency : FSA）のような各種団体もヘルシー・イーティングの促進に向けて活動を行なっているが，こうした啓発活動が必ずしも功を奏しているとは言い難い。英国のヘルシー・イーティングの議論で興味深いところは，塩分や油分の多いレディーミールに対する消費者の依存度の高さが，英国民の肥満や高血圧，糖尿病などの生活習慣病の原因であるとして，レディーミールを食する消費者の食生活に問題の根源を求めるのでなく，レディーミールを販売する小売業者に責任の矛先が向けられている点である。それは，レディーミールのおよそ90％弱が小売業者のPBであることから（Mintel report［2016]），英国内では高カロリーなレディーミールを安価に提

供している小売企業に国民の不健康な食習慣の原因や責任を求める動きなのである。事実，Howard et.al［2012］は英国の3大スーパーマーケット・チェーンで販売されているレディーミールが，世界保健機関（World Health Organization：WHO）が推奨している食事に関連する疾患を予防する栄養ガイドラインを満たしていないことを指摘している。また，Remnant and Adams［2015］は，レディーミールのうち，高級ラインのものや標準的な商品，そして安価な商品すべてのカテゴリーにおいて，肥満の原因になりうることを明らかにしている。

　こうした背景から，テスコ，アズダ（Asda），セインズベリーズ，モリソンズ（Morrison's）といったスーパーマーケット各社は，近年健康志向の低カロリー・低脂肪のレディーミールを提供するようになっているが，その取り扱いはまだ極めて限定的であり，根本的な問題解決の糸口さえ見出すことができていない。しかしながら，この問題に早くから企業の社会的責任活動の一環として取り組んでいるのがM&Sなのである（戸田［2019］）。

　ヘルシー・イーティングに関するM&Sの取り組みは2000年代から始まった。英国保健省が推奨している"1 of 5 a day"キャンペーン（一定量のフルーツや野菜，肉類や炭水化物を1日に最低でも5種類ほど食することを提唱）に連動しながら，2000年初頭よりカット野菜やフルーツ，サラダボウルなど，健康を増進する生鮮食品の販売に注力するようになった。そして同年，不健康な食生活の象徴であったレディーミールについては，Count on Usというラベルをつけた減塩および低カロリーのレディーミールやスナック菓子類を開発して販売を開始した（M&S CSR review［2003］）。そして2006年には，ひまわりの花のデザインの中にeat wellと書かれたラベルを生鮮食品や，低カロリーのレディーミール，サンドイッチなどおよそ1,000品目（店内で販売される食品の約20%）の食品に貼付して，健康増進に役立つ食品が一目で認識できるような工夫を施した（M&S How we do business［2007］）。さらに，英国政府のガイドラインに基づきFSAが提唱したトラフィック・ライト・ラベルを導入した。これは，食品に含まれる脂肪，飽和脂肪，糖質，塩分の含有量を示す際に，高い場合には赤（食すことに問題はないが，頻繁にまたは多量に摂取することは勧めない），中程度では黄色（問題はないが，ヘルシーとまでは言えない），低い場合には緑（非常に低い含有量なので，ヘルシーな選択である）というように，信号の色表示に倣って栄養価を表記する方法であり，これに従ってM&Sでは2006年からほぼすべてのレディーミールや加工食品にこの表記を導入し，また同時に総カロリー数を表示す

ることによって，消費者が購入する際の指針として役立っている。

　そして，M&S は店舗で販売される食品（ケーキやレディーミール，サンドイッチ，シリアル，パン類などを含む）やソフトドリンクから人工着色料や添加物をすべて取り除き，2010年には FSA が掲げる塩分削減目標の90％を達成し（M&S How we do business［2010］），2018年には M&S が販売する食品の82％が英国保健省の示す塩分の基準を満たすようになった（M&S Plan A report［2018］）。またスナック菓子やアイスクリームなど，嗜好食品の１パックのカロリーを250キロカロリー以下にするという目標が2017年に掲げられ，2018年時点では販売されている該当食品の75％でこれが達成されている（ibid.）。

　また，2000年に発売された Count on Us に加えて，健康志向の消費者をターゲットにした Simply Fuller Longer というブランド名のレディーミールが2010年に発売された。これは英国スコットランドのアバディーン大学の栄養学の専門家と M&S が共同で行った科学的研究をもとに開発されたレディーミールであり（M&S How we do business［2010］），2014年に Balanced for You と改名された商品ラインで，豊富に含まれたプロテインが食欲をコントロールし，体重を減らす助けをする効果が謳われている。2017年以降は，英国ベジタリアン協会や FSA と共同して消費者の健康意識調査を行ったり，eat well 食品の販売促進活動を行うなど（M&S Plan A report［2017］），外部の組織と連携しながら，健康な食生活の啓発活動を行なっている。

　Count on Us と Balanced for You は，英国におけるダイエット食品の主導的な２大ブランドであると評され（M&S How we do business［2011］），2015年にはヘルシーミール市場で４千万食を売り上げ，44％の市場シェアを誇るまでに成長を遂げた（M&S Annual report［2015］）。M&S はその技術開発力を生かし，また健康増進という社会的問題状況に応じるべく，競争企業に先んじてヘルシーミール市場に参入し，先発者優位を確立して市場をリードしているのである。

　しかしながら，このように新たなイノベーションとしてのヘルシーミールの開発および販売であるが，1980年代を通じて驚異的に成長を遂げたレディーミールとは大きく異なり，市場に大きなインパクトを与えているとは言えない。既述のように，ヘルシーミール市場の中では大きなシェアを達成しているものの，ヘルシーミール市場そのものの成長が非常に小規模であり，その市場自体を拡大することができているわけではない。1970年代末にレディーミールを市場に出して以降，M&S はその開発を牽引し，他社もそれに追随する形で市場それ自体が拡大し，

M&Sもレディーミール事業で大きな成功を収めることができた。しかしながら，ヘルシーミール事業の場合，健康的な食生活の重要性を訴求するも，その価値が十分に浸透しているとは言い難いのが現状である。M&Sはヘルシーミール単体の売り上げについて具体的な数字を提供していないが，Count on UsやBalanced for Youといったヘルシーミールは店頭での陳列棚の面積は年々拡大しているものの，実際の店舗においてヘルシーミールが占める割合は必ずしも大きいとはいえない。また，積極的にテレビCMや店頭広告が打ち出され，ヘルシーミールを通じた健康な食生活の増進という新たな価値の伝達や拡散を試みているが，依然として，伝統的なレディーミールが多くの棚を占めているというのが現実であり，1980年代におけるレディーミールの時のような反復購買を生み出すことに成功しているとはいえない。M&Sはレディーミール市場で起こしたような市場創造をヘルシーミール市場でも実現することを目指し，2000年代以降CSRを軸にした改革を行なってきたが，未だヘルシーミール市場はニッチ市場にとどまっているのが実際のところである。

　既述のように，1980年代から1990年代を通じて，M&Sはレディーミール事業の成長にともない，英国の消費者に中食という新しい食文化を浸透させた。その一方で，2000年代以降に注力してきたヘルシーミール事業においては，健康的な食生活という新しい文化的価値の提案や浸透に成功しているとは言えない。この違いはどこにあるのか。次節では，この二つの事例を，第4章で示された文化資源の創造と調整からなるカルチャー・コンピタンスの概念で整理し，第3章で定式化された文化マーケティング戦略の類型を適用して，レディーミールの文化マーケティングの成功とヘルシーミールの不振の原因を分析することとしよう。

3　M&Sによるレディーミールとヘルシーミールにおける文化マーケティング戦略

　ここまで，M&Sのレディーミールとヘルシーミールの展開を概説してきた。ここで，この事例について，カルチャー・コンピタンスの観点から考察してみよう。第4章で定式化されたように，カルチャー・コンピタンスとは，企業の持つ文化資源の創造および調整能力である。それが競争優位を有すためには，他者が模倣困難であるような資源を作り出すことが重要であることが指摘された。また，企業の独自な文化資源は，企業ブランド，製品コンセプト，COOイメージの3

つからなることが説明された。これを M&S に適用してみると，企業ブランドについては，同社は1884年創業の老舗総合小売業であり，また聖マイケルという PB を開発してから，第二次世界大戦後には店内で販売される商品のほぼ全てが聖マイケル商品で占められ，非常に強力なストア・ブランド・イメージと企業ブランドを形成してきた。そして製品コンセプトについては，聖マイケルが衣料品のみならず食料品の分野においても品質の高さと安全性を象徴したことを述べた。また COO については，既述のように「バイイング・ブリティッシュ原則」を継続し，消費者に英国産であることを知らしめ，愛国心に訴求するような自民族中心主義的なアプローチで，英国を象徴する小売業という独自の企業イメージを形成した。他のスーパーマーケット・チェーン各社が製造業者のブランドであるナショナル・ブランド製品の販売に際して，1964年に再販売価格維持が廃止されて以来，熾烈な価格競争を繰り広げていた時に，その独自のカルチャー・コンピタンスの存在がゆえに，M&S はこうした価格を軸とした競争から距離を置き，独自の競争ポジションを形成することができたといえる。

　そして，製品レベルにおけるレディーミールに関していえば，既述のように，その開発責任者であったチャップマンは，働く女性や，比較的高所得で外食や旅行を楽しむゆとりのあるダブルインカムの家庭をターゲットとして，明確なペルソナをもってカルチャー・コンピタンスの創造としての製品開発を行なった。そこでの強調点は，一つには利便性や調理時間の節約といった機能的価値の提供であったが，この点だけであれば，レディーミールに先行して市場に登場していた冷凍加工食品やコンビニエンス・フードと何ら変わらないものであっただろう。しかしチャップマンは，そこに家庭では調理することが難しい外国の料理，という新しい価値を提供したことにより，レストランで食事をしているような特別な感覚や，非日常的な異国情緒漂う料理を体験する冒険心といった，情緒的価値に訴えることに成功した。このような情緒的価値と利便性を中心とした機能的価値を結び付け，働く女性のいる家庭に対するレディーミールの戦略は，これまでの冷凍加工食品やコンビニエンス・フードとは全く異なる，新しいコノテーションを付与して，新しい価値を提案したという意味で，これは第3章で定式化された文化付与のマーケティングのうちの意味追加・変換戦略であったと理解されよう。そしてまた，その当時に定着しつつあった，孤食の象徴としての冷凍加工食品やコンビニエンス・フードといった，単に利便性だけが強調されてきた調理済みの加工食品に付されたネガティブなイメージを一新して，多様性のある豊かな食生

▶図表7－3　働く女性のいる家庭に対するレディーミールの文化マーケ
　　　　　　ティング

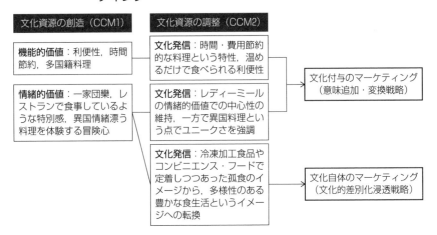

出所：筆者作成

活という情緒的な価値を提供することによって，調理済み加工食品を食するとい
うレディーミールのもつ意味内容を変容させたという点で，文化自体のマーケ
ティングのうち，文化的差別化浸透戦略が行われたと解釈することができるだろ
う（図表7－3）。

　また，仕事を持たない伝統的な家庭の主婦は，チャップマンの回想を読む限り
では，当初は必ずしも想定されていなかったように思われるが，最初のレディー
ミールとして発売されたチキン・キエフは彼女自身やM&Sの取締役たちの想像
を超えるほど，爆発的な売り上げを実現した事実に鑑みると，その購買者は必ず
しも働く女性がいる家庭ばかりではなかったと推察される。チャップマンやその
開発チームがそのような戦略的意図があったかどうかは定かではないが，この現
象を文化マーケティングの文脈で考察してみると，次のように解釈することがで
きるだろう。まず文化的価値の創造として，機能的価値について言えば，家事を
本業とする女性たちに対するアプローチとしては，必ずしもこのセグメントに
とって利便性や時間の節約という点は重要な訴求点にならないかもしれず，むし
ろ，家庭で調理することが難しいような多国籍料理であったということと，
M&Sが生肉の事業を通じて提供してきた鮮度の高さや品質の高さ，レストラン
の食事と同等の美味しさという点が，重要な機能的価値であったと思われる。ま

た，こうしたレストランでしか食すことができないような，非日常的な料理を家庭で食べるという特別な感覚や，異国の料理を楽しむといった楽しみは，レディーミールの重要な情緒的価値であった。もしレディーミールが，冷凍加工食品やコンビニエンス・フードのように利便性という点から機能的価値のみを訴求していたとしたならば，レディーミールを購入することは，時間を節約して家事を疎かにしているというような罪悪感のような感情をもたらすことも考えられ，伝統的な家庭生活の価値観を有す主婦たちが進んでレディーミールを手に取ることはなかったかもしれない。また，コンビニエンス・フードが有していた孤食のイメージは，家族や家庭といった社会的価値を重要視する伝統的な家庭の主婦には受け入れられなかったことだろう。レディーミールを購入することによって，家族とともにいつもとは違う特別な料理を食することができるといった世界観を提示することができた点が，レディーミールに対する抵抗感を減じる効果をもたらしたことが考えられる。こうしたことから，レディーミールの家庭の主婦に対するマーケティングには，この新しい食文化それ自体のマーケティングを行う必要があり，このような訴求の仕方でM&Sは，加工食品を家庭に取り入れ，それを「冷蔵庫に入れる」文化的抵抗を軽減することに成功したと言える。

　さらに，こうして文化的抵抗を取り除いた上で，情緒的価値における多様性のある豊かな食生活というイメージが確立されたことによりレディーミールへの抵抗感が軽減されると，M&Sが徹底して行ってきた食の安全性や信頼性，レディーミールの味の美味しさ，利便性といった本来的な機能的価値も受容されやすくなったと言える。つまり，これは，因果適応的な結果においてその文化的意味付けを強化する，文化付与のマーケティングのうちの結果的意味付与戦略が達成されたと言えるのである。こうして，文化自体のマーケティングが行われた上で，文化付与のマーケティングが非常に有効に機能したことにより，当初ターゲットとしていた働く女性に限定されることなく，伝統的な家庭の主婦をも包摂するような形で，英国に広くレディーミールを食するという新たな食の文化的価値が定着したものと解釈できるだろう（図表 7 - 4 ）。

　次に，2000年代から市場に導入されたM&Sのヘルシーミールについても，同様の枠組みで解釈してみよう。ヘルシーミール市場を構成する消費者は，高い意識をもって健康増進を志向し，健康的な食生活に関して非常に豊富な知識を有している。そのため，何よりもまず，ヘルシーミールの機能的価値を，より専門的な知識に基づいて訴求することが極めて重要であり，その意味では，アバディー

▶図表7－4　伝統的な家庭の主婦に対するレディーミールの文化マーケ
　　　　　　ティング

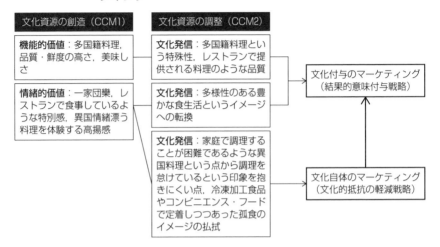

出所：筆者作成

ン大学の栄養学の研究者らとヘルシーミールを開発したことを強調して，その効
果や効能を訴求した点は，まさに因果的な結果において，その文化的意味付けを
強化し，結果に対する感覚的印象を付与した，文化付与マーケティングの結果的
意味付与戦略に当たると言える。先にヘルシーミール市場をM&Sが牽引してい
ることを述べたが，まさにM&Sが現在主要なターゲットとしているのは，この
ような健康増進という明確な目標を有する健康志向の消費者である。現在は比較的
ニッチの市場であったとしても，専門家との協働を推進して徹底した製品開発を
行い，競合他社のヘルシーミールよりも効果があることを示しながら，健康的な
生活という進歩的なライフスタイルの意義を継続的に根気強く伝達，浸透し続け
ること，すなわち，文化自体のマーケティング戦略の文化的差別化浸透戦略を実
践することが重要である。文化付与のマーケティング（結果的意味付与戦略）を
行いながら，健康志向の消費者に対して，文化自体のマーケティング戦略も同時
に実践し，市場を深耕し続けることは，現在M&Sが掌握している健康志向の消
費者からなるヘルシーミール市場を維持，拡大するためには有効であると言える
（図表7－5）。
　最後に，健康志向でない消費者に対するヘルシーミールの文化マーケティング

▶**図表7－5　健康志向の消費者に対するヘルシーミールの文化マーケティング**

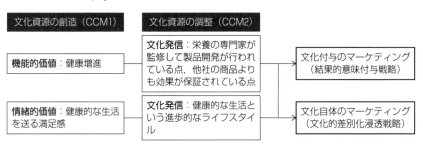

出所：筆者作成

について考察しよう。既述のようにヘルシーミールは未だ一部の健康志向の消費者をターゲットにしたニッチ商品に留まり，レディーミールで見られたような急成長を遂げているとは言えない。M&S は CSR 活動の一環としてヘルシーミール事業を掲げており，これが食品事業における新たな戦略的商品の一つであることを勘案すれば，ヘルシーミールを多くの消費者に浸透させ，その裾野を広げるために，健康志向でない消費者をこの市場に取り込む必要がある。

　現在のところ，ヘルシーミールの成長が低調である理由の一つに，健康的な食生活という文化自体のマーケティングが行われないままにヘルシーミールの機能的価値ばかりが強調され，文化付与のマーケティングに偏重した戦略が採られていることが指摘されよう。第3章で議論されたように，単なるニーズへの対応を超えた文化的マーケティング実践のためには，機能的価値と情緒的価値の関係がどのようであるかを理解する必要があり，単にヘルシーミールが健康増進に寄与するという機能的価値をいくら強化したところで，それによって実現する内容の世界，すなわち今までとは違うライフスタイルや楽しみ，といったような情緒的価値に訴求することがなければ，健康的な暮らしといった文化的価値を消費者に魅力的なものとして理解させることは不可能である。特に，健康増進という機能的価値は，健康的な生活をしなければならないという義務的かつ強制的な印象を与え，健康志向でない消費者にとっては煩わしい価値提案に過ぎず，心理的ハードルを感じるものである。こうした消費者に対しては，健康な食生活という文化自体をマーケティングする必要があり，文化的抵抗の軽減戦略が採用される必要があるだろう。先にレディーミールの事例でみたように，M&S がその普及を伝

統な家庭の主婦にまで広げることができたのは，機能的価値の強調ではなく，レディーミールが提供する情緒的価値を巧みに伝達することを通じて，文化自体のマーケティングに成功したからであった。ヘルシーミールの情緒的価値について，健康志向でない消費者は自分自身が健康になることにあまり興味を持たないかもしれないが，例えば，その消費者個人に向けたメッセージではなく，家族や友人といった大切な人と過ごす生活という，ヘルシーミールを購入して健康になることで描ける，その先の生活のイメージや世界観との連想を生じさせることができなければ，ヘルシーミールに対する好ましい感情が湧くことはないだろう。慈善家のメリンダ・ゲイツもまた，自らの慈善事業の経験を通じて，異なる文化的背景を有す人々に新しい価値やアイディアを浸透させるためには，正しさや義務として訴えるのではなく，その新しい価値がもたらす世界への「憧れ（aspiration）」に訴えることが最も効果的であると述べている（Gates［2010］）。現在のところ，M&Sはこのような視点が欠け，ヘルシーミールの機能的価値を強調するにとどまり，情緒的価値を生む世界観の提示が希薄で，その両者の連想や関連付けということが行われていない。その意味では，ヘルシーミールが本来持っている機能的価値を超越した文化的意味付けの連結や変換が必要であり，ヘルシーミールが文化付与のマーケティングとして，意味追加・変換戦略が採用されることが有効であると思われる。こうした新たな世界観の提示により，健康的な食生活という文化的価値やヘルシーミールに対する抵抗を減じることによって，それに関心を

▶図表 7 - 6 　健康志向ではない消費者に対するヘルシーミールの文化マーケティング

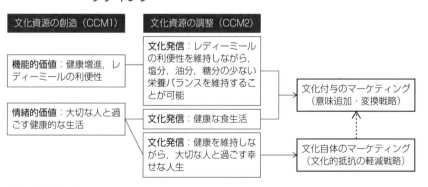

出所：筆者作成

抱いた消費者が改めてその機能的価値に対する興味を持つことができるように導くことが重要であろう。その意味では，文化自体のマーケティングが十分になされないまま，文化付与のマーケティングが展開されても，その機能的価値は首尾よく伝達され得ないのである。ヘルシーミールの場合，機能的価値を訴求点とするのではなく，むしろこの新しい食生活が提供しうる情緒的価値を拡大，伝達し，文化自体のマーケティングのうち文化的抵抗の軽減戦略を行った上で，文化付与のマーケティングを行うことが求められているといえよう（図表 7 - 6 ）。

おわりに

　本章では，M&S のレディーミールとヘルシーミールの史的展開を概説した上で，前節において，それぞれの文化マーケティングの戦略的特徴について，第 3 章および第 4 章で提示された概念を援用する形で再解釈を試みた。そこで明らかになった点は以下の通りである。

①　レディーミールは，当初ペルソナとして想定された働く女性のいる家庭に対し，文化付与のマーケティングとして意味追加・変換戦略が，文化自体のマーケティングとしては，文化的差別化浸透戦略が行われ，広く受け入れられるようになったものと考えられる。

②　そして，伝統的な家庭の主婦に対するレディーミールの文化マーケティングは，文化自体のマーケティングとして，その新たな食品を受け入れるための文化的抵抗の軽減戦略が必要であり，その上で，文化付与のマーケティングとして，結果的意味付与戦略が採られたと考察した。

③　ヘルシーミールについては，健康志向の消費者に対しては，すでに健康的な食生活について知識を持っていることが推測され，その成果や結果が明確に実感されることが重要であるため，高度な専門知識や技術に基づいた機能的価値が強調され，結果的意味付与戦略が文化付与マーケティングとして採用されたと解釈した。また，健康志向の消費者のニーズをさらに継続的に深耕していくためには，文化自体のマーケティングとして，文化的差別化浸透戦略が採用される必要があることを指摘した。

④　健康志向ではない消費者に対するヘルシーミールの展開は，情緒的価値の提案が不十分であるために，機能的価値も首尾よく伝わらないことを指摘し，まずは，ヘルシーミールから連想される世界観を提示することで情緒的価値を惹起させることの重要性を明らかにした。その意味では，まずは

文化自体のマーケティングとして文化的抵抗の軽減戦略が採られるべきであり，その上で，文化付与のマーケティングとして意味追加・変換戦略が実践されることで機能的価値の浸透も図られるというアプローチが有効であると結論付けた。

〔注〕

1）M&Sの歴史的な展開やそのビジネス・モデルの独自性については，戸田［2008］［2010］［2014］［2019］を参照されたい。

2）1970年代に，M&Sに追随して他のスーパーマーケット各社がPBの冷凍食品を開発し，その販売力を背景に冷凍食品市場における主導権は製造業者から小売業者にシフトした。この点については，Geroski and Vlassopoulos［1991］に詳しい。

3）この法律の改正により，1973年から結婚生活が回復不可能であることを書面で通知すれば，法廷に出頭しなくても離婚が成立することになった。この法律の詳細については，布施［2000］および家永［2017］に詳しい。

4）この法律により，1971年に55％であった女性の就労比率が10年後には65％へと増加した（Freear［2015］）。女性の就業と家事労働時間の減少に関しては，金［2012］において詳細な分析が行われているので参照されたい。

5）米国においては，すでに1950年代にTV dinnerと呼ばれるフローズン・レディーミールがSwanson社から発売され，大きな成功を納めていた。この詳細やバーズアイをはじめとする英国における冷凍加工食品メーカーの展開については，Winterman［2013］および金［2010］を参照されたい。

6）家庭における冷蔵・加熱設備の普及に呼応したものである点が挙げられる。英国における冷蔵庫の所有率は1972年の73％から1985年には95％に増加し，冷凍庫は1978年の30％から1995年には89％に増加，そして電子レンジについては1986年の22％から1995年には89％に増加した（Freear［2015］p.215）。

7）冷凍加工食品やレディーミールの市場において，その支配的パワーが食品メーカーから小売業者へシフトしていった経過については，金［2010］を参照されたい。

〔参考文献〕

家永登［2017］「イギリス判例法における『家庭内離婚』」『専修法学論集』，第129号，pp.1-46。

金度渕［2010］「イギリスにおける小売ブランド商品戦略の変化が及ぼした食料消費への影響—1980年代から1990年代半ばにかけての調理済み食品の開発を中心に—」『流通』，No. 27，pp.1-12。

——［2012］『現代イギリス小売流通の研究—消費者の世帯構造変化と大規模小売業者の市場行動』，同文舘出版。

戸田裕美子［2008］「第 4 章　マークス＆スペンサー，100％プライベート・ブランドの店」マーケティング史研究会編『ヨーロッパのトップ小売業—その史的展開—』，同文舘出版。

——［2010］「第 7 章　イギリス企業の PB 戦略の展開—M&S 社のブランド戦略の変遷」マーケティング史研究会編『海外企業のマーケティング』，同文舘出版。

——［2014］「ダイエー社とマークス・アンド・スペンサー社の提携関係に関する歴史研究」『流通』，日本流通学会，第35号，pp.33-51。

——［2019］「第 4 章　Marks and Spencer 社における CSR 活動の史的変遷とヘルシー・イーティング戦略の諸問題」相原修編著『ボーダレス化する食』，創成社。

布施晶子［2000］「最近のイギリスにおける家族政策の特徴と家族研究」『家族社会学研究』，No. 12(1)，pp.111-116。

Bevan, J. [2001] *The Rise and Fall of Marks & Spencer*, Profile Books Ltd., London.

Bookbinder, P. [1989] *Marks and Spencer, The War Years 1939–1945*, Century Benham Limited, London.

——[1993] *Simon Marks, Retail Revolutionary*, George Weidenfeld and Nicolson Ltd, London.

Briggs, A. [1984] *Marks and Spencer 1884–1984, A Centenary History of Marks and Spencer*, Octopus Books Limited, London.

Chislett, H. [2009] *Marks in Time, 125 years of Marks and Spencer*, George Weidenfeld and Nicolson Ltd, London.

Davies, D, Carr, A. [1998] *When it's Time to Make a Choice, 50 Years of Frozen Food in Britain*, The British Frozen Food Federation.

Dawson, J. [1982] *Commercial Distribution in Europe*, Croom Helm, Ltd., London.（前田重朗他訳［1984］『変貌するヨーロッパの流通』，中央大学出版部）

The Food Standards Agency [2007] *Food Using Traffic Lights to Make Healthier Choices*, The Food Standards Agency, England.

Farhoud, N. [2018] 'How ready meals revolutionised our lives-40 years since they landed in UK supermarkets', *Mirror*, 20 October.（2019年 8 月20日アクセ

ス：https://www.mirror.co.uk/news/uk-news/how-ready-meals-revolution-ised-lives-13448887）

Freear, J. [2015] *Marks and Spencer and the Social History of Food c. 1950 – 1980, with Particular Reference to the Relationship between Consumer Behaviour and Retailing Strategies*, PhD Thesis, University of Leeds.

Geroski, P., and Vlassopoulos, T. [1991] 'The rise and fall of a market leader: frozen foods in the U.K.', *Strategic Management Journal*, Vol. 12, pp.467-478.

Goldenberg, N. [1989] *Thought for Food, A Study of the Development of the Food Division*, Marks and Spencer, Food Trade Press Ltd, England.

Howard, S., Adams, J., and White, M. [2012] 'Nutritional content of supermarket ready meals and recipes by television chefs in the United Kingdom: cross sectional study', *British Medical Journal*, December, pp.1-10.

McIntosh, M. and Thomas. R. (ed.) [2001] *Global Companies in the Twentieth Century, Selected Archival Histories*, Volume Ⅶ, Marks and Spencer, Routledge, London.

Mintel Report [2016] *Ready Meals (inc, pizza)-UK*, Mintel Group Ltd.

Olsen, N.V., Menichelli, E., Sørheim, O., and Næs. [2012] 'Likelihood of buying healthy convenience food: An at-home testing procedure for ready-to-heat meals', *Food Quality and Preference*, Nol. 24, pp.171-178.

Rees, G. [1969] *St. Michael, A History of Marks and Spencer*, George Weidenfeld and Nicolson Ltd, London.

Remnant, J. and Adams J. [2015] 'The nutritional content and cost of supermarket ready-meals. Cross-sectional analysis', *Appetite*, Vol. 92, pp.36-42.

Sieff, M. [1987] *Don't Ask the Price, the Memoirs of the President of Marks & Spencer*, George Weidenfeld and Nicolson Ltd, London.

——— [1990] *Management the Marks & Spencer Way*, George Weidenfeld and Nicolson Ltd, London.（ダイエー流通研究会訳 [1987]『わが信念の経営：マークス＆スペンサーとともに』，ダイヤモンド社）

Slater, K. [2010] 'Cathy Chapman: the woman who changed the way we eat', *Telegraph*, 10 October.（2019年8月20日アクセス：https://www.telegraph.co.uk/foodanddrink/8041879/Cathy-Chapman-the-woman-who-changed-the-way-we-eat.html）

Thompson, G., Hawkins, O., Dar, A., and Taylor, M. [2012] *Olympic Britain, Social and Economic Change since the* 1908 *and* 1948 *London Games*, House of

Commons Library briefing paper.

Tse, K.K. [1985] *Marks & Spencer, Anatomy of Britain's most Efficiently Managed Company*, Pregamon Press Ltd., Headington Hill Hall, Oxford.

Winterman, D. [2013] 'The rise of the ready meal', BBC News, 16 February.（2019年 8 月20日アクセス：https://www.bbc.com/news/magazine-21443166）.

（その他資料）

Food Spar*k*, 'M&S's Cathy Chapman: 'It doesn't matter whether it's on a plate or in a packet, its' all about the standards you set', 18 May, 2018.（2019年 8 月20日アクセス：https://www.foodspark.com/Trends-People/M-S-s-Cathy-Chapman-It-doesn-t-matter-whether-it-s-on-a-plate-or-in-a-packet-it-s-all-about-the-standards-you-set）

Gates, Melinda [2010] 'What nonprofits can learn from Coca-Cola', TED conferernce.（2019年 8 月20日アクセス：https://www.ted.com/talks/melinda_french_gates_what_nonprofits_can_learn_from_coca_cola）

Marks and Spencer, *Annual Report.*（1965 – 2018）

Marks and Spencer Company Archive pamphlet, *M&S: Food.*

Marks and Spencer Company Archive pamphlet, *Marks in Time, Our M&S Heritage.*

Marks and Spencer, *CSR Review*, 2003.

Marks and Spencer, *CSR report*, 2004 – 2006.

Marks and Spencer, *How We Do Business*, 2007 – 2012.

Marks and Spencer, *Plan A Report*, 2013 – 2018.

Office for National Statistics, Women in the labour market: 2013.

Scottish Daily Express, September 21, 2016.

第 | 8 | 章

食文化のCCM

はじめに

　本章では，第1章「文化とは何か：定義と構造」と第2章「文化変容とカルチャー・コンピタンス・マーケティング戦略」で議論された文化の構造，文化変容モデル，文化市場魅力度分析，カルチャー・コンピタンス・マーケティング・マトリックス（以後CCMM）を用いて食文化のケース分析を行う。扱うケースは，主にフランス・パリに進出した日本料理文化をテーマに一般化を試みる。

1　外食業のカルチャー・コンピタンス・マーケティング（以後CCM）の視座

　本節ではCCM戦略をケース分析するための諸概念と戦略枠組みを提示していく。カルチャー・コンピタンス（以後CC）とは組織の「文化資源の創造・調整能力」であり，「自社の文化資源を模倣困難な形で創造し，進出先市場の文化にマッチング（調整）させる能力」である[1]。

　第1のケース分析のためのツールは，第1章「文化とは何か：定義と構造」で議論された「国の文化と下位文化（サブカルチャー）（図表1-2）」[2]である。文化は，上位文化としての国の文化から集団へとその範囲を狭め，下位文化を形成する。さらに，文化は上位・下位レベルのそれぞれで，価値，行為，制度と対応し，下位文化としての集団の価値，行為，制度，上位文化としての価値，行為，制度となる。戦略を策定する際には，国レベルあるいは集団レベルの価値，行為，

制度のどこまでを市場範囲とするのかを決定しなくてはならないが，それを決めるための枠組みが図表1-2である。

第2は，第2章「文化変容とカルチャー・コンピタンス・マーケティング戦略」で議論された文化変容モデルである[3]。ある異文化市場へのマーケティング戦略は，異文化市場に新たな文化を持ち込んで文化を変容させるか，あるいは異文化への完全適応かの二つしかない。しかし，完全適応のマーケティングは，自文化を提案することなく相手文化に適応するだけであり，カルチャー・コンピタンス[4]を用いるCCMとはいいがたい。そこで，本節ではCCMを文化変容マーケティングと位置付け，文化変容モデルを用いて戦略構築を行うこととする。

第3は，親和性・中心性・文化コンフリクト概念である。親和性は文化間の類似性・同質性を表し，中心性は標的市場の文化における当該文化への関心・重要性の程度である。文化間コンフリクトは，文化間（たとえば国家間）における宗教的，歴史的，政治的などの原因によって，相手の文化を受容しない，見下す，忌避するといった文化間で生じる摩擦である[5]。標的市場の文化との親和性が高い程CCMの成功可能性が高く，また，容易である。中心性については，CCMで扱う文化が標的市場の文化において中心性が高い程，国全体市場（上位文化）と価値・行為・制度レベル全てに本格的に参入可能となる。つまり，図表8-2「親和性・中心性による市場魅力度」にあるように，親和性と中心性の程度によって市場魅力度が類型化される[6]。図表8-2において，市場魅力度は①が最も高く，続いて②③が中程度，④が最低ということになる。ここでは単純化するために高低の2分法を用いているが，必要であれば高・中・低の3分法で9領域に分類することもできる。しかし，文化間コンフリクトがある場合は，高親和性・高中心性の高市場魅力市場であっても，コンフリクトを解消することは困難であることが多く，低魅力度市場となる。

第4は，カルチャー・コンピタンス・マーケティング・ポートフォリオ（以後CCMP）である。上記の市場魅力度と組織（企業やNPO）のカルチャー・コンピタンス（文化マーケティング能力）からCCM戦略のガイドラインと位置付けを得ることができる。図表8-3「カルチャー・コンピタンスと市場魅力度によるカルチャー・マーケティング・ポートフォリオ（CCMP）」[7]では，1から4の戦略領域においてなすべき戦略課題を整理している。

2　食文化における親和性・中心性・文化間コンフリクト

　一般に，今日のフランス料理文化とイタリア料理文化は親和性が高く，フランス料理文化と日本料理文化は親和性が低いといえよう。料理に用いるソースや味付けに，フランス料理では肉類からのフォンや魚・野菜のフュメを用い，イタリア料理ではブロードを用い，いずれも動物や魚の出汁である。また，バター，クリームやオリーブオイルを頻繁に用いる（イタリア南部はオリーブオイルのみの場合が多い）点も共通している。一方，日本料理では，ほとんどが魚介類（鰹節，煮干し，いりこなど）と植物性（昆布，干し椎茸など）の出汁が中心で，動物性の出汁は一般的ではない。結果として，フランス料理とイタリア料理は親和性が高く，日本料理とフランス料理は親和性が低いといえよう。

　しかしながら，親和性が低いはずの日本とフランスの料理文化は，今日ではお互いの食文化の中で受容され，ミシュラン・ガイド東京2018によれば，驚くことに，東京の星付きフレンチ・レストランは53軒でパリ95軒に肉薄するほどの数となっている[8]。これは驚くべき数字で，東京のフランス料理は日本にとって外国料理，パリのフランス料理はフランスの自国料理であるからだ。東京のフレンチ・レストランのレベルは極めて高く，東京では多くの人がフランス料理を楽しんでいる。また，パリだけで，日本人シェフによるミシュラン星付きフレンチ・レストランは新たに7軒増えて計19軒に達し[9]，日本人シェフによるフランス料理のレベルの高さがわかる。シェフ以外でも，多くの日本人料理人がパリのレストランで働いており，彼らが日本に戻って本格的なフレンチ・レストランを開き，東京でミシュランの星を獲得することも珍しくない。

　一方，パリにおけるフランス料理以外のミシュラン星付きレストランはわずか4軒でそのうちの3軒が日本料理店であり[10]，日本料理がフランス料理以外の外国料理で最も高く評価されているといえよう。ご馳走だけではなく，ラーメン，餃子，うどん，蕎麦，弁当など，日常的な和食レストランの出店が相次ぎ，行列ができるほどの活況を呈している。

　しかし，このような日本・フランス食文化の相互受容が本格的に行われるまでには長い時間が経過している。日本のフランス料理の起源は，明治元（1868）年「築地ホテル館」で料理長を務めたフランス人ルイ・ベギュー（Louis Begeux）

によると考えられる（国立国会図書館[11]）。その後については以下のような展開がみられた。

　横浜グランドホテルのベギューの下で学んだ吉川兼吉（1853－1935）は，その後鹿鳴館を経て，明治23（1890）年帝国ホテル開業にあたり初代料理長となった。国賓の宿泊施設として井上馨が提案し，渋沢栄一（1840－1931），大倉喜八郎（1837－1928）らによって設立された同ホテルは，日本のホテル界の頂点に君臨し，数多くの賓客を迎えた。歴代総料理長からは日本を代表する料理人を輩出し，特に第11代村上信夫（1921－2005）は，NHKテレビ「きょうの料理」講師や東京オリンピック選手村料理長を務め，北欧料理の前菜「スモーガスボード」に想を得て食べ放題「バイキング」形式を創始したことでも知られる。同世代のホテルオークラ調理部長小野正吉（1918－1997）とは，良きライバルであった。彼らが中心となって昭和46（1971）年，正統なフランス料理を伝える日本エスコフィエ協会が設立された。

　我が国におけるフランス料理の始まりから普及の歴史をみると，おおよそ150年が経過している。ベギュー，帝国ホテル初代料理長吉川の時代は，いわば黎明期であって，ごく限られた者しかフランス料理を口にすることはなかった。村上シェフがNHK「きょうの料理」に出演することでフランス料理の普及が促進され，さらにホテルオークラ小野正吉シェフと共に，昭和46（1971）年日本エスコフィエ協会[12]が設立されたことが，日本における本格的なフランス料理の幕開けであったといえよう。

　ベギューから日本エスコフィエ協会が設立されるまでおよそ100年，ここからさらに今日に至る50年間，フランス料理は目覚ましい普及と受容を遂げ，現在，全国で約7,500店，東京都にはおよそ1,500店以上のフレンチレストランがあるといわれている[13]。これほどの普及をしたフランス料理であるが，日本に伝わって（文化接触があって）から150年もの長い年月を要した。この理由はどこにあるのだろうか。フランス料理（文化）と日本料理（文化）との間の親和性の低さが原因であると考えられる。親和性が低いと文化変容や普及に時間と手間がかかるのである。

　一方，ミシュランガイドをみてもわかるように，なぜ東京のフレンチレストランがこれほど高い評価を受けるまでに本格的なフランス料理を提供できるようになったのだろうか。親和性が低ければ，日本的アレンジが強く加わった統合型（フュージョン）になりかねない。本格的なフランス料理文化が受容された理由

として，日本（人）の食文化への中心性の高さが考えられる。中心性が高いということは，食文化の関心や重要性が高いということに他ならない。その結果，日本料理的アレンジはある程度はみられるものの（特に素材など），フランス料理の伝統（フランスでも変化はあるが）や本質からは外れないで普及し成長してきたのである。このことは，フランス料理に限らず，その他のイタリア，スペイン料理などの欧州料理，インド料理，中国，韓国をはじめとするアジア料理などにおいても同様な発展を遂げてきた。今や東京は，各国の料理を提供するミシュラン星付きレストランの数で都市別世界一の食都となったのである[14]。

　日本におけるフランス料理の発展を親和性・中心性で解明してきたが，次に同じ説明原理によって，和食がフランス（パリ）で現在のブームとなるまでのプロセスを説明することができる。

　パリ最古（現存する店としてはヨーロッパ最古）の和食レストランはオペラ座（ガルニエ）近く，モリエール通りにある1958年創業の「たから」である。後に高田賢三氏が愛した本格的な寿司・和食を提供した伊勢（現在は閉店）もでき，その後次第に増えていくが，当時の和食店の顧客のほとんどが日本人であった。JETROによれば2015年でパリの和食店数は746店[15]，現在では1,000店以上といわれている。大きく変わった点は店舗数のみならず顧客層の変化である。パリの和食レストランの顧客は，在留日本人と日本人観光客に加え，フランス人が大勢を占めるようになった。高級割烹にはじまり，寿司，鰻，ラーメン，手打ちうどん，手打ち蕎麦（蕎麦の実を日本から輸入し石臼で挽いて出す店もある），餃子専門店などがパリ市民に受け容れられたのである。オペラ座近くには多くの和食レストランがあるが，並んで待つのが嫌いといわれるフランス人が長い行列を作っているのをみることが日常的になった。もう，エキゾチックとか珍しいとかではなく，その料理の味はもちろん日本文化を味わっている。このような光景をかつて誰が予測しただろうか。

　パリの和食にとってエポックメーキングな出来事が起きたのは2005年のことであった。創業22年の「衣川（Kinugawa）」がミシュランガイド2005で「希望の星（将来星獲得有望）レストラン」として，和食店で初めて掲載されたことと，ミシュランガイド［2008］で「あい田（Aida）」が和食レストラン最初の1つ星を獲得したことである。衣川のシェフであった衣川氏は京都の老舗料亭で修行を重ね，パリに2店舗を構え，本格的な和食器を使用し，見目麗しい京料理を提供していた[16]。この店が多くのフランス人顧客に支持されていたことに驚かされた記

憶がある。味はもちろんのこと，日本文化としての京料理を理解し，評価したのである。

　パリの和食店の歴史を簡単に振り返ったが，フランス料理文化と親和性が低かった故に時間はかかったものの，日本料理文化がなぜここまで受け容れられたのかは文化の中心性概念によって説明できよう。フランス料理と日本料理は共にユネスコの食の無形文化遺産に選ばれている。食による伝統，社会的慣習，行事，儀式，関連する知識や技術を醸成した食文化が評価された結果である。

　食文化の中心性を表す指標として飲食にかける時間をみてみよう。図表8－1「1日の飲食時間国際比較」では1日平均の国別飲食時間を比較しているが，フランスは OECD 加盟国最長の130分強，日本は第3位で120分弱となっている。美食の国といわれるイタリア，スペインは共に上位にくるが，一般に，料理があまり美食とはいわれていないイギリス80分強，アメリカ合衆国70分強と共に下位に甘んじている[17]。アメリカと比較すると，フランス，日本の飲食時間は2倍弱となっていることは驚きに値する。もちろん，これが直接食文化に対する中心性を表すとはいえないが，間接的な指標にはなるであろう。

　国によって食文化の中心性が異なる理由の一端について考えてみよう。興味深いことに，キリスト教国においては，マジョリティがカトリックかプロテスタントかによって大凡の分類ができる。一般に，その国独自の食文化で美食の国というとフランス・イタリア・スペインなど，反対に美味しいとはいえないという誹

▶図表8－1　1日の飲食時間国際比較[18]

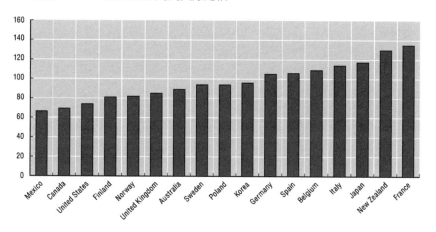

りを免れない国として思い起こされるのはイギリス・アメリカ・ドイツなどである。美食国はカトリック国，非美食国はプロテスタント国（ドイツはカトリックとプロテスタントが均衡）であることがわかる。なぜだろうか。一般に，プロテスタント（特に，イギリス，アメリカで強い影響力を持つカルバン派）は世俗内禁欲（世俗とは教会の外部のことで，教会を離れた日々の生活を指し，その生活の中では享楽のための消費を否定すること）が教義である。その結果，美食や芸術なども否定され，信仰のためには禁欲的な食事が求められる。一方，カトリックでは世俗内禁欲は無く，教会での宗教的儀式などは厳格であるが，世俗においては自由であり，美食も禁忌ではない。こうした宗教的理由により，カトリック国は美食国，プロテスタント国は非美食国となり，食文化への中心性も前者は高く後者は低くなったと著者は考える。

　日本の食文化の中心性が高く美食文化が栄えた理由の1つは，その地勢・気候にあるといえよう。北緯20度から45度にあり，南北の広がりはアメリカ合衆国とほぼ同じである。南北に国土が伸び，周囲を海に囲まれた島国，かつ山地も非常に多い。海産物の多様性は世界でも有数であり，また，野菜，肉類も豊富であることから食材の宝庫といえよう。また，季節によって旬の食材があり，季節感と食文化は結び付いている。2つ目は薄い味付けである。伝統的な和食の味付けは，塩味は強いものの，動物性の油脂類やスパイスを多用しないため，欧米やアジア諸国の料理に比べて味付けは薄い。食文化が発達した国で類似した食事のとり方は，薄味のものから濃い味のものへと料理が供される。味覚の五味（甘味，酸味，塩味，苦味，うま味）を全て持っているのが和食の特徴といわれるが，この五味全てで薄味が好まれる。濃い味やスパイス食文化に慣れた人は，自文化の食事よりも薄味のものは美味しいと感じられないという。この結果，世界の多様な食文化を評価し吸収できる素地を日本人は有した。以上から，日本は稀にみる美食大国となり，高い食文化中心性を持ったのではないだろうか。

　食文化における中心性概念の戦略的示唆は，図表1−2[19]の価値・行為・制度と上位文化（国レベル），下位文化（集団レベル）で示される市場範囲のどこまでを標的市場とするのかを説明できることである。食文化への中心性が高いほど価値・行為・制度（一般に価値が最も上位レベルで変容困難）の全てと上位文化までをも目標とすることが可能で，一方，低いほどその範囲は限られる。しかし，中心性概念によって示されるのは可能性であって，戦略目標を決定するためには本節で示した親和性・中心性によって説明される市場魅力度を導入し，次節で議

論される市場魅力度と組織のCC（Culture Competence：文化コンピタンス）を組み合わせたCCMP（Culture Competence Marketing Portfolio：カルチャー・コンピタンスと市場魅力度によるマーケティング・ポートフォリオ）を提示する必要がある。

3　CCMの市場魅力度分析とCCMP

　図表8－2は親和性・中心性の高低によって市場魅力度を分類している。ここで市場とは，完全適応あるいは文化接触によって文化変容を起こそうとしている標的市場である。言い換えれば，食文化マーケティングを行う市場である。

　市場の文化と接触する文化間の親和性が高く，中心性が高いほど市場魅了度は高くなり，反対は低くなる。その市場魅力度の程度によって食文化マーケティングの市場機会は異なる。親和性が高ければ食文化マーケティングは容易で短期間の成功が見込まれるが，反対の場合は困難で長期間を要する。中心性が高いほど図表1－2[20]で示された文化領域全てが市場となるので，食文化マーケティングの達成目標と成果は大きくなり，反対の場合は小さくなる。このように，市場魅力度分析によって食文化マーケティングの機会と脅威が明らかになる。

　しかし，市場魅力度分析から得た機会と脅威はそのまま成功や失敗につながるものではなく，その機会をどのように活かし，脅威をどう管理するかによって成功にも失敗にもなりうる。そのためには，組織が有するCCの分析が必要である。CCとは，「（企業の持つ）文化資源の創造・調整能力」であり，より詳しくは「自社の文化資源を模倣困難な形で創造し，進出先市場の文化にマッチング（調整）させる能力」である。また，文化資源とは，企業ブランド（企業文化），製品コンセプト，COO（原産国）イメージの三つである[21]。CCの分析から，われわれは可能性と制約を知ることができる。

　以上から，CCMの分析枠組みには，市場魅力度分析とCC分析を組み合わせ

▶図表8－2　親和性・中心性による市場魅力度

		中心性	
		高	低
親和性	高	①	②
	低	③	④

▶図表8－3　カルチャー・コンピタンスと市場魅力度によるカルチャー・マーケティング・ポートフォリオ（CCMP）

		カルチャー・コンピタンス（CC）	
		高	低
市場魅力度	高	1　高市場魅力度・高CC 文化変容への積資・高収益機会 高レベルの統合型あるいは同化 価値・行動・制度すべての変容 上位文化までをターゲット	2　高市場魅力度・低CC CC開発への積極的投資 低レベル統合型から高レベル統合型／同化型 価値・行動・制度までの変容 下位文化からスタートし上位文化をめざす
	低	3　低市場魅力度・高CC 親和性・中心性特性の判断による選択的投資 低収益性 低レベルの統合型 価値・行動から変容 下位文化	4　低市場魅力度・低CC 変容困難 選択的で限定的なCC開発への投資 断片的な統合型 下位文化

た図表8－3のCCMPが必要となる。

4　食文化におけるCCM戦略とケース

　第3節までの議論を踏まえて，本節では食文化のCCM戦略についてケースを用いながら検討を加える。

　最初のケースは和食文化の海外展開である。一言で和食といっても非常に多様であるが，先ずはフランス・パリへの展開をみていこう。フランスでの和食文化事情は，さきがけの時代と今日とでは全く異なっている。当初は，数少ないラーメン店を除いて専門店はほとんど無く，いわゆる和食全般を扱う店が多かった。典型的なメニューは，天ぷら，すき焼き，刺身，寿司，とんかつなどである。フランス人にとって和食文化，特に生魚は親和性が低く，主要ターゲットは日本人である。70年代のオイル・ショックを乗り越えた日本経済は加速し，80年代になると円高基調も相まって，金融業，商社などを中心に日本企業のパリへの進出が拡大，パリの日本人人口もバブル崩壊まで急増した。また，日本からの海外旅行客数も飛躍的に伸び，この日本人市場を狙った日本料理店も増加することになる。

この頃,「日本料理は儲かる」ということで,日本人以外の中国人,韓国人経営による店が急増した。しかし,こうした店は和食の修行もしていない店が多く,和食とはいえないようなひどい料理を出す店も多かった。90年代に入り,やがてバブルの終焉とともにパリの日本人人口は次第に減少し,「日本料理は儲かる神話」も崩壊した。2000年頃から新たな和食ブームがおきる。寿司を中心とした和食が芸術的で健康的であるという考え方が広まったからである。

JETRO[2010]によれば,2010年までのパリの和食レストランの発展の歴史は大きく3段階に分類できる[22]。

第1段階は,1970〜1990年代半ばに至る,パリ市内を中心に立地する数十件の限られた数の日本食レストランが,日本人を主な顧客にしていた時代だ。当時のレストランは,在仏日本人による個人出資・運営が多くを占め,業態としては,「接待系」と「ラーメン中心系」に大別できた。前者は,主に日系企業の駐在員や出張者を対象にし,日本の伝統懐石や高級一品料理を中心にした高価格帯のメニューと日本的サービスを提供するものであった。後者は,主に在仏日本人や日本人観光客を対象にし,中間層にも手の届く価格設定で,ラーメンを中心に,その他麺類,カレーライス,どんぶり物等の気軽な料理を提供していた。

第2段階は,1990年後半からの10年間で,主に地元フランス人の中間層を対象に,日本食レストランの大衆化とカジュアル化,そして地方への拡散が進む時代だ。その牽引役となったのが,中国人を中心とするアジア系資本による「旧中華系」とフランス資本による「カジュアル寿司系」の二大業態であった。フランス資本のカジュアル寿司系は,1990年代後半から2000年代にかけて設立され,カジュアルかつ現代風のフランス風食材や店舗コンセプトを取り入れている。寿司を中心に,店内飲食,テイクアウト,宅配サービスの3つの業態で,パリ市内・地方都市の商業地区に積極的に店舗網を拡大した。図表8-4にその主な店舗名と業態などが示されている。

第3段階になると,パリの和食レストラン業界は新たな様相を呈し始めた。従来の,日系オーナーによる「接待系」「ラーメン中心系」,2000年代に入り日本食を大衆路線に乗せた主役「旧中華系」や「カジュアル寿司系」に加え,2010年になる数年前から,次の四つの新しいタイプのレストランが参入してきた。一つ目は,「モダン懐石系」レストランで,革新的なアッパーミドル層を対象に,パリ市内の一等地や高所得者居住地区に進出するケースだ。モダンかつ洗練されてはいるが比較的手ごろな値段で懐石料理を展開する日本の外食企業の進出ケースが

▶図表 8 - 4　主要カジュアル寿司チェーン（JETRO［2010］）

店舗名	創業年	上段：既存店舗数 （内，国外店） 下段：開業準備中店舗数	メニュー
Planet Sushi	1998	26（3） 42	すし，刺身，焼き鳥，魚のたたき
Esprit Sushi	2008	60（5） 回答なし	すし
Sushi Sakura	2008	10（0） 回答なし	すし，刺身，サラダ，焼き鳥
O'Sushi	1999	18（0） 回答なし	すし，焼き鳥，サラダ，デザート
eat'SUSHI	2006	22（0） 回答なし	すし，刺身，焼き鳥，サラダ
Sushi West	2000	15（0） 回答なし	すし，焼き鳥，焼きそば，サラダ

多い。二つ目は，「エリア密着系」レストランで，パリの中心から少し外れた住宅地域や近隣都市に立地している。日系オーナーの店では，昼は周囲のオフィス従業員，夜は徒歩圏内の文化性の高いアッパーミドル層住民を対象に，寿司・刺身はもとより丼物・天ぷら等にその他のメニューを加えて展開している。これらは，同じエリア内に林立する旧中華系と比べ若干値段は高いが，料理・サービスの品質とバリエーションで差別化を図り，固定客を軸に展開された。三つ目は，「スペシャリスト系」で，日系のとんかつ，串揚げ，そば，うどん，有名ラーメン店，お好み焼き等専門店のパリへの進出だ。四つ目は，「シェフ系」で，和食とフレンチの融合を追求した芸術性の高い超高級店だ。2008年和食レストランとして初のミシュランの星に輝いたパリの「あい田」，料理界の法王といわれるジョエル・ロブションがプロデュースし，フランスではないが，2010年に星を獲得したモナコ・モンテカルロの「YOSHI」などである。このように新たな4つのタイプのレストランが加わることにより，日本料理の選択肢の広がりと市場の多極化が進んでおり，これが業界全体の市場拡大を後押ししている。

　この2010年までの3段階に加え，以降も第4段階ともいうべき進展がみられる。それはミシュランで星を獲得した寿司店仁（Jin）とSushiB（スシベー），本格

的懐石料理奥田パリ，鮨奥田，さらにはレストラン・ルドワイヤン（フランス料理で三つ星）内にできた鮨カウンターL'ABYSSE がミシュラン2019で星を獲得したのである。

　第4段階は，和食文化はもちろんのこと日本文化そのものの受容期といえよう。この点について以下のインタビューと記事で検証しよう。

　寿司店仁の料理長渡邉卓也氏はインタビューで次のように話している[23]。

　札幌の寿司店で料理人としての道を歩み始める。28歳の時に独立し，札幌で「TAKU 円山」「田久鮓」など4店舗を展開するが，「人と違うことにチャレンジしたい」という気持ちから海外への挑戦を決める。1月に初めてパリを訪れてからたった10ヶ月後，フランスへ移住したのは2012年11月のことだった。「寿司文化を広めるには食の都として名高いこの地から始めるのがストーリーとして面白いと思った。何よりも伝統を大事にするこの国で日本のトラディショナルな食文化を武器に店を開く，高い壁だがこうした挑戦が日本の食文化を広めるためには必要なのでは」と考えた。

　渡邉さんが渡仏した当時パリで根付いていた寿司はロスや NY で見たロール寿司とは違い，意外と日本らしくやっているなという印象だったという。しかし，獲れる魚の違いから，こちらの握りの主流はサーモンやカニ，本マグロではなくバチマグロなどだった。彼にとってそれは決してマイナス要素ではない。北海道で店を構えていた時から料理のコンセプトには「地産地消」を掲げている。フランスにいるならば日本の食材を使っては意味がない，と仁ではフランス近郊で獲れる食材をメインに使用。魚が育つ海水自体にコクがあり身の味がしっかりしているので日本とは味も食感も異なるのだそう。パリの食通を唸らせる寿司は，しっかりと現地の食材を尊重して握られている。そうすることで唯一無二の味わいになるのだ。

　一つ問題があるとすれば，それは魚に対する認識の違いにあった。「魚を下ごしらえするという文化がフランスでは浸透しておらず，切ってそのまま出してしまう寿司店もありました。例えば身がダメにならないように塩を当てたり，酢でしめたり，漬けにしたり，寿司を握るには食材によって様々な技法が用いられています。そうした下ごしらえや細かな調理方法を含めて寿司という食文化なので，まずはパリで魚の扱い方や認識を変えていきたいです。」，そう語る渡邉さんの意志は固い。そしてその目標は着々とパリの街に浸透している。

「フランスは古くから肉文化なので魚，特に鮮魚の正しい扱い方の認知度が低い気がします。でも元来フランス人は食材に対する意識は高いので，日本の本物のやり方を伝えれば必ずわかってもらえると思っていました。」

日本酒はワインと同じで食べ物との組み合わせが大事。日本酒しかないと聞いて険しい表情をする客にもこの食材，この料理にはこの銘柄が合うと説明をすると，探究心の強いフランス人には寿司と日本酒の奥深さが非常に興味深かったよう。それはまさに寿司と日本酒のマリアージュなのだ。

次はSushi B Paris 花田雅芳氏についての「日本の食文化の未来がここに息づく」という記事である[24]。

ご覧のように，お米とお酢，海苔以外はすべて大西洋の魚で，ほとんどがフランス産である。

中では，スペインで獲れたというマグロの赤身が，日本でも最近出会えないような爽やかな血の香りがあって素晴らしかったが，喜ぶべきはこのネタではないのかもしれない。

例えばラングスティーヌ（著者注：海老の一種）は，ボタンエビや甘エビよりもねっとりとした甘い色気をもって舌に広がり，それがきりりと酢と塩を効かせた酢飯と出会うと，心が焦らされる。一方ルージェ（赤ひめじ）の握りには，じれったいような甘みが酢飯と舞う，新たな感覚があった。

それぞれの地で獲れた旬の食材で，日本料理を作る。そのことは，日本料理の哲学であり，異国文化を柔軟に吸収し，自分のものとしてきた日本人の精神でもある。フランスやヨーロッパの魚介だけを使って寿司を握る「SUSHI B」の花田さんは，そのことを体現している。そしてここにもまた，寿司という日本の食文化の未来が，確実に息づいているのである。

次は奥田パリ（懐石料理）と鮨奥田の経営者兼料理長の奥田透氏についての記事である[25]。

「現地化されたパリの和食は，私たちの見方からは日本料理ではありません。しかし，パリの人々にとっては日本料理でした。すし，鉄板焼き，焼き鳥が一緒にメニューに並ぶのが彼らにとっての日本食。『懐石』という言葉も通じない。

懐石にすしは出ませんが，すしがないことを知ってお帰りになられたお客さまもいました。その感覚を変えることが難しかった」

　フランスで日本食を再現するとき，食材調達もネックの一つとなる。特に懐石は日本の季節感を器に盛り込んだ料理だ。そのため，日仏で手に入る食材の違いに苦心したという。

　「食材の旬が日仏で異なります。日本でスズキは夏の魚である一方，フランスは年中市場に出ており，どの時期でもほとんど質は安定しています。ところが日本だと夏の魚に分類されるため冬の懐石では使えない。そのギャップに悩みました」

　食材の輸入についてもフランスは基準がとても厳しい。例えばニューヨークの場合，築地の魚が1日経てば空輸されてくる。ところが，欧州は規制が厳しく，手に入れられない。加えて日仏では魚の調理用途が異なるため，刺身として使いたい質の魚が出回っていない。フランスで流通する魚は，日本で普通に行われている頭と尾を落として神経を抜く「活け締め」がされていないのだ。そのため奥田では，コストはかかるが，捕れた魚を生きたままパリまで運んでいる。

　「今までフランスで，活け締めなしで魚が売れずに苦労したかといったら，そうではありません。活け締めなしでフランス料理はここまでのものを積み上げてきました。日本と同じくフランスの漁業は高齢化しています。そろそろ引退を考える人たちに，一部の日本料理屋が新しい試みとして活け締めをやってくださいと頼んでも，積極的に参加してくれる人は多くありません」

　「日本の伝え方を考え続けた結果が，現在の評価に繋がったと思います。オープンしてから1年半になりますが，正直なところ，やっと私たちの考えがパリの人々に理解されてきたと感じています。ようやくスタートラインに立てました」

　「パリには，私たちが来る前から頑張っている日系の日本食レストランが多くあります。パリへ進出する前は，同じ日本人経営なのに現地日本料理屋のメニューは何でも屋だし，調理方法も日本人の感覚とずれた箇所があるし，なぜそうなるのだろうと思っていました。もっと日本らしくできるのではと考えていました。しかし，いざパリでもがいてみると，様々な制限の中で，そのような形で日本食を表現せざるをえなかったという部分もわかってきました」

　「懐石はとても我の強い料理です。フランス料理は海外の食材も柔軟に取り

入れますが，懐石は日本のスタイルに対応力を加えようとすると，フュージョン（多国籍料理）と言われてしまいます。正統な懐石を伝えながら，環境がまったく違う中でバランスを取ることは非常に難しいです」

　「近年，日本食を扱う企業や店の多くが，特にアジア圏を中心に世界へ出て行きました。私たちも世界へ向けて進んでいく中で，せっかくなら美食の街であるパリにしようと思い立ちました。評価をいただいたミシュランの本場であることに加え，フランスは日本文化への関心と美に対する感度が高く，料理から器，着物，建築までセットにして知ってもらえると考えたからです」

奥田パリ，鮨奥田と奥田透氏については以下の注目すべき記述がある[26]。

　　——フランスでは魚屋を営んでいらっしゃいますね。
　はい，活魚店をつくって鮮魚を卸しています。生きた魚を締めて配達をする，日本では当たり前のことが海外では当たり前ではないからです。
　　——ある種，革命的ですよね。
　そうですね，魚流通の革命だと思います。これによって魚の状態が大きく変わりますから。そもそも，海外では漁師さんが生きたまま魚を港に持ってくる概念がない上に，魚を運ぶ活魚車もないのです。EU では EU 内で作った工業製品で，さらに基準適合マークが付いたものでないとダメなわけですよ。だから，活魚車を日本から持っていくことができず，EU 内で一から車をつくりました。
　　——そこまでご自身でおやりになる，奥田さんの真意とは？
　日本料理というものは，ただ皿の中にあるものを食べて美味しかった，と評価されるだけのものではない，と私は考えます。何百年という歴史の中で培ってきたもの，文化的なもの，精神的なもの，それら全てが料理の背景にあってこそ，日本料理だと思っています。
　だからこそ，日本と同じことをパリで再現することを一番の目的としました。店構えも，器も，従業員も。あとは食材だけだったのです。これさえどうにかできれば，一番難しいとされるヨーロッパで日本と同じことが再現できると考えたからです。
　　——今，奥田さんの想いがどれくらい現地の方に伝わっていると実感していますか。

　想いは100％伝わっていると感じています。ビジネスのことだけを考えるのであれば，お客様である外国人に合わせることが先決なのかもしれません。しかし，この形を崩してしまったら日本料理ではないと私は思うのです。

　外国では日本人が認めることのできないものが，日本料理だとか寿司とか天ぷらだと言われもてはやされていて，しかも評判が良いという。これってそのまま一人歩きさせて良いんですか？と疑問を呈したいのです。同じ仕事をしているつもりでも，全く違うじゃないですか。そんな想いがありますね。

　私自身，日本料理は世界に類を見ないほど素晴らしい芸術だと思っています。これほどまでに豊かな食文化を持っている国は他にはありません。そういった認識がこの国には少なすぎるように感じています。

加えてパリの和食第4段階では次のようなことが起きている[27]。

　パリ市内サン・ジェルマン地区でそばを提供する日本食レストラン「円（えん）」では，今春（2018）からフランス産かつお節を使い始めた。日本一の産地・鹿児島県枕崎市の業者がフランスで「現地生産」したものだ。欧州でも珍しい試み。主に使うのはそばのだし。お浸しなどの小料理に添える際にも重宝しているという。

　本石一成（かずしげ）料理長（29）は「日本のかつお節と香りは違うが負けていない。『仏産』を使えるといううれしさもある。必ずEU（欧州連合）にも浸透していくと思う」と期待を寄せる。カツオはインド洋産だ。

　かつお節工場は仏西部ブルターニュ地方のコンカルノー市にある。大西洋に面した港町だ。2017年4月から本格的に販売が始まった。従業員6人が働いている。

　枕崎市のかつお節製造業者ら10社が出資して「枕崎フランス鰹節（かつおぶし）」を14年4月に設立した。大石克彦社長（60）は「和食を世界に広げるには，かつお節やだしの文化が欠かせない」。資本金は5千万円。地元の鹿児島銀行や鹿児島信用金庫の融資を受け，工場建設までに約3億円がかかった。

　きっかけは，大石社長が13年にかつお節のPRのために訪仏した時のことだ。現地のみそ汁はだしが使われていなかった。「お湯にみそをまぜただけ。これでは和食は広がらない。」

フランス（特にパリ）ではブルターニュで鰹節現地生産が始まり，また，昆布も注目されている。もともと，ブルターニュは昆布の一大産地だったが，フランスでは食べる習慣がなかった。和食の普及と共に昆布出汁も使われ始めている。

　以上，パリにおける日本料理の歴史を概観してきたが，カルチャー・コンピタンス・マーケティングの視点から分析してみよう。

　パリの和食文化第1段階（1970−1990年）は，ただ日本人を顧客とする和食店があるというだけで，文化接触や文化変容はほとんどなかった。提供される和食そのものも，日本文化を背景にした本格的な日本料理というよりはラーメンなどの手軽な料理が中心である。文化接触という点では，和食レストランを目にしたパリのほとんどのフランス人は，好奇の眼差しを向ける程度であった。しかし，日本からの出店であったチェーンの焼き鳥店「やきとり」（現在は廃業）は，パリ市内に8店舗程度を展開し，その顧客の多くはフランス人であった。なぜ「やきとり」はフランス人顧客を取り込めたのだろうか。理由としては，鶏肉というフランスでも好まれる食材を使用し，かつ，塩やタレで味付けされ，炭火で焼かれた焼き鳥は，非常に身近で親和性の高いものであったからであろう。

　また，例外的ではあるが，ミシュランに初めて掲載され，当時2店舗を構えた衣川（きぬがわ）は，京都の老舗たん熊で本格的な懐石料理の修行を行った衣川氏によるパリ初の京料理店であり，パリのフランス人上流顧客層を初めて取り込んだ店であったといえよう[28]。

　和食文化第2段階（1990年代後半−2010年）には，ようやくフランス人中間層を中心とした文化接触と文化変容が始まる。しかし，カジュアル寿司などの本物の和食とは似て非なるものも多かった。しかし，上述の蕎麦専門店「円」のように，本物の蕎麦を提供する店もあった。ここでは「厳選した抜き実（蕎麦の実）を空輸し，その日打つ分だけを店内の石臼で自家製粉。店頭で職人が売って提供」[29]している。蕎麦，つけ汁，出汁の本物の味（日本でも美味しいレベル）にも驚かされたが，顧客の半数以上がフランス人上流顧客層である。さらに，蕎麦以外の料理も，同様にレベルの高い本物の和食が提供されている。

　この2例でわかるように，この時期には，むしろ中間層のフランス人よりも，一部ではあるが上流層のフランス人が和食文化を積極的に受容したと考えられる。理由としては，食文化中心性が高い上流層が普及過程でいうところのイノベーター，オピニオンリーダー的役割を果たしたからであろう。

　第3段階はアッパーミドルのフランス人をターゲットにした和食店と，串揚げ，

蕎麦，うどん，お好み焼きなどの専門店の成功によって文化変容が拡大した。そしてついに鉄板和食「あい田」がミシュランで和食初の1つ星を獲得し，いよいよ和食文化は単なる珍しさやジャポニスムではなく，新たな食文化としての地位を獲得したのである。

第4段階になると，単なる和食というモノではなく日本の食文化そのものが受容されてきた。上述したミシュランで星を獲得する和食店は，本物の和食文化を提供することを目指している。そのためには，奥田パリは美味しい寿司や料理を提供するため，魚屋までを自ら経営し，生きた魚を産地から仕入れる方法を開発・教育し，生きた魚を神経締め（活け締めの方法の1つで最も優れた締め方と言われている）にして店で使うだけでなく，フランス料理店にも販売している。魚を扱うという点では世界一の日本文化・技術を提供しているのだ。さらに，パリ近郊の山下農園（山下朝史氏経営）で作られる日本野菜はパリのミシュラン星付きフランス料理店から引っ張りだこである。これも日本が誇る農業文化と技術の提供である。和食の基本となる出汁の二大要素，鰹節と昆布がブルターニュで生産されるようになったことからも和食文化の浸透度がうかがえる。古くからパリにあったラーメン店（比較的安価）であるが，今や日本でも有数の人気（15ユーロ≒120円計算で1,800円ほどの高価格）が出店し，人気を集めている。今後，和食文化のさらなる新たな展開が見込まれる。

次頁図表8-5「パリの和食文化の戦略分析」は本節で用いた概念や戦略枠組みにしたがって，ケースをまとめたものである。

第1段階は，和食文化の親和性が低く，顧客はほとんど日本人であったため，フランス人への文化変容をもたらすためには親和性を高める努力が必要である。具体的には，生魚を避け，フランス人にとって親和性の高い肉料理や天ぷらなどの火を通した料理が必要である。しかし，フランス人の食文化への中心性は高いので市場魅力度は中程度である。フランスの食文化への適応を図り，フランス食文化に近いレベルでの統合が目標となろう。

第2段階は，バブル崩壊後であったため，パリの和食店はフランス人顧客をターゲットにしていった。フランス人経営のカジュアル寿司店の増加などによって，安価で手軽な和食が普及し，次第に親和性も高まった。文化変容目標は中間的統合（和食文化と仏食文化の中間）であり，さらなる親和性向上と市場の拡大が必要となる。

第3段階は，親和性・中心性ともに高く市場魅力度も高い。ここでは和食CC

▶図表 8 - 5　パリの和食文化の戦略分析

	第1段階	第2段階	第3段階	第4段階
主要顧客	日本人	フランス人中間層	フランス人中間層および上層	フランス人全般
親和性	低	中	高	高
中心性	高	高	高	高
市場魅力度	中	中～高	高	高
価値・行為・制度		行為中心	価値・行為・制度	特に価値と制度・行為
文化レベル		下位文化	複数の下位文化	上位文化
CCM戦略	・親和性を高める努力 ・相手文化に近い統合型変容 ・ターゲットは下位文化＝選択的市場	・さらなる親和性向上 ・中間的統合型変容 ・ターゲットの下位文化市場を拡大	・CCへの投資と本格的和食文化の提案 ・積極的な選択的投資 ・和食文化よりの統合型変容	・CCへの積極的投資 ・和食文化よりの統合あるいは同化

（文化資源）への選択的投資を行い，CC を高める努力が必要である。文化変容目標は和食文化よりの統合を目指すことになる。

　第 4 段階は，和食 CC のみならず日本文化としての和食 CC への積極的投資を行い，上位文化としての和食文化の地位を目指すことになる。文化変容目標は本格的和食文化寄りの統合あるいは和食・日本文化への同化への努力が必要である。

　このケースから得られた示唆の一般化を考えてみよう。低親和性市場では，先ずは相手文化に近いフュージョン型（統合型変容），親和性が上がる（接触文化への理解や慣れの向上）につれて接触文化の比率を高め，さらに，サブカルチャー（このケースでは食文化）だけでなく，より上位の和の文化（設え，器，作法など）を一緒に提供していく，というプロセスが必要であろう。しかし，中心性が低い場合には，上位文化への戦略移行は困難になるので，相手文化中心の統合型変容に止まらざるをえない。また，文化間コンフリクトには細心の注意を払い，ターゲット市場として適切かどうかを熟慮する必要がある。また，親和性は慣れや普及とともに動態的に変化する。その変化に適切に対応できるダイナミックな戦略展開が必要である。

　次に，CCM ポートフォリオからの示唆を振り返ってみよう。セル 4 ：低市場

魅力度・低 CC は文化変容＝文化マーケティングが困難な市場であり，親和性・中心性をあげることができなければ進出リスクは大きい。市場魅力度が中程度（親和性・中心性バランスが中程度）であれば CC のレベルに応じた選択的投資が必要となる。積極的投資の領域は高市場魅力度市場であり，CC 開発を行うことが重要である。高市場魅力度・高 CC は進出を積極的に行うべきであり，自文化寄りの統合あるいは同化を狙うべきであろう。ただし，親和性が低い場合は長い時間やコストが必要となる場合が多いので，長期的な戦略が必要となる。

おわりに

　本章ではパリにおける和食文化のケースを採り上げ，本書第 1 章「文化とは何か」で扱われた文化の構造と第 2 章「文化変容とカルチャー・コンピタンス・マーケティング戦略」を中心に，提案された概念や戦略枠組みを用いた分析を行った。ケースによる検証は不十分な点もあるが，親和性・中心性・文化間コンフリクト概念と文化資源（CC）による戦略枠組みとほぼ一致したと考える。

　しかしながら，実証研究[30]を積み重ねながらさらなる文化マーケティング研究が必要であることをこの章を通じて痛感させられたことも事実である。

〔注〕

1）三浦，本書第 4 章 1 ⑵「カルチャー・コンピタンスの定義と内容」，p.74。
2）三浦，本書第 1 章「文化とは何か：定義と構造」，p.11の図表 1 － 2 を参照のこと。
3）詳しくは本書第 2 章 p.35の図表 2 － 3 を参照のこと。
4）詳しくは本書第 4 章 p.72を参照のこと。
5）詳しくは本書第 2 章 p.36を参照のこと。
6）詳しくは本章第 3 節 p.165を参照のこと。
7）詳しくは本章第 3 節 p.166を参照のこと。
8）ミシュランガイドの星の数は，⑴素材の質⑵調理技術の高さと味付けの完成度⑶独創性⑷コストパフォーマンス⑸常に安定した料理全体の一貫性という五つのポイントから評価されている。これは料理のカテゴリーやお店の雰囲気ではなく，あくまで皿の上に盛られたもの，つまり料理そのもののみの評価である。調査員全員で合議を行い，そこで了承されて初めて付与される。星の意味するところとは，一つ星：そのカテゴリーで特に美味しい料理，二つ星：遠回りしてでも訪れる価値がある素晴らしい料理，三つ星：そのために旅行する価値がある卓越

した料理，http://michelinguide.gnavi.co.jp/information/13/05/081454.html から
引用，一部修整。

9）Michelin［2019］*Le guide MICHELIN France 2019 Broché*, Michelin

10）ミシュランガイド東京［2018］，日本ミシュランタイヤ

しかし近年，パリでイタリア料理文化は見直され始めている（Michelin
［2019］）。しかし，フランスとイタリアでは，食文化の高親和性・高中心性とい
う特性からすれば，未だイタリア料理文化の受容は明らかに低レベルである。こ
の原因としては，両国間の文化コンフリクトが挙げられる。詳しくは，本書第2
章「文化変容とカルチャー・コンピタンス・マーケティング戦略」3（2）「親
和性・中心性と文化間コンフリクトの導入」を参照のこと。

11）国立国会図書館［2014］，「近代日本とフランス―憧れ，出会い，交流」，
http://www.ndl.go.jp/france/jp/column/s2_1.html を若干修整。

詳しくは本書第2章4（2）「親和性・中心性・文化コンフリクト」参照のこと。

12）エスコフィエ（Georges Auguste Escoffier［1846‒1935］）は，パリのオテル・
リッツなど多くのレストランでシェフとして活躍した。現代フランス料理の父と
いわれ，著作『料理の手引き』（Le Guide Culinaire）では5,000以上のレシピー
を紹介し，今日のフランス料理の基礎を築いた。料理だけでなく，レストランの
組織・経営についての貢献も多大であった。フランスで最初のレジオンドヌール
勲章を授与された料理人でもある。

13）「フランス料理店舗数」，『都道府県別統計とランキングで見る県民性』タウン
ページ［2014］から，https://todo-ran.com/t/kijis/15039

14）東京の外国料理の質は極めて高く，本国に負けないほど美味しいといわれるこ
とが多い。ミシュランガイドにも，多くの外国料理レストランが掲載されている。
東京のミシュラン星付きレストランの数は230軒でパリの106軒，ニューヨーク
の75軒を大きく上回り，世界一の美食都市とも言われるようになった。しかも，
京都104軒，大阪99軒と続いており，東京に限らず，日本が美食大国であること
がわかる。ミシュランガイド東京［2018］，日本ミシュランタイヤおよびミシュ
ランガイド東京［2019］。

15）『フランス（パリ）における日本食レストランの出店状況及び日本食材の流通
状況調査報告書』，日本貿易振興機構（ジェトロ）パリ事務所2016年3月による。
調査は2015年10月に行われた。

16）現在は衣川氏が亡くなりシェフは変わっている。

17）今日ではアメリカの大都市やイギリスのロンドンには世界から美食が集まり，
ミシュランガイド［2019］では，ニューヨーク76店，ロンドン71店の星付きレス

トランが掲載されている。しかし，アメリカ料理，イギリス料理となると星付き
レストランの数は激減し，フランス料理や日本料理など外国料理が多くみられる。
この点から，両国の食文化に対する元々の中心性は日本，フランスに比べると低
いといえよう。

18）Society at a Glance 2009, *OECD Social Indicators,* Figure 2.6, The French
　　spend the most time eating and drinking Eating time on an average day in min-
　　utes.

19）本章注 2 を参照のこと。

20）本章注 2 を参照のこと。

21）詳しくは，三浦，本書第 4 章「カルチャー・コンピタンス・マーケティングの
　　体系」を参照のこと。

22）JETRO［2010］，「第 3 段階に入った日本食レストラン業界―市場の多極化が更
　　なる成長を後押しする」，https://www.jetro.go.jp/world/europe/fr/foods/trends/
　　1010003.html

23）FACY［2017］，「仁」が変えるパリの寿司。北海道からフランスへ，地産地消
　　で挑む食文化の継承，https://facy.jp/articles/2557 を若干修整。

24）マッキー牧元［2018］，*CREA* コラム，マッキー牧元の「いい旅には必ずうま
　　いものあり」，フランス産の魚を使うパリの寿司屋「SUSHI B」はミシュラン 1
　　ツ星，http://crea.bunshun.jp/articles/-/15520?page=4 を若干修整。

25）DIAMOND Online［2015］，懐石料理がパリで星をもらった理由，https://dia-
　　mond.jp/articles/-/68621?page=3 を若干修整。

26）ヒトサラマガジン［2017］，日本料理を心から愛し，未来へとつなげる～【銀
　　座小十】奥田透さん～，https://magazine.hitosara.com/article/709/ を若干修整。

27）朝日新聞デジタル［2018］，「仏産かつお節」で DASHI を世界に　枕崎の挑戦，
　　https://www.asahi.com/articles/ASLBQ7F9SLBQTIPE04L.html を若干修整。

28）著者が衣川にはじめて行った時，見たことのない光景に驚かされた。サービス
　　係のトップは上品にスーツを着こなしたフランス人で顧客の多くはフランス人，
　　あたかもフランス料理店のようであった。しかし，1 階の寿司カウンターには衣
　　川氏ともう一人の料理人が寿司や刺身などを提供し，ここは日本そのものであっ
　　た。注文した「八寸」に「本物だ！」，そのカウンターにも上品なフランス人顧
　　客がおり，「ああ，ついにこのような時代が来た，和食文化が受け容れられたの
　　だ！」というある種の感動を禁じ得なかった記憶がある。

29）円ホームページより，http://www.yen-paris.fr/main/index.html を若干修整。

30）カルチャー・マーケティングに関する調査・実証研究については，本書第 5 章

「文化のマーケティング・リサーチ：CCM のためのマーケティング・リサーチ手法」を参照のこと。

〔参考文献〕

青木貞茂［2008］『文化の力―カルチュラル・マーケティングの方法』，NTT 出版。

朝日新聞デジタル［2018］『「仏産かつお節」で DASHI を世界に　枕崎の挑戦』。https://www.asahi.com/articles/ASLBQ7F9SLBQTIPE04L.html

国立国会図書館［2014］『近代日本とフランス』，http://www.ndl.go.jp/france/jp/column/s2_1.html

寺本直城［2013］「経営学における文化変容研究の批判的考察―国際経営組織研究に向けて」『経営学研究論集』39。

原毅彦［1993］「文化変化，文化変容」森岡清美など編著『新社会学辞典』有斐閣。

宮島喬［1994］『文化的再生産の社会学―ブルデュー理論からの展開』，藤原書店。

―――［2012］『社会学原論』，岩波書店。

渡辺京二［2005］『逝きし世の面影』，平凡社。

Arnould, Eric J. and Craig J. Thompson［2005］Consumer Culture Theory（CCT）: Twenty Years of Research, *Journal of Consumer Research*, Vol. 31, No. 4, pp.868-882.

Belk, Russel W. and John F. Sherry Jr.［2007］*Consumer Culture Theory*, Emerald.

Berry, J.W.［1976］*Human Ecology and cognitive style*. New York: John Wiley.

―――［1984］Cultural relations in plural societies: Alternatives to segregation and their sociopsychological implications in N. Miler and M.B. Brewer（Eds.）, *Groups in contact: The Psychology of desegregation* Orlando FL: Academic Press.

―――［1997］Immigration, acculturation, and adaption, *Applied Psychology* 46（1）.

―――［2003］Conceptual Approaches to Acculturation, K.M. Chun. P.B. Organista and G. Marin（Eds.）, *Acculturation: Advances in theory, measurement, and applied research*.

Bock, P.K.［1979］*Modern Cultural Anthropology: An Introduction*（*Third Edition*）, New York: Alfred A. Knof, inc Club Michelin, https://clubmichelin.jp 2018.8.25.

DIAMOND Online［2015］懐石料理がパリで星をもらった理由, https://diamond.jp/articles/-/68621?page=3

FACY［2017］『「仁」が変えるパリの寿司。北海道からフランスへ，地産地消で挑む食文化の継承』，https://facy.jp/articles/2557

Foodion，鮨職人として外に出ること，それは「学び」に行くのではなく「伝え」に行くこと，https://foodion.net/interview/masayoshihanada?lang=ja

Hall, Edward T. [1976] *Beyond Culture*, Anchor Press.（岩田慶治・谷泰訳［1979］『文化を超えて』，TBS ブリタニカ）

Hofstede, Geert［1980］*Culture's Consequences*, SAGE publications.（萬成博・安藤文四郎監訳［1984］『経営文化の国際比較—多国籍企業の中の国民性—』，産業能率大学出版部）

—— [1991] *Cultures and Organizations: Software of the Mind*, McGraw-Hill International（UK）.（岩井紀子・岩井八郎訳［1995］『多文化世界—違いを学び共存への道を探る—』，有斐閣）

JETRO［2010］「第3段階に入った日本食レストラン業界—市場の多極化が更なる成長を後押しする」，https://www.jetro.go.jp/world/europe/fr/foods/trends/1010003.html

—— [2016]『フランス（パリ）における日本食レストランの出店状況及び日本食材の流通状況調査』，日本貿易振興機構（ジェトロ）パリ事務所，https://www.jetro.go.jp/world/reports/2016/02/69ff8a7738729c0b.html

Kluckhohn, Clyde [1944] *Mirror for Man*, New York: Fawcett.

Kluckhohn, Clyde and W.H. Kelly [1945] The Concept of Culture, in *The Science of Man in the World Crisis*（ed. Ralph Linton），Columbia University Press, pp.78-105.

Mauss, Marcel [1968] *Sociologie et Anthropologie* 9e édition, Presse Universitaires de France（有地亨・山口俊夫訳［1976］『社会学と人類学Ⅱ』，弘文堂）

Michelin [2019] *Le guide MICHELIN France 2019 Broché*, Michelin.

ミシュランガイド東京［2018］日本ミシュランタイヤ Michelin Restaurant.

Mooij, Marieke de [2010] *Consumer Behavior and Culture: Consequences for Global Marketing and Advertising*, Sage.

OECD [2009] Society at a Glance 2009, *OECD Social Indicators*, Figure 2.6, The French spend the most time eating and drinking, Eating time on an average day in minutes.

Redfield, R.R. Linton and M. Herskovits [1936] Memorandum on the Study of Ac-culturation, *American Anthropologist*, 38.

Rudyard Kipling [2009] *From sea to sea, and other sketches; letters of travel Biblio*

Life.

Samli, A. Coskun [1995] *International Consumer Behavior*, Quorum Books.

Usinier, Jean-Claude and Julie Anne Lee [2012] *Marketing Across Cultures* (*6th Edition*), Pearson.

第｜9｜章

文化産業のCCM：
アニメとファッションを，いかに創造し，いかに解釈を同じにさせるか

はじめに

　一般に，文化製品とは，音楽，テレビ番組，映画，ミュージカル，書籍，コミックなどの審美的・表現的な製品を表すので（Hirsch［1972］），文化産業とは，このような（芸術作品も含む）コンテンツ系の産業が中心になる。ただ，この分野における歴史的・画期的な論文「快楽的消費（Hedonic Consumption）」（Hirschman & Holbrook［1982］）が，消費すること自体が快楽である消費分野（コンサマトリーな消費を行う分野）として，音楽や絵画などと共に，ファッションをあげているように，ファッションも，（過去の西洋・東洋服飾史を振り返るまでもなく，）文化産業の重要な担い手である。

　そこで本章では，文化産業のカルチャー・コンピタンス・マーケティング（CCM）の成功例として，アニメ分野における「君の名は。」と，ファッション分野における ZARA を取り上げ，その戦略を分析する。そして最後の第3節で，文化産業の CCM の成功のために考えるべき視点について考察する。

1　「君の名は。」：アニメの文化発信戦略

　本節では，2016年に公開され世界的な成功を収めた「君の名は。」を取り上げ，いかにその文化的な力（カルチャー・コンピタンス）を活かして異なる文化圏で成功を勝ち得て行ったのかを，CCM の視点から分析する。

（1）概要：世界135カ国で公開

　「君の名は。」は，2016年8月26日に日本で公開された長編アニメーション映画で，原作／脚本／監督・新海誠，音楽／主題歌・RADWIMPS，制作・コミックス・ウェーブ・フィルム（以下，CWF），製作・「君の名は。」製作委員会，配給・東宝（日本の場合）である。日本で多くの観客動員数を記録しただけでなく（日本映画では，「千と千尋の神隠し」に次いで歴代2位の興行収入），その後，アジア，欧米など世界135カ国で公開され，世界興行収入は約400億円に達した。内訳は，日本・250億円，中国・95億円，韓国30億円，米国・5億円などであり（角南［2018］），世界的な成功をおさめている。

（2）文化資源（価値）の創造：新海ワールドの創造

　コンテンツ系の文化産業では，作者（映画監督，マンガ家，小説家，作曲家，画家など）をいかに発掘・育成するかが，文化資源（価値）の創造のために大変重要である。例えば，「週刊少年ジャンプ」（集英社）では，月例賞の「JUMP新世界漫画賞」や年2回の「手塚賞・赤塚賞」などを定期的に行い，自社の競争力を高めるために，マンガ家の発掘を図っている（マンガ家の育成に関しては，担当編集者とのディスカッションが重要と言われる；cf. 川又［2008］）。

①　文化製品の作り手の発掘

　「君の名は。」の新海誠監督が所属する㈱CWFとの出会いは，2000年前後に遡る（角南［2016］）。PCのゲーム会社でショートムービー作成などを行っていた新海氏は，CWFの前身会社（コミックス・ウェーブ）に「自分の作品を作りたい」と相談に来た。相談を受けた川口事業部長（現会社の代表取締役）が，希望を受け入れ，「ほしのこえ」（2002）という30分の短編が作られた。このDVDが，日本だけでなく台湾，韓国，アメリカ，イタリアでも発売され評価を得て，成功の始まりとなった。川口氏による新海誠という才能の発掘が，価値の創造に重要な役割を果たした。その後，「秒速5センチメートル」（2007）など新海誠＝CWFのタッグは着実に進み，「君の名は。」の大成功につながった。

② 新海作品の文化資源

新海作品の文化資源には，作品の持つコンセプトと，日本アニメのCOOイメージがある。

「君の名は。」をはじめ新海作品は，「新海ワールド」とも称される美しく緻密な風景描写の舞台で，若い男女の心の交歓が描かれる。表現される作品コンセプト（象徴的意味）は，「喪失の痛みへの甘美な耽溺と，そこからの脱却」とまとめられる（前島［2016］）。新海監督が描くのは「引き裂かれた恋人たち」ではなく，「告白も出来ずに終わった初恋の傷を抱え続ける男」であり，そこから脱却する恋人たちが描かれる。その価値（象徴的意味）が評価され，世界から支持された。アメリカのディズニー，日本のジブリのように，新海作品も独自の作品コンセプトを確立しつつあり，企業ブランド（新海作品の企業ブランド）まで形成しつつある。

日本アニメのCOOイメージは，基本的品質，ストーリー展開とも，高い評価を内外で得ている。米ピクサーや米ディズニーが3DCGにアニメ映画の重心を移す中，2DCGでは日本の品質が世界一と言われる（角南［2016］）。2007年に，中央大学政策文化総合研究所のプロジェクト（主査：丹沢安治中央大学教授）で，中国・広州のアニメ制作会社を訪問した際，「アニメのキャラクターや背景などは日本に負けなくなったが，ストーリーは日本の域に達していない（その結果，下請け的な状況のまま）」と聞いた（三浦［2014］）。日本アニメは，品質も創造性も高いCOOイメージを獲得しており，それが象徴的意味として「君の名は。」などの新海作品に付加されて，今日の成功につながっている。

（3）文化資源（価値）の調整

文化資源（価値）の調整は，文化発信／文化適応の意思決定，相手先文化の分析，価値の伝達・拡散，制度の構築，の4つがポイントとなる。

① 文化発信か，文化適応か：ドメスティックを追求するとユニバーサルに

アニメ映画など，文化的なコンテンツ系の製品は，文化発信が基本となる。ファッションを含む，文化的な製品の消費者行動は，コンサマトリー（consummatory；自己充足的）と言われる（cf. 池田・村田［1991］，池田［2000］，杉谷

[2015]）。対語であるインスツルメンタル（instrumental；道具的）な行動が，目的のための手段として消費者行動を行うのに対し（例：「汚れを落とす」ために，洗剤を道具的に使用），アニメ映画は（目的のための手段・道具ではなく）アニメ映画自体を楽しむために消費される。したがって，独自の新しいストーリーやキャラクター，コンセプトなどを，文化発信するのが基本となる。

「君の名は。」でも，「喪失の痛みへの甘美な耽溺と，そこからの脱却」という作品コンセプトが，美しく緻密な風景描写に載せて，組紐などが表す「結び」という日本的イメージも絡ませながら，文化発信されている。3.11の東日本大震災を皆が経験して，「終わらない日常が終わってしまった」現実の中でどう生きるかというコンセプト（価値）も同時に発信されている（角南［2016]）。

文化発信をし過ぎると，異なる文化圏の市場では受容されないことがある。ただ，「秒速5センチメートル」（新海作品の海外初劇場公開作）の経験から，女性に対する淡い想いや，心の病などの生きづらさは，先進国共通の意識であり，アジアの新興国でも共感の対象になると言う（角南［2016]）。

新海監督自身はグローバルなものをつくろうと思っていないと言う。ドメスティックなものを追求したら，ユニバーサルに通用するものになった。「こうやったら世界に通用する」というのは意識していないと言う（角南［2016]）。これは戦略的至言である。相手先文化に合わせようと文化適応するのではなく，自分の価値を文化発信をした方が，かえって相手先市場に受容されるのである。芸術作品を含むコンテンツ産業に特有の現象なのか，他国の文化にも敬意を払う世界的な潮流（ダイバーシティの尊重など）の影響なのかは今後検討する必要があるが，文化発信／文化適応の戦略を考える際には重要なヒントとなる。

②　相手先文化の分析

異なる文化圏に進出する際には，相手先文化を親和性，中心性などで分析する。すなわち，ターゲット市場の分析である。

「君の名は。」など新海アニメが提案する価値（作品のコンセプト）への親和性については，上で見たように，世界の人々が同様の思いや悩みを持っており，親和性は高い。アジア諸国では，同じ稲作文化圏で，田舎の風景の映像などに親近感を持つことが予想され，さらに親和性は高まる。

CWFでは，新海作品は，一般公開する前に予告編映像を公開する。「君の名は。」は2015年12月に特報映像を公開したが，公開後すぐに多くの国から問い合わせが

殺到し，韓国だけで約30社から買いたいと申し出があった（角南［2016］）。新海作品がこれら外国市場においても親和性が高く，その結果，現地に多くのファンがいるからだと理解できる。

　中心性とは，人々が生活の中でアニメ映画の価値をどう捉えるかと言うことであるが，近年，世界の多くの国で，アニメ映画の価値は生活の中で高まっている。昔のアメリカは，アメコミやそれが題材のTV番組・映画は，子供向けと軽く見られ（cf. 小野［2005］），アメリカでは，アニメ映画の（生活の中での）中心性は低かった。一方，1990年代以降のアメリカでは，攻殻機動隊やポケモン，「千と千尋の神隠し」など日本アニメが大ヒットしたように（三浦［2013］），アニメの中心性が高まった（日本に近づいた）。アジア諸国は，80年代以来，ドラえもんなど日本アニメが支持されており（cf. 谷川ほか［2012］，白石［2013］，岡田［2017］），以前から，アニメの中心性は（日本同様）高かったと言える。

　こうして，親和性が高く，中心性が共に高い異文化市場には，文化発信が戦略の基本となる。

③　価値の伝達・拡散：多くのプラットフォームの利用

　「君の名は。」の価値の伝達・拡散については，異文化ゲートキーパー，集散地戦略，聖地巡礼，の3つがあげられる。

　異文化ゲートキーパーには多様なものがある。英ガーディアン紙や仏カイエ・デュ・シネマ誌で5つ星の最高評価が得られるなど多くの新聞・雑誌で評価され，第42回ロサンゼルス映画批評家協会賞（アニメ映画賞）や第49回シッチェス・カタロニア映画祭・アニメーション部門最優秀長編作品賞など多くの映画祭で受賞した。これらアニメや映画の専門家・専門家団体による推奨は，文化を越える上で大きな役割を果たした。

　集散地戦略では，2016年7月3日のアニメ・エキスポ2016（1992年以来開催の全米最大のアニメ・コンベンション；4日間で来場者30万人規模）における，「君の名は。」のワールド・プレミアがある。国外のイベントとしては，パリのジャパン・エキスポ（2000年以来開催；4日間で来場者25万人規模）を超えて，世界最大の日本アニメの祭典で，北米を中心にアニメオタクが参集する。「君の名は。」のワールド・プレミア視聴者のSNSでの書き込みや，リアルでのクチコミが，コア・ファンから一般ファンへ，アメリカから世界へと広がり，同映画の価値が伝達・拡散された。

聖地巡礼とは，イスラーム教のメッカなど宗教的なものだが，近年のアニメでは，作品の舞台の地域を，宗教上の聖地と同様にファンが訪れる。アニメの聖地巡礼は，宗教的聖地巡礼と同様，集団（当該アニメ好き集団）や場所（当該アニメの舞台）への帰属感や共同体意識が前提となる（岡本［2015］）。パロディの成立には解釈コードを共有する解釈共同体が不可欠であるが（金田［2007］；平安時代の本歌取りの成立には，詩歌を知悉する貴族の解釈共同体が前提，など），聖地巡礼の成立にも，当該作品の解釈共同体が不可欠である。

「君の名は。」では，主要舞台の「糸守町」のモデルの飛騨地方（岐阜県飛騨市など）や，映画のキービジュアルの須賀神社（東京都新宿区）の参道の石段などが聖地とされ，多くのファンが訪れた（飛騨市では，映画公開の2016年8月以降，2年間で13万人超が来訪；1／3は訪日客；日経MJ，2018.8.12）。聖地巡礼するファンは解釈共同体（「君の名は。」を評価する共同体）を形成し，アニメの聖地を集散地に，「君の名は。」の価値を社会に拡散した。また，聖地巡礼する人たちの書き込みがSNSにあふれ，それを新聞やTVなどマスメディアがとりあげて，価値の伝達・拡散はさらに拡大した。

④ 制度の構築：現在少しずつ展開中

「君の名は。」の制度の構築は，現在進行形である。ネット上には，ファンによる「新海誠ファンの集い」（twitter），CWFによる「Makoto Shinkai Works（新海誠作品ポータルサイト）」があり，ネット上のプラットフォームとして，行為（視聴）が継続的に行われる仕組み（制度）になることが期待される。

一方，リアルでは，映画の制作資料・言葉・歌・映像などの展覧会があり，松屋銀座（東京）では，2017年3月に，新海誠監督作品「君の名は。」展が行われた（主催・朝日新聞社，協力・CWF，東宝）。展覧会は，映画を1回の視聴で終わらせない，継続的な関わりをもつ戦略である。2017年6月からは，新海誠デビュー15周年を記念し，『新海誠展―「ほしのこえ」から「君の名は。」まで―』を，日本各地で行った（19年3月までに12カ所）。「君の名は。」に加え，新海作品全体の企業ブランド構築（制度）へ向けての戦略である。

この分野（アニメ映画）で，制度的成功をしているのが，NETFLIXなど定額配信サービスである。NETFLIXは世界190カ国で展開し，会員数は1億7,000万人を数える（日本では，毎月800円から映画が見放題；KDDIはauの携帯とのセット料金を設定）。その他アメリカのAmazon・Primeや中国のbilibiliなどが

▶図表 9 － 1　「君の名は。」の CCM 戦略・まとめ

戦略項目		戦略内容
作り手（監督）		新海誠氏の発掘
文化資源の種類	作品コンセプト	喪失の痛みへの甘美な耽溺と，そこからの脱却
	日本アニメの COO イメージ	ストーリーも，画像品質も高い
文化発信か／文化適応か		文化発信が基本（ドメスティックを追求するとユニバーサルに。）
相手先文化の分析	親和性	女性への淡い想いや生きづらさなどは先進国共通 （中進国・途上国でも共通化へ） アジア諸国は近い文化圏
	中心性	アメリカも中心性が高まる アジア諸国は昔から高い
価値の伝達・拡散	異文化ゲートキーパー	各国メディアの批評欄や，国際映画祭での受賞
	集散地戦略	アニメ・エキスポ（LA）でのワールド・プレミア，など
	聖地巡礼	飛騨市や須賀神社（新宿区）への聖地巡礼
制度の構築	顧客関係づくり	制作資料・言葉・歌・映像などの展覧会，など

あり，世界のアニメ界に影響力を持っている（角南［2018］）。

　豊富な映画を品揃えする NETFLIX など映像配信事業者と異なり，「君の名は。」などの新海作品の視聴を制度化することは難しいが（実際，文化製品では，ピカソでもドビュッシーでも，特に制度を確立して成功した訳ではなかった），友の会やファンクラブ，草の根のファンサイト，NETFLIX などとの提携など，今後，いろいろな可能性を追求していくことが必要である[1]。

　以上をまとめると，「君の名は。」の CCM 戦略は図表 9 － 1 のように表せる。

2　ZARA：ファッションの文化発信／文化適応の融合

　本節では，ファッション業界の SPA（製造小売）で世界トップの ZARA を取り上げ，いかにその文化的な力（カルチャー・コンピタンス）を活かして異なる文化圏で成功を勝ち得て行ったのかを，CCM の視点から分析する。

（1）概要：世界94カ国に2,251店舗

　ZARA は，世界最大のファッション小売業インディテックス（スペイン；売上高 3 兆4,203億円；2017年度）のファストファッション・ブランドで，2017年現在世界94カ国に2,251店ある（齊藤［2018］）。業態は SPA（Specialty Store Retailer of Private Label Apparel；製造小売）で，生産・流通・販売と一気通貫のシステムを持っている。日本では1998年の渋谷店が 1 号店で，2017年現在98店ある。スペインが313店と最も多く，以下，中国193店，フランス128店，イタリア100店と続くが，メキシコ79店，ブラジル56店などと中南米にも多く，またインドネシア15店など東南アジアの高級ショッピングセンターでは定番のテナントとなっている（cf. 犬飼［2017］）。

（2）文化資源（価値）の創造：カリスマデザイナーはいらない

① 文化製品の作り手の創造

　ファッション業界でも，最上位のジャンル（シャネル，エルメスなどのラグジュアリー市場）では，コンテンツ系製品同様，作者，すなわちデザイナーが重要である。（フェンディとシャネルのデザイナーを勤めた）カール・ラガーフェルド，（ルイ・ヴィトンの服飾デザイナーを勤めた）マーク・ジェイコブスなど，多くの傑出したデザイナーが存在しており，ラグジュアリー市場のファッション・ブランドにとっては，デザイナーの発掘・育成は至上命題である。

　一方，ZARA が主戦場とするファスト・ファッションは，ラグジュアリー市場より下のトレンドファッション市場の中でも下の方に属する分野であり，カリスマ・デザイナーは必要ないというのが ZARA の立場である（齊藤［2018］）。

　ZARA のデザイナーの仕事は，新機軸の提案ではなく，シーズンのトレンドをわかりやすく伝え，トレンドに合った着こなしを提案することである。そのためにデザイナーは，a. ストリートウォッチ（街のおしゃれな人の服装をチェック），b. 業界トレンドウォッチ（パリ，ミラノ，ロンドン，ニューヨーク，東京の 5 大ショーをチェック），c. メディアウォッチ（メディアに登場するファッション・リーダーの服装をチェック），を行い，顧客が流行に乗り遅れないためのカラー，コーディネート，商品デザインを提案する（齊藤［2018］）。

②　ZARA の文化資源

　上記のようなファッションづくりの結果，ZARA の文化資源としての企業ブランドや製品コンセプトは，トレンディなのに高くない，百貨店クオリティを半額で買える（齊藤［2018]）という評価として確立している。

　もう１つの文化資源が，ZARA の本拠スペインの COO イメージである。ロエベ（LOEWE）やバレンシアガ（BALENCIAGA）といった最高級ファッションブランドなどもあることから，イタリア，フランスまでは行かないまでも，ファッションに強い国スペインという COO イメージを持っており，ZARA の価値を増幅させている。

（3）文化資源（価値）の調整

　文化資源（価値）の調整は，文化発信／文化適応の意思決定，相手先文化の分析，価値の伝達・拡散，制度の構築，の４つがポイントとなる。

①　文化発信か，文化適応か：文化発信を基礎に文化適応をミックス

　ファッションも，コンテンツ系の文化製品同様，コンサマトリー（自己充足的）な消費者行動が見られるので，文化発信が基本となる。ただ，ZARA は最先端の文化発信を行うわけではなく，ボリュームゾーンの大衆層の半歩先を行くような，流行・トレンドを発信することを基本としている。

　進出国別の文化発信／文化適応に関しては，国別のプロダクト・マネジャーが重要である。ZARA は基本的に世界統一規格だが（南半球の国は例外で，３割は北半球の半年前のデザイン，７割は南半球専属デザインチームによるデザイン），同じ北半球の国でも，宗教や気候など多くの地域差があるので，世界統一規格の中から国に合ったコレクションや商品を選定／間引きして文化適応をする必要があり，それを国別プロダクト・マネジャーが担う（齊藤［2018]）。

　ZARA で出色なのは，シーズン中も顧客対応し続ける仕組みであり，「売れるものをつくる」（つくり足し型）のビジネスモデルである。ZARA では，a.各シーズン（春夏秋冬各12週）の最初は３週間分しか作らず（生産の前提は，ストリート・業界トレンド・メディアウォッチ），b.店頭での顧客反応（購買の有無，試着／手に取ったかの有無など）に基づいて本社近く（スペイン，ポルトガル，モロッコ）で改良した製品を毎週２回（月・木）店頭に送り，c.シーズン中に商品

の的中精度を高める（齊藤［2018］）。その結果，（シーズン末期に売れ残り商品の山となる）日本の百貨店と異なり，シーズンが進むほど商品のレベルが上がり，顧客満足も高まる。ユニクロはじめ SPA は，店頭の販売情報を川上の生産現場にリアルタイムで伝えて効率的な顧客対応のシステムを作り上げたが，ZARA は，店頭のニーズ情報まで川上に伝えて，商品自体もどんどん顧客対応（国別で言うと文化適応）して改善されるのである。

　このビジネスモデルを支えるのが，物流システムである。ZARA ではトレンド商品は本社近くで，ベーシック商品は東欧やアジアで生産するが，すべてをいったんスペインの倉庫に集める。そこで電子タグで自動仕分けを行い，世界94カ国に48時間以内に空輸するサプライチェーン（ハブ・アンド・スポーク・システム）を作り上げた（欧州内はトラック便で36時間以内）（齊藤［2018］，犬飼［2017］）。標準化されたシステムを作り上げたので，進出国数・店舗数が増えると規模の経済性が高まり，さらに利益率が高まる仕組みとなっている。

②　相手先文化の分析：地理的・文化的つながりから世界へ

　異なる文化圏に進出していく際には，相手先文化を親和性，中心性などで分析する（ターゲット市場の分析）。

　ZARA は，2つの親和性を重視した（齊藤［2018］）。一つが地理的なつながりで，地続きあるいは地中海沿岸の国を重視し，ポルトガル，フランスの後，ギリシャ，ベルギー，トルコなどへ進出した。もう一つが文化的なつながりで，92年のメキシコ出店の成功のあと，アルゼンチン，ベネズエラなど中南米諸国へ進出した（同じスペイン語圏；旧宗主国と旧植民地の関係）。グローバル・マーケティングでは，進出国の選定時に文化的な近さを重視するが（cf. Hall［1976］，Hofstede［1980］，Ghemawat［2007］，相原・嶋・三浦［2009］，三浦・丸谷・犬飼［2017］），文化的近さは地理的な近さと相関していることも多く，ZARA の進出国戦略は，グローバル・マーケティングの王道を行くものと言える。

　その後，97年のイスラエル出店は中東への進出の先駆けであり，98年の日本出店はアジア進出の先駆けであった。中東・アジアは，スペイン文化との親和性はそれほど高くないが，ファッションを生活の中で大事にするという意味では，ファッションの中心性は，スペインと同様，高いと考えられる。

③ 価値の伝達・拡散：基本の「店舗」にデジタルを融合

　ZARA の価値の伝達・拡散には，「店舗」が重要な働きをなす。ZARA は，広告宣伝費をほとんど使わず，雑誌や TV などのメディア広告でなく，店舗自体が広告と考えている。その結果，都心部の好立地，ランドマーク的な立地に大型店で出店し，圧倒的な存在感で，ZARA の価値を進出国の社会に伝える。

　ファッションは，コーディネートして複数製品が同時に使用（着用）されるので，単品のメディア広告ではなく，店舗でのコーディネートの提案や ZARA の服を着て応対する店員の姿，什器やディスプレイなどの全体的イメージから，ZARA が主張するトレンド・ファッションの価値を伝達している。

　ZARA は近年，4 E 戦略（Experience：体験，Exchange：交換，Evangelism：伝道，Every Place：あらゆる場所）を，顧客目線を重視したマーケティングとして展開しているが，その中核が，価値伝道者としてのインフルエンサー（YouTuberなど）である。他人の意見や流行が重要なファッション業界において，インフルエンサーは自社の価値の伝達・拡散において重要な戦略である。

　ZARA では，リアルの店舗で，AR（拡張現実）技術を活用したアイテムのディスプレイも行っており，店舗での最初の価値の見せ方（従来は，コーディネートして壁にディスプレイする，など）についても，デジタル・マーケティング技術を用いて，より効果的な方法を模索していることがわかる。

④ 制度の構築：顧客関係づくりとチャネル戦略

　ファッション小売業でよく見られる長期的関係作りの仕組み（制度）は，会員登録によるベネフィット提供である（ポイントカードなど）。ZARA では，会員特典にクーポンなど経済的ベネフィットはなく，メルマガなどによる情報ベネフィットだけである。自身のファッションへの強い自信が伺えるし，コストへの厳しい意識も読み取れる（ZARA の「つくり足し」型のモデルは，「値下げで商品を売り切るモデル」とは正反対）。ただ，このような会員特典では，制度（購買習慣の確立）までは行かない。

　興味深いのがホンジュラスでの事例である（丸谷［2018］）。治安が悪い南米でも，ホンジュラスは殺人率が世界一である。そこに ZARA は 2 店舗（インディテックス全体で10店舗）展開している（犬飼［2017］）。夜間，車で移動できない治安の悪い国であるが，ホテル，ファミレス，シネコン，大学，大使館，外国人居住区のある高級モールだけは安全で，そこに出店した（丸谷［2018］）。インディ

▶図表 9 − 2　ZARA の CCM 戦略・まとめ

創造／調整	戦略項目		戦略内容
文化資源の創造	作り手（デザイナー）		カリスマデザイナーは不要
	文化資源の種類	企業ブランド／製品コンセプト	トレンディなのに高くない
		スペインファッションの COO イメージ	仏伊には劣るが，ある程度高い
文化資源の調整	文化発信か／文化適応か		文化発信＆国別プロマネが現地にあった商品選定
	相手先文化の分析	親和性	地理的つながり（地続き・地中海沿岸）文化的つながり（ラテン系の欧州，中南米）
		中心性	ラテン系諸国は高い中東・アジアも高い
	価値の伝達・拡散	店舗	ランドマーク的好立地，店舗内でコーデ提案
		デジタル・マーケティング	インフルエンサー重視，AR を用いた店内ディスプレイ
	制度の構築	顧客関係づくり	会員制度
		チャネル戦略	衣食住集積の高級モールに出店（ホンジュラス）

テックスは，ホームウェアの ZARA HOME や15−27歳の女性向け Stradivarius など複数業態あるので，同時に出店した。安全なモールで消費を完結したい富裕層には好都合であった。これを実現したのが，ハブ・アンド・スポークの効率的物流システムである。空港から（物流センターを介さず）直接店舗のあるモールまで，昼間に安全に配送し，ホンジュラスの富裕層に ZARA をはじめとする商品を継続的に，安心して購買できる仕組みを提供した。

　ヤクルトが，東南アジアで制度化（購買習慣の確立）のために，自前のチャネル（ヤクルト・レディの宅配システム）を作ったように，ホンジュラスなど南米での ZARA の成功例は，安全なモールに ZARA などの店舗の集積を作るという意味で，制度化へ向けての成功するチャネル戦略の一つと捉えられる。

　以上をまとめると，ZARA の CCM 戦略は，図表 9 − 2 のように表せる。

3　解釈共同体と意味を創造するシニフィアン：文化産業の固有性

　以上，「君の名は。」と ZARA の成功を，CCM の視点から分析した。そこで明

らかになったのは，CCM戦略の枠組みの有用性とともに，アニメやファッションなど文化産業固有の特徴である。

　以下では，文化産業のCCMを成功に導く上で，特に重要な視点と考えられる a.解釈共同体，b.意味を創造するシニフィアン，について考察する。

（1）解釈共同体

①　解釈共同体の意義

　解釈共同体（Interpretive communities）とは，スタンレー・フィッシュ（Fish, Stanley）が提出した概念で，テクスト（コンテンツなど）の解釈コードを共有する集団のことである（Fish［1980］；cf.金田［2007］）。価値と象徴のシステムである「文化」において諸文化項目がいかに意味づけられるか，また，CCMが提案する製品コンセプトなどの価値が相手先市場でいかに解釈されるかについて，解釈共同体が重要な働きをする。特に，（製品間の）優劣の客観的判断基準が少なく（三浦・伊藤［1999］），主観的／個人的解釈の入り込む余地の多い文化産業（アニメなどのコンテンツ，ファッションなど）では，非常に重要である。

②　リメイク（二次創作）と解釈共同体：江戸期の文芸に見る
　　日本的伝統

　江戸期の文芸に見られる日本的伝統と解釈共同体は大きく関わっている。

　江戸時代の柳亭種彦『偐紫田舎源氏』が紫式部『源氏物語』のパロディであったり（小島［2014］）[2]，鎌倉時代初期の『新古今和歌集』が本歌取り（万葉集の歌の翻案など）で有名なように（今野［2016］），古来，日本の文学作品ではリメイク（二次創作）が盛んであった。江戸期には，多くの剽窃・模倣を行っていた近松門左衛門（代表作『心中天網島』ではライバル紀海音『梅田心中』に筋の展開，人物設定，場面構成などをほとんど借用）が作者の氏神と尊敬された（一方，明治以降の近代文学では模倣・剽窃は許されず，個性的な独創性が評価されるように変わった；諏訪［1997］）[3]。

　江戸期には，『伊勢物語』（『似勢物語』など），『百人一首』（『江戸名所百人一首』など），『仮名手本忠臣蔵』（『仮多手綱忠臣鞍』など），などの翻案が，井原西鶴，山東京伝，歌川国芳などによって出版され，「教養の大衆化」と言われ，広く民衆に読まれた（小島［2014］）。翻案／パロディは「見立て」と呼ばれ，一見似て

ない二者の類似を洗練された表現で表す（諏訪［1997］）。古典などを題材に，人物や情景を当世風俗に移した物語や浮世絵は，作者にとっては翻案の機知を競うもので，鑑賞者には物語を読み解く楽しみを与えた（諏訪［1997］）。

　翻案／パロディを成立させる基礎が，解釈共同体である。万葉集の歌を知悉する貴族同士（解釈共同体）だからこそ新古今和歌集の歌の本歌取りがわかり（万葉集の歌の雨のシーンを，新古今和歌集で雪のシーンに翻案して詠んだ藤原定家の本歌取りなど；渡部［2009］），『仮名手本忠臣蔵』を知る江戸町民（解釈共同体）だからこそ，馬に置き換えた『仮多手綱忠臣鞍』のパロディが理解できる。リメイク（二次創作）には近年流行りのコスプレもあるが，江戸時代の京都では，人気芸妓が歴史や物語の著名人に扮して舞う仮装行列の「ねりもの」が行われたが（田中［1936］），このようなコスプレが京都で人気だった背景には，歴史や物語をよく知る京都町民（解釈共同体）の存在が前提にあった。

③　同人誌・コスプレと解釈共同体

　日本アニメの隆盛とも連動し，同人誌即売会のコミケ（コミック・マーケット；1975年から開催。8月の夏コミ，12月の冬コミ，各々3日間で50万人規模）や，コスプレ世界大会の世界コスプレサミット（2003年以来名古屋で開催。約1週間で30万人規模）などが拡大しているが，同人誌（二次創作同人誌）やコスプレの評価にも解釈共同体は不可欠である。これらイベントの拡大は，日本アニメを評価する集団（解釈共同体）が，世界的に広がったことを理解させる（世界コスプレサミットは2017年大会で世界34の国が参加；LAのアニメ・エキスポでは，英語による同人誌の即売会も実施）。

　解釈共同体（当該アニメを評価する解釈コードを持つ集団）によって，当該アニメの（二次創作）同人誌やコスプレが評価されるが，アニメ自体（一次創作のアニメ自体）の評価も，解釈共同体の規模に比例する。したがって，アニメなどコンテンツを提供する企業は，自身のアニメなどを評価する解釈共同体をつくることが基本となる。企業自身によるネットやリアルのプラットフォーム，ファンの独自サイトの支援，二次創作同人誌やコスプレを拡大再生産する仕組み作りによる解釈コードの刷り込み，などの戦略が考えられる。

④　ファッションと解釈共同体

　解釈共同体は，ファッションでも重要である。ファッション製品には，色やデ

ザイン，イメージなどの感情型属性と，生地や縫製などの思考型属性があるが（Vaughn［1980］［1986］），消費者が評価する中心は，色やデザイン，イメージなどの感情型属性であり，特徴は，優劣の客観的判断基準がないことである（三浦・伊藤［1999］）。すなわち，生地や縫製などの思考型属性は優劣を客観的に判断する基準があることが多いが（糸の細さを表す番手，など），色やデザイン，イメージの優劣を客観的に判断する基準はない。赤いシャツが好きな人も青いシャツが好きな人もいるし，カチッとしたジャケットが好きな人もルーズフィットの方が好きな人もいて，それぞれ主観的に優劣を判断している。

　したがって，シャネルとディオールのワンピースのどちらがデザインがよいか，客観的に優劣を判断できない。ZARA と H&M のシャツのどちらが優れたデザインかも，客観的に判断できない。できるのは主観的な好みの判断だけであり，これでは勝者は決まらない。この時，シャネルのワンピース，ZARA のシャツが優れたデザインであると言えれば，シャネルや ZARA は勝者となれる。

　ここで登場するのが，解釈共同体である。シャネルや ZARA の方が優れていることを客観的に言える解釈コードを共有する解釈共同体を作れれば勝者となれる。そこで各ブランドは，パリを筆頭とする5大ショーを使い，カラーなどのトレンドを分析し，メディア露出戦略も活用して，自社製品＝客観的に優れたデザイン，という解釈コードの浸透に励む。ZARA が，会員向けに経済的ベネフィット（クーポンなど）を提供せず，商品やトレンドの情報を提供するのも，ZARA＝最も優れたファストファッション，という解釈コードを人々に浸透させるためである。自社に好意的な解釈コードを持つ会員組織を拡大することは，社会の解釈コードを自社寄りにしていく必須の戦略である。

⑤　アニメのストーリー・コンセプトの評価と解釈共同体

　ファッション製品は，製品の構造が比較的単純なので，解釈コードの提案を製品属性に合わせて考えられる（例：シャツの首周りの2つボタンの「ドゥエ・ボットーニ」＝イタリア的でおしゃれ，など）。一方，アニメの場合は，そのストーリーが読者が評価する一番の属性であるが（他では，キャラクターも重要な属性），その構造は動態的で，非常に複雑である。

　物語（ストーリー）の構造分析は，バルト（Barthes, Roland）によると3つ手法があるが（Barthes［1966］；cf. 竹野・高田［2009］），どの方法も複雑で，パターンや類型も多く，非常に使いづらい（cf. 三浦［2014］）。物語行為の流れ（構

造）の分析とは別に，物語内容（物語行為が記号論の記号表現，物語内容が記号内容に対応；三浦［2014]）の分析がある。CCM では，アニメなどのストーリー展開にどのような象徴的意味を付加するかが重要な戦略であり，物語構造の意味を問う，物語内容の分析こそ重要と考えられる。

グレマスの記号論四角形の応用・展開

物語内容の分析では，グレマスの記号論四角形（carré sémiotique）が有名である（Greimas［1983]；cf. 後藤［1994]）[4]。記号論四角形とは，「1つの語が意味をもつのは，当該語と3つの関係（矛盾，対立，前提）にある語による四角形が分節できるからである」ことを示したものである（小野坂［1998]）。これを応用・展開させたのが高田らによるモデル（竹野・高田［2009]，高田［2010]）で，2組の二項対立概念（例：光－闇，愛－憎しみ）が組み合わされた平面（3組なら立体）が，物語の意味を生み出すとした。図表9－3は，コミック（後に映画も公開）の『DEATH NOTE』における記号論四角形の例である。

▶図表9－3　記号論四角形：『DEATH NOTE』の例

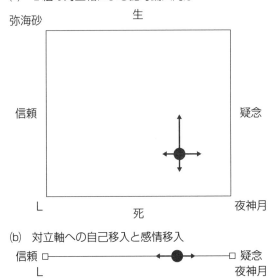

(a)　2組の対立軸による記号論四角形

弥海砂　　　　　　生

信頼　　　　　　　　　　疑念

L　　　　　死　　　　夜神月

(b)　対立軸への自己移入と感情移入

信頼 □━━━━━━━━━━●━━━━□ 疑念
L　　　　　　　　　　　　夜神月

出所：三浦［2014]，p.155。竹野・高田［2009]，p.2767を若干修正。

　図表のように，『DEATH NOTE』では，生－死，信頼－疑念という2組の二項対立概念が物語の中心であり，その間で揺れる物語の意味の変遷が受容者（読者・視聴者）の心をつかむ。一見してわかる通り，説明の構造は単純で，『Death Note』のストーリーが訴求する価値（象徴的意味）は，これら二項対立の意味の変遷を超えている可能性も高い。ただ，ストーリーの価値（象徴的意味など）を分析する枠組みを荒削りながらも提示した点は大いに評価される。

ブルネの「共感」

　ストーリーの内容／コンセプトに関しては，ブルネ（Brunet, Tristan）も参考になる（三浦［2016］）。1970年代生まれの「フランス・オタク第1世代」で，『水曜日のアニメが待ち遠しい』を日本で出版している（ブルネ［2015］）。
　ブルネによると，日本アニメがヒットした理由は，作品と読者の「共感」の強さにある。「宇宙海賊キャプテンハーロック」では，ハーロックは正義のヒーローと同時に，地球政府の反逆者という二面性を持つ。もともと強いスーパーマンに対し，「ドラゴンボール」の孫悟空のかめはめ波は，彼の怒りや根性の表出である。そこには等身大の「人間」がいて，それが読者を魅了する。
　物語の魅力は，a. 自己移入（物語の世界観に入り込む），b. 感情移入（登場キャラクターに感情移入）によるが（ガダマー［Gadamer, Hans-Georg］の解釈学による；竹野・高田［2009］），日本アニメの登場人物は，悩み，争いながらも，周りを信じて成長するところに読者の共感を得た。フランスなど欧米の契約社会では，日本アニメの共感ベースの物語世界は，圧倒的な異物であった。ただ，社会の世界観の欠如部分を埋めるものとして評価された。その意味で，アニメなど日本サブカルにはまるフランス人は，プチブル（エリートの手前の層）や，移民など社会で受容されない層だった。しかし，日本アニメは，80年代以降のフランスの小学生は誰でも見ており，すそ野は上位層にも広がっている。
　このように，日本アニメの欧米での流行は，単にストーリーの構造の巧拙を超えた，大きな意味（決まりを淡々と行う「契約」を超えた，人間的な「共感」の価値）が評価されたからと言える（そしてそのように評価する解釈共同体が欧米各国に着実に形成されてきたからと考えられる）。

（2）意味を創造するシニフィアン

　芸術作品を含む文化的な製品では，そのシニフィアン（記号表現）には，一般製品を遥かに超える，大いなる意義・可能性がある。

　記号論・言語学では，伝えたい内容（シニフィエ；記号内容）があって，それをシニフィアン（記号表現）で伝えるという構造が基本である。例えば，彼女への愛情という価値（シニフィエ）を伝えるために，赤いバラの花束（シニフィアン）を送るのであり，日本における集団の和の価値（シニフィエ）を表現するために，近しい人への中元・歳暮（シニフィアン）を欠かさない。

①　文化的製品が表現する意味は何か

　アニメ，小説，音楽，ダンス，演劇などのコンテンツやファッションなどの文化的製品も，同様に，伝えたい価値（シニフィエ）を，絵・字・音・舞踊・台詞などざまざまな形（シニフィアン）で表現する。

　ただ，20年以上前，モーリス・ベジャールの20世紀バレエ団が日本公演したときの話がある。TVでベジャールの特集があり，「今回の踊りで表現するものは？」という問いに，ベジャールは「愛です」という単純な回答をし驚いた記憶がある。「意外とたいしたことない」と聞いたが，公演当日，プリンシパル（バレエ団トップダンサー）が踊ったラヴェルの「ボレロ」は圧巻で，感動的だった。愛や社会など小賢しい意味（シニフィエ）を遥かに超える次元で，踊り（シニフィアン）自体が，新たな価値（シニフィエ）を生み出していた。

　この点が，芸術作品を含むコンテンツ系の製品やファッションの（他の一般製品と異なる）大きな特徴である。すなわち，芸術・コンテンツやファッション自体が，新たな意味を創造するのである。

②　文化的製品の意味創造の背景

　意味を創造する背景には，芸術を含むコンテンツやファッションの記号表現（シニフィアン）としての絵・字・音・舞踊・台詞・色柄・素材が，明確で特定的な記号内容（シニフィエ；意味）をほとんど持たないことがある。

　バレエダンスは体の動きというシニフィアン（記号表現）で表現するが，体の動きの記号表現には，「手招き」の手振り記号や「握手を求める」身振り記号が

あるが，表すのは，「（こちらへ）来い」，「親愛の情」など，単純な記号内容に過ぎない。複雑な意味内容（シニフィエ）は，手振りや身振りで表すのは不可能で（ジェスチャー・ゲームになる），手振り・身振りなどの体の動きから成るダンス（記号表現）では，明確で複雑な意味（シニフィエ）は伝えられない（手振り・身振り記号は，言語記号に比べ，辞書・文法のコードが薄弱）。したがって，バレエダンス（記号表現）としての価値は，単純な意味（シニフィエ）を伝えることではなく，新たな意味（シニフィエ）を創造することにあるのである。

③　文化的製品は意味を創造する

　音楽・絵画でも，音楽のメロディ・調・拍子という記号表現や，絵画の色・構図という記号表現ごとに，明確な意味（シニフィエ）が決まっていないからこそ，ドビュッシーの革新的なメロディに，ピカソの革新的な構図に感動する。ファッションの中核訴求属性である色やデザインという記号表現も，表現ごとに明確な記号内容は決まっていないからこそ，パリなど5大ファッションショーやTGC（東京ガールズ・コレクション）の革新的新作に感動する（一般製品でも，例えば，車の色・デザインは同様に感情型属性なので，革新的な色やデザインの車で新たな価値を生み出すことは可能である）。

　「浮遊するシニフィアン（仏：signifiant flottant，英：floating signifier）」という概念があるが（シニフィエを持たないマナ［人や物に付着して特別な力を与える；原始宗教の概念］が浮遊しながら社会を束ねるように，特定のシニフィエを持たないシニフィアンのこと：cf. Levi-Strauss［1968］，中沢［2002］），芸術・コンテンツやファッションなどの文化製品は，表現開始時点では同じくシニフィエを持たないことも多い（あっても，愛など曖昧なもの）。ただ，その後，表現（演奏，舞踏，ストーリー展開）される中で，シニフィエ（新たな意味）が生み出されるので，「意味を創造するシニフィアン」と言うことができる。

　このように芸術作品を含むコンテンツやファッションの場合は，象徴的意味を付加するだけでなく，新たな（象徴的）意味を創造するという側面も検討することが重要である[5]。

おわりに

　本章では，文化産業のCCMの成功例として，アニメ分野の「君の名は。」と，ファッション分野のZARAを取り上げ，その戦略を分析した。

　明らかになったのは，a. 文化資源の創造のためには，（優劣の客観的判断基準のない文化産業では）いかに他社と差別的な価値を創造できるかが重要であること，b. 文化資源の調整（価値の伝達・制度の構築）のためには，いかに異なる文化の消費者に解釈を同じくしてもらうかが重要であること，であった。

　解釈を同じくしてもらうためには「解釈共同体」という概念を考える必要があり，最後の第3節で，多くの事例をあげて考察した。また「意味を創造するシニフィアン」という概念を提出して，文化産業の製品・サービスに特徴的な視点を明らかにした。

〔注〕

1）長期的な関係作りの戦略として，NETFLIX などの戦略はサブスクリプションと呼ばれる。新聞などの定期購読（サブスクリプション）に始まり，雑誌やBS・CS 放送などの事例を経て，動画や音楽で定額制の配信サービスが主流となった（動画の NETFLIX，音楽の Spotify など）。近年は，著作物以外でもある。居酒屋を展開するアンドモワ（東京・港区）は，系列の居酒屋で使える飲み放題カードを展開（1ヶ月・3,000円など期間ごとに4種）。毎回ビールを頼むならサブスクリプションした方が楽で安い。毎回系列の店に行くので，店側も長期的関係ができる。レナウンの新サービス「着ルダケ」では，月額税別4,800円で，春夏物・秋冬物のスーツが各々2着など送られてくる。仕事でスーツが必要ならサブスクリプションした方が楽で安い。メーカー側も，他社のスーツに流れる可能性のある顧客をずっと引きとめられる。長期的関係作り（制度作り）のためには，サブスクリプションの考え方は重要なヒントを与えてくれる（三浦［2018］）。

2）井原西鶴の『好色一代男』（五十四章）が，紫式部の『源氏物語』（五十四帖）に擬えられているのは有名な事実である（小島［2014］）。

3）江戸期までの文芸が翻案やリメイクを評価した点は古来から一貫しているが，中世と江戸期の文芸を比べると，神仏やあの世を重視した中世文芸に対し，人間優位・現世優位という思想を持ったことが江戸期文芸の大きな特徴と言われる（諏訪［1997］）。

4）この発想は，1968年の共著論文に4極構造として視覚化され，1973年の論文でこの名称（「記号論四角形」）が用いられた（後藤［1994］）。

5）現代日本を代表するデザイナーの一人である深澤直人氏は，「意味は発生するもので，ものにつけるものではない。」と述べているが（深澤［2005］），デザインという芸術的活動も，まさにここでの議論と軌を一にするものであることが理

解される。

〔参考文献〕

相原修・嶋正・三浦俊彦［2009］『グローバル・マーケティング入門』，日本経済新聞出版社。

池田謙一［2000］『コミュニケーション：社会科学の理論とモデル5』，東京大学出版会。

池田謙一・村田光二［1991］『こころと社会―認知社会心理学への招待―』，東京大学出版会。

犬飼知徳［2017］「CBSケースシリーズ①：ユニクロとZARAの配置戦略」，中央大学戦略経営研究科（ビジネススクール）。

岡田美弥子［2017］『マンガビジネスの生成と発展』，中央経済社。

岡本亮輔［2015］『聖地巡礼―世界遺産からアニメの舞台まで―』，中央公論新社。

小野耕世［2005］『アメリカン・コミックス大全』，晶文社。

小野坂弘［1998］「物語の意義と構造（三）」『法政理論』，新潟大学法学会編，pp.1-54。

金田淳子［2007］「マンガ同人誌―解釈共同体のポリティクス―」佐藤健二・吉見俊哉編『文化の社会学』，有斐閣，pp.163-190。

川又啓子［2008］「マンガ・コンテンツの商品開発：マンガ家・浦沢直樹」『京都マネジメント・レビュー』，第13号，京都産業大学マネジメント研究会，pp.131-146。

小島康敬［2014］「「性」と「聖」を繋ぐ笑―パロディ繚乱の江戸文化―」ツベタナ・クリステワ編『パロディと日本文化』，笠間書院，pp.290-328。

後藤尚人［1994］「読解理論のレトリック(4)」『Artes Liberales』，No. 54，岩手大学人文社会科学部，pp.99-122。

今野真二［2016］『リメイクの日本文学史』，平凡社。

齊藤孝浩［2018］『ユニクロ対ZARA』，日本経済新聞出版社。

白石さや［2013］『グローバル化した日本のマンガとアニメ』，学術出版会。

杉谷陽子［2012］「情報の伝播と消費者行動」杉本徹雄編著『新・消費者理解のための心理学』，福村出版，pp.183-201。

角南一城［2016］「「君の名は。」がアジアでも支持される理由　コミックス・ウェーブ・フィルムの角南氏に聞く」，NNA ASIA（アジア経済ニュース），2016.12.30，https://www.nna.jp/news/show/1551556。

―――［2018］「アニメのグローバル展開―『君の名は。』の海外展開を事例に―」，

日本商業学会第68回全国研究大会（於：日本大学），基調講演資料。

諏訪春雄［1997］『江戸文学の方法』，勉誠社。

高田明典［2010］『物語構造分析の理論と方法—CM・アニメ・コミック分析を例として—』，大学教育出版。

竹野真帆・高田明典［2009］「コンピュータゲームの訴求構造分析—物語構造分析の応用として—」『情報処理学会論文誌』，Vol. 50, No. 12, pp.2761-2771。

谷川建司・王向華・須藤遥子・秋菊姫［2012］『コンテンツ化する東アジア—大衆文化／メディア／アイデンティティ』，青弓社。

田中緑紅［1936］『祇園ねりもの』，郷土趣味社。

中沢新一［2002］『緑の資本論』，集英社。

深澤直人［2005］『デザインの輪郭』，TOTO出版。

ブルネ，トリスタン［2015］『水曜日のアニメが待ち遠しい—フランス人から見た日本サブカルチャーの魅力を解き明かす—』，誠文堂新光社。

前島賢［2016］「喪失の痛みへの甘美な耽溺と，そこからの脱却と」『新海誠，その作品と人。』（EYESCREAM 増刊号），スペースシャワーネットワーク，p.18。

丸谷雄一郎［2018］「参入市場と参入モードの決定」，グローバル・マーケティングの基礎コース2018・セミナー資料，日本マーケティング協会。

三浦俊彦・伊藤直史［1999］「思考型／感情型製品類型と国際マーケティング戦略—APD 世界10地域消費者調査を題材に—」『マーケティング・ジャーナル』，第72号，日本マーケティング協会，pp.12-31。

三浦俊彦［2013］『日本の消費者はなぜタフなのか—日本的・現代的特性とマーケティング対応—』，有斐閣。

―――［2014］「「クールジャパン」の理論的分析—COO（原産国）効果・国家ブランドと快楽的消費—」『商学論纂』，第56巻，第3・4号，中央大学商学研究会，pp.123-167。

―――［2016］「三浦俊彦の目：日本アニメの魅力，『共感』異文化にも浸透」『日経産業新聞』，2016.3.31。

三浦俊彦・丸谷雄一郎・犬飼知徳［2017］『グローバル・マーケティング戦略』，有斐閣。

三浦俊彦［2018］「三浦俊彦の目：顧客との長期的関係 企業業績に直結」『日経産業新聞』，2018.8.24。

渡部泰明［2009］『和歌とは何か』，岩波書店。

Barthes, Roland［1966］*Intoroduction à l'Analyse Structurale des Récits*, Éditions du Seuil.（花輪光訳［1979］『物語の構造分析』，みすず書房）

Fish, Stanley [1980] *Is There a Text in This Class? —The Authority of Interpretive Communities—*, Harvard University Press.（小林昌夫訳 [1992]『このクラスにテクストはありますか—解釈共同体の権威—』, みすず書房）

Ghemawat, Pankaj [2007] *Redefining Global Strategy: Crossing Borders in a World Where Differences Still Matter*, Harvard Business Review Press.（望月衛 [2009]『コークの味は国ごとに違うべきか—ゲマワット教授の経営教室—』, 文藝春秋）

Greimas, Algirdas Julien [1966] *Semantique Structurale: Recherche de Méthode*, Librairie Larousse.（田島宏・鳥居正文訳 [1988]『構造意味論—方法の探究—』, 紀伊國屋書店）

―――― [1983] *Du Sens II, Seuil.*（赤羽研三訳 [1992]『意味について』, 水声社）

Hall, Edward T. [1976] *Beyond Culture*, Anchor Press.（岩田慶治・谷泰訳 [1979]『文化を超えて』, TBS ブリタニカ）

Hirsch, P. [1972] "Processing Fads and Fashions: An Organization-set Analysis of Cultural Industry Systems," *American Journal of Sociology*, Vol. 77, No. 4 pp.639-659.

Hirschman, Elizabeth C. and Morris B. Holbrook [1982] "Hedonic Consumption: Emerging Concepts, Methods and Propositions," *Journal of Marketing*, 46, No. 3 (Summer), pp.92-101.

Hofstede, Geert [1980] *Culture's Consequences*, SAGE publications.（萬成博・安藤文四郎監訳 [1984]『経営文化の国際比較—多国籍企業の中の国民性—』, 産業能率大学出版部）

Lévi-Strauss, Claude [1968]「マルセル・モース論文集への序文」(Morse, Marcel [1968] *Sociologie et Anthropologie*, Universitaires de France.（有地亨・伊藤昌司・山口俊夫訳 [1973]『社会学と人類学 I』, 弘文堂, pp.1-46所収）

―――― [1968] *Les Structures Élémentaires de la Parenté,* Mouton & Co and Maison des Sciences d' Homme.（福井和美訳 [2000]『親族の基本構造』, 青弓社。但し, 原著の初版は, 1949年）

Vaughn, Richard [1980] "How Advertising Works: A Planning Model," *Journal of Advertising Research*, 20 (October), pp.27-33.

―――― [1986] "How Advertising Works: A Planning Model Revisited," *Journal of Advertising Research*, 26 (February/March), pp.57-66.

第 | 10 | 章

宗教のCCM：
曹洞禅（ZEN）の全米における教化プロセス

はじめに

　禅は6世紀初めに達磨（Bodhi-dharma）がインドから中国の嵩山少林寺に入り，面壁九年の坐禅の修行を行い，中国禅宗二祖となる慧可がそこを訪れ，教えを請うたことに始まる[1]。日本には鎌倉期に中国禅宗五家七宗の臨済宗を栄西が伝え，曹洞宗を道元が伝えたことによって広まることとなった。この時期は鎌倉仏教全盛期であり，それまでの国家鎮護のための天台宗や真言宗とは違い，個々人の救済を導くものとして多種多様な仏教の宗派が導入されることとなった。

　臨済宗は建長寺，円覚寺といった鎌倉五山，南禅寺，天龍寺などの京都五山を中心に広まったが，時の政権のコントロール下に入ることによって，公家や武士を中心にその勢力を拡大した。これに対し，道元は晩年に鎌倉の北条時頼に迎えられたと伝えられるものの，権力に近づくことを嫌い，むしろ地方武士や農民に曹洞宗は広まることとなった[2]。

　そして今日，禅は再び世界で脚光を浴びることなり，坐禅の修行法からヒントを得たマインドフルネスというストレス低減法も広まることとなった。かのスティーブ・ジョブズも曹洞宗の乙川弘文を師として仰ぎながら，坐禅に傾倒していたという。今やグーグル，セールスフォースなどのIT企業でマインドフルネスは研修として広く取り入れられている。この影響もあって，日本でも若手ビジネス・パーソンを中心に禅（ZEN）が逆輸入される形で静かに広まることとなった。

　本章では，日本では禅はどのようなものとして確立され定着したのか。そして

日本からアメリカに広まった禅はいったいどのように普及されていったのか。さらに今日，禅やマインドフルネスがどのように日本に逆輸入されて展開されているのかをカルチャー・コンピタンス・マーケティングの観点から見ていくこととする。

1　日本における禅の確立とその独自性

（1）日本における禅宗の導入

　中国で生まれた禅であるが，清王朝時代には仏教の評価が極めて低くなり，様々な規制がなされた。さらに辛亥革命による中華民国が成立し，西欧の列強諸国に対抗するために近代化が進む中で，仏教や道教は過去の遺物とされた。日中戦争以後の共産党政権下では，宗教はアヘンのごとき麻薬であるとされ，特に1966年からの文化大革命によって壊滅的な打撃を受けることとなった（伊吹［2001］pp.162-166）。結果として禅研究の蓄積は日本に残されることとなった。

　禅の起源を辿ると，4500年前のインダス文明に坐法行者の印章があり，ヨガの起源とされている。日本のエステサロンやマッサージなどで流行のアーユルヴェーダも，インドのアユース（生命）とベーダ（知識）からくる伝統医学のことである。ヨガには Ashtanga という八支則があり「禁戒，勧戒，ヨーガポーズ，呼吸法，感覚制御，集中，瞑想，三昧」をさす。この瞑想の「Dhyana」は中国語で禅那と記され，これを音訳したことで「禅」となった。釈迦が2500年前にこれを修行法として取り入れ，6世紀初頭にインド人の達磨が中国に伝えた。

　総合仏教としての教義の確立を目指した平安期の天台宗や真言宗の中にも，禅は戒律，念仏，密教とともに一要素として含まれていた。しかし重きは，鎮護国家のための祈祷という密教的要素であった。

　鎌倉仏教の中で，達磨を開祖とする本格的な禅宗を布教したのが，臨済宗の栄西，曹洞宗の道元である。当初，仏教は鎮護国家のために飛鳥時代より日本に導入されるのだが，むしろ禅宗の考え方は，殺傷を繰り返し自らの明日の生死もわからぬ鎌倉から戦国時代の武士に重用されることとなる。

　栄西は北条政子や源頼家らの帰依を受け，『興禅護国論』を著し，鎌倉の寿福寺，京都の建仁寺を創設して禅の普及に努めた。また，医書『喫茶養生記』を著し，茶の効用と製造方法について書いたことで茶祖とも呼ばれる。しかし建仁寺が天

台・真言・禅の三宗兼学の道場であり，かつ栄西自身も密教の素養が豊かであったため，時の権力とつながる限りは，仏教の旧勢力の影響を脱することはなかった（伊吹［2001］p.190）。

　道元は帰朝すると建仁寺に入り1227年に『普勧坐禅儀』を著した。これは坐禅の意義と方法を伝えたものであるが「悟りや真理を得るために修行や坐禅をするのではない。坐禅すること自体が悟りそのものである」とした。坐禅を組むこと自体ですでに仏であるならばなぜ人は修行をするのか。その疑問に対し，道元は「仏であるからこそ修行をしなければならない」と論理展開した（石井［2016］p.19）。後の『辨道話』の中では「修証一等（修行と証（悟り）が一つであって別ものではない）」と主張した。行住坐臥（歩き，止まり，坐り，臥す）といった日常生活そのものが修行であり，ひたすら坐禅に打ち込む「只管打坐」の姿こそが仏であるとした。この時期には，比叡山から禅宗の排斥が繰り返されたため，道元は京都山城の興聖寺に移り，さらに1243年には波多野氏に招かれ，越前に赴き大仏寺を開き，その後，大仏寺を改称した永平寺を拠点とすることとなった[3]。

　道元の修行規則は『永平清規』として，6篇の清規（規則）が後世にまとめられたが，その一つ『辨道法』では坐禅から洗顔・楊枝の使い方までの僧堂での生活の細かい規則を，『典座教訓』では修行としての典座（料理担当の僧）の心構えを，『赴粥飯法』では食べ方の規則を事細かに記した[4]。そもそもインド伝来の戒律では僧侶が生産活動を行うことを禁止していたが，中国以降の禅寺での修行は大きく変化した。修行道場の維持のために修行者も耕作などの労働を行い，彼らが「作務（労働）」を行うことは禅の修行観として重要なことであるとされた。

（2）曹洞宗の禅の独自性

　道元は中国の天童山において如浄のもとで暁天坐禅しているときに，雲水（修行僧）の一人が居眠りをしていて叱られ，「参禅はすべからく身心脱落なるべし」と戒められたことで悟りを開いたとされる。「身心脱落」の世界は自我意識を捨ててしまうことであり，自分の全存在を悟りの世界に投げ込むことだという。そこには主体も客体もない（ひろさちや［2013］pp.8-10）。

　アメリカに禅思想を伝えたパイオニアの鈴木大拙は次のようにいう。「西洋は数が元になるから，まず主客の両観から始まって，次から次へと分化して行く。科学の発達から，技術の精確さ，巧緻さに至るまで，東洋よりはずっと進んで

る。東洋式はこれと全面的に反対だ。主も客もない。いわゆる父母未生以前の消息を端的に見てとらんとするのが東洋式の精髄である（鈴木［1997］pp.26-27）」。

　禅のモットーは「不立文字」であり，科学とは反対である。禅は体験的であり全く個人に属し，その人の経験を背景としなくては意義を持たない。科学は非体験的であり，抽象的であり個人的経験には関心を持たずに系統化を目指すものである（鈴木［2005］p.19）。もちろん文字を全否定するものではなく，文字は「月を指す指」に喩えられる。文字は「悟り」という月のある場所を指す指標であって「悟りそのもの」にはならないのである（石井［2016］pp.14-15）。

　臨済宗と曹洞宗で大きく異なるのは，臨済宗は師から公案を与えられ，これを解くことで悟りを開くという「看話禅」であるのに対し，曹洞宗は只管打坐することに悟りが現れているという「黙照禅」であることだ。

　日本が中国から禅を受け入れる環境においては総じて，「文化接触の受容難易度に影響する要因」である親和性においては必ずしも高くないが，「文化接触の自文化における重要性の程度」としての中心性においては高いものがある。日本にはすでに山岳信仰などのアニミズムや神道が定着しており，また鎮護国家としての南都六宗や天台宗，真言宗も導入されていた。インド，中国で発展した禅の教えのどの部分に価値を見出すか（例えば，看話禅または只管打坐）によって，文化発信か文化適応か，または親和性や中心性の程度において文化資源が調整されることとなる。自らが行為によって体得した悟りを，どのような制度によって流通させるかは，伝播先と伝達したい価値内容によって異なる。

　中国禅にも時代やエリアによって様々な特徴があるが，自給自足的な生活様式とその清規（規則）が規定され，禅と生活との合一ゆえに禅僧の個性が反映されたため，唐代末期には黄檗希運，臨済義玄（臨済宗開祖），洞山良价（曹洞宗開祖）など百花繚乱の趣を呈し（伊吹［2001］p.65），宋代以降は五山十刹として政府による序列化に加わることで締め付けが強化される一方で，荘園を持つことで経済的な繁栄を得た（伊吹［2001］p.128）。

　例えば，栄西においては鎌倉，京都の武士の集散地である拠点をプラットフォームとして五山に代表される寺院制度を中心に展開することで広く，将軍をはじめとした権威に保護された。今でも寺院の大きさや収蔵品の豊かさにおいて臨済宗は群を抜いている。高い教養を誇った僧侶達は，茶道具や絵画の目利きでもあり，医療や祈祷を行うことで武士に支持されたのである（鎌倉・京都の武士にとっては，禅は親和性も中心性も共に高い）。

　深山幽谷において厳格な修行を行った道元は「不立文字」を標榜する禅の流れにありながらも，多くの書籍を書き残し後世に正伝の仏法を伝えようとした。また，その後の曹洞宗は，地方武士をターゲットとして伝播していくために，それまでの死体処理に代わり葬式を行い，戒名を与えることで戦国大名に支持されることとなった（親和性が低いための文化適応）。また曹洞宗4代目の瑩山は輪住制を制度化して，権力が一部に集中しないようにした。これは總持寺の住持が總持寺内にある五院の中から輪番で登ることとし，さらに全国各地にはこれら五院の末寺が作られ，その系統の寺院は五院に入る資格を得た。これにより誰もが總持寺の住持になる可能性を持ち，世襲制ではない競争構造を残した。

　五山のように幕府に保護された寺院以外を林下というが，曹洞宗ではこれらが全国に散らばることとなり，現在でも約15,000ヶ寺が現存し，浄土真宗が西・東に別れていることで単独の宗派としては最大規模を誇る。江戸幕府は地方の農村や武士階級に影響力のある曹洞宗寺院を管理するために，関三刹として下野国大中寺，下総国總寧寺，武蔵国龍穏寺に三分して全国の寺院を管理させ，そこから永平寺の住職を選出するネットワークをつくった。以上，日本における禅宗の展開を整理すると図表10－1のようになる。

▶図表10－1　日本における禅宗の展開

	臨済宗（栄西）	曹洞宗（道元）	曹洞宗（瑩山）
ターゲット	朝廷や幕府	深山幽谷，門下の修行僧	地方武士，庶民
価値	己事究明。公案に参じて境界を深め，悟りを得る。	修証一等。修行と証（悟り）は一つである。仏の姿は修行に現れる。	修証一等。修行と証（悟り）は一つである。仏の姿は修行に現れる。
行為	看話禅（公案）	只管打坐，黙照禅	只管打坐，黙照禅
制度	『興禅護国論』『喫茶養生記』，聖福寺（最初の禅寺・福岡），京都五山・鎌倉五山に代表される寺院制度。仏教の旧勢力の影響大。	永平寺，『普勧坐禅儀』『正法眼蔵』『典座教訓』『赴粥飯法』，清規（生活の規則）	總持寺，民間信仰や祈祷，山岳信仰（白山），ご祈祷寺，庶民へ葬式の展開，輪住制度による組織運営。

2　釈宗演とW鈴木による禅宗のアメリカへの導入

（1）明治から第二次世界大戦における日系移民と仏教

　仏教は，1893年にシカゴで開催された万博の世界宗教会議において初めてアメリカへ公式に広まった（岩本［2010］p.13）。このシカゴ万博にて日本は世界に一等国として認められるべく，官民挙げて準備を図り，前年より25名の職人を送り込んで平等院鳳凰堂を模した日本館「鳳凰殿」を作った（中島［2018］p.143）。コロンブスのアメリカ発見400年を記念した万博で世界各国の宗教指導者が6,000名の聴衆へ向かって17日間に亘って熱弁をふるった。その中に，当時臨済宗円覚寺管長であった釈宗演（1860-1919）がいた。宗演は円覚寺の修行で今北洪川より印可を得た後，師匠の反対を押し切り慶應義塾に入った。この時，廃仏毀釈とキリスト教の浸透により仏教界は危機を迎えており，宗演は洋学と英語を学ぶことで仏教に革新を起こそうと考えていた。世界宗教会議の功績により，宗演の名は日本の仏教界のみならず政界や財界でも知られることとなる。

　その後，アメリカに禅ブームをもたらした最大の功労者の一人は，鈴木大拙（1870-1966）である。1897年の第一回の滞在は，参禅の師であった釈宗演の推薦による。東洋学者のポール・ケーラスが経営するイリノイ州ラサールの出版社オープン・コート社に身を寄せて『大乗起信論』などの英文著作や，戦後のコロンビア大学での6年に及ぶ講義などによって，禅が広く浅く，しばしば誤解されながら，西欧世界に知られることとなった（岩本［2010］p.13）。彼の約100冊の著作のうち，英文著作は23冊に及ぶ[5]。

　宗演のもう一人の弟子である千崎如幻は，1922年になってようやく「浮遊禅堂」（floating Zendo）を始めた。日系人とアメリカ人に禅を指導し，日本文化などについて講義を行った。「浮遊禅堂」とは，固定した本部をもたず，お金が貯まればどこかのホールを借りてする布教活動であったことに由来する。その後1928年に如幻は，サンフランシスコのブッシュ街に「東漸禅窟」という道場と，東洋文化を伝えるための「群英学園」を立ち上げ（岩本［2010］p.13），1931年にはロサンゼルスへ移動しそこに落ち着く。同時期に，東海岸では，佐々木指月がニューヨークにアメリカ仏教協会の曹渓庵（後の「第一禅堂」）を立ち上げている（岩本［2010］p.14）。サンフランシスコに桑港寺ができたのは1934年であった。

　浄土真宗をはじめとする仏教各派がハワイやカリフォルニアに展開するのは，日系移民が明治以降，ハワイのサトウキビ農場やカリフォルニアの農場に激増していたためである。寺院は移民の精神的支柱となっていたのである。アメリカの仏教実践者は，アジア系移民と改宗者に大別される。後者のうち，西洋人（ヨーロッパ系アメリカ人）の多くは，瞑想修行に惹かれ，禅，チベット仏教，あるいはテーラワーダ仏教（特に，そのインサイト・メディテーション）を実践するといわれる。さらにその大多数が，中産階級以上で高学歴であるとも指摘されている。現在ではそのような西洋人仏教徒が先導する僧院やセンターも，数多く存在するに至っているが，彼らはどのように禅や瞑想に惹かれていったのであろうか（岩本［2010］p.12）。

（2）ビートニクスのカウンター・カルチャーと禅センター

　第二次世界大戦後，禅が西海岸を中心に広まったのは，ビートニクス（ビート世代）と呼ばれた文明社会を否定する反体制のカウンター・カルチャーにある。セックス＆ドラッグやヒッピー文化の広まり，フォークのフリーコンサートやサイケデリックなアートの興隆があった。女性解放運動や黒人解放運動，さらには自然主義なども広まり，その一つに禅思想もあった。禅はアメリカ文学のビートの詩人たちを惹きつけ，1950年代後半からブームとなり，1960年代以降は爆発的な人気を博したという。既成の概念や制度を捨て去り，個々の創造性を重んずる禅は，その時代の反体制的精神に見事に一致したのである（岩本［2010］p.13）。

　鈴木俊隆（1904-1971）は，1959年の55才の時に妻とともに渡米し，サンフランシスコの桑港寺の六代目住職に着任した[6]。充分な修行を積み，英語にも堪能であった俊隆のもとには，おのずとアメリカ人が集まってきた。多くの僧侶が西欧文化に合わせて，坐禅の形式を変容させていたにも拘らず，俊隆は生のままの「只管打坐」をアメリカで展開し，1962年にサンフランシスコ禅センター（SFZC）を創設した。さらにアメリカ人の同好者が育ってきたタイミングでカルメン渓谷のタサハラ温泉を購入し，1967年にタサハラ禅マウンテン・センターの禅心寺を発足させた。俊隆は10年間桑港寺の住職を務めた後，日系移民の禅寺ではなく，アメリカ人にとっての禅センターとして1969年にサンフランシスコに発心寺（シティ・センター）をつくり，SFZC の拠点とした。当時，日系移民の檀家とアメリカ人の折り合いは必ずしも良いものではなく，「ヒッピー坊主」と悪口を叩く

ものもいたという。さらに俊隆の死後，SFZCはマリン郡のグリーン・ガルチ農場を1972年に購入し，蒼龍寺とし，住み込みの修行者たちと禅の実践の環境保全の有機農業を始めた（多田［1990］pp.46-47）。

俊隆にとって，彼らは坐禅修行に関心を示さない檀家よりも魅力的であった。日系移民であっても寺院は教会のようなコミュニティーであり，檀家制度が定着しにくく，3世以降となってくるとキリスト教徒になる者が増える。俊隆はこの3つの施設を中心に展開したが，アメリカ禅の特徴はファミリー禅であった。家族揃って参禅し，農耕する者やその産物をセンター直営の食料品店で売る者，直営のパン工場やレストランで働く者もあり，実践的で宗教即生活となっているという。独身を貫き，孤高の生活をする日本の雲水とはかなり異なる。

しかし，タサハラの専門道場では2年間の坐禅と教義から始まり，社会と隔絶された生活を5年ほど経ないと得度できないという厳しさもある。

アップル創業者の故スティーブ・ジョブズも道場に通った一人であった。1967年に曹洞宗の乙川弘文は俊隆に声を掛けられ，タサハラ禅マウンテン・センターやロスアルトス禅センターにて布教していた。ジョブズは乙川に師事し，毎日のように禅センターに通い，永平寺での得度も考えたという。黒い作務衣をイメージしてつくったと言われる黒いシャツをトレードマークとし，ミニマリズム（最小限主義）のマックのデザインが生まれたとも言われる。

ジョブズは「消費財の多くのデザインを見ていると見た目，非常に複雑だ。我々はもっと全体的かつ単純なものを作ろうとしているのだ」と言ったそうだが，まさに修行僧の持ち物は三衣一鉢（三種の衣と応量器という食器セット一つ），生活空間も畳一畳が与えられるだけであり，僧堂ではできる限り無駄な音や動きをしない。彼の"Journey is the reward（行程こそが報酬である）"という言葉も，目的のために修行するという手段＝目的連鎖を否定し，修証一等とする道元禅の考えに通底するところがある（石井・角田［2012］）。

さて，このようにアメリカへは日本の禅僧を通じて禅が広められることとなった。日本の禅文化とアメリカのカウンター・カルチャーには親和性があるとは言えない。しかしそうした禅的な生活を指向する人々においては，日米に拘らず中心性が高いと言えよう。

よってその教えの文化資源（価値）そのものは，日本で伝えられてきたことと変わることはなく，戦前であれば鈴木大拙が大学などを回りながら講演や出版でその価値を伝えていた。様々な禅僧が元々は日系移民のために布教することを目

▶図表10-2　アメリカにおける禅宗の展開

	鈴木大拙（1900年代）	鈴木俊隆（1960年代）	鈴木俊隆（1970年代）
ターゲット	知識人	日本人の移民の檀家	アメリカ人（ビートニクス，宗教即生活のファミリー）
価値	禅や仏教文化	修証一等。修行と証（悟り）は一つである。仏の姿は修行に現れる。	修証一等。修行と証（悟り）は一つである。仏の姿は修行に現れる。
行為	大学教育や講演の聴講	只管打坐，黙照禅	只管打坐，黙照禅
制度	*An Introduction to Zen, Manual of Zen Buddhism* など滞米10年に亘る出版活動。釈宗演の弟子同士として，鈴木が出版に専念する一方，千崎如幻の「浮遊禅堂」「東漸禅窟」や佐々木指月の「曹渓庵」などでの布教活動。	桑港寺	サンフランシスコ禅センター（SFZC）①禅心寺（タサハラ禅マウンテン・センター：修行道場）②発心寺（シティ・センター：サンフランシスコ禅センターの拠点）③蒼龍寺（グリーン・ガルチ農場：禅の実践の環境保全の有機農業）

　的としていたが，移民の世代を超えた継続性が難しくなる一方で，ビートニクス（ビート世代）のカウンター・カルチャーの中で文明主義を離れて，禅的な思考や生活を望むアメリカ人が増えてきた。

　この層をダイレクトにターゲットとしたのが鈴木俊隆である。修行といった行為自体も同様に行われているが，制度としてつくられたSFZCには農場，レストランも併設したファミリー層をターゲットとした展開もあり，日本の修行道場中心の禅寺とは趣が異なるものである。日本とは親和性が低いアメリカにおいて文化適応しつつ，一方で得度のための修行としてのタサハラの禅心寺は高度なレベルを求め，中心性を高く維持しながら，アメリカ人に対して禅宗は定着していくこととなる。W鈴木による禅宗の展開をまとめると図表10-2のようになろう。

3　マインドフルネスと禅の広がり

（1）マインドフルネスの展開とそのエビデンス

　マインドフルネスとは「私たちの頭の中に生じるさまざまな考えに心を動かされることなくそれを観察する力のこと。(中略)自分の体験に対して自覚的になり，判断を交えることなく観察し，物事に対して恐怖や不安，貪欲からではなく，明晰さと思いやりの心で反応する（デイヴィット・ゲレス［2015］）」という。さまざまな雑念に捉われてマインドがフル（いっぱい）になっているのではなく，未来の不安も過去の反省も忘れて，今あることだけに集中していることがマインドフルネスの状態である。

　ベトナム出身の禅師ティク・ナット・ハンはベトナム戦争中に僧院で修行しつつ，戦火をさまよう人々を助けた後，1966年に渡米し，プリンストン大学やコロンビア大学で教鞭をとった。彼はアメリカ各地でリトリート（瞑想合宿）を行ったが，ベトナム禅仏教の臨済宗をベースにしながらも，仏教は宗教ではなくもともと一つの生き方であったとして，人類のスピリチュアルな遺産としてのマインドフルネスはどの宗教でも実践可能であるとしている（ティク・ナット・ハン［2018］pp.251-257）。

　マインドフルネスの医学的な応用は，1970年代にマサチューセッツ大学のメディカルセンターにて，ジョン・カバットジンの開発したMBSR（Mindfulness-based stress reduction）というプログラムに始まる。禅や瞑想などの宗教色の強い言葉ではアメリカでの広がりが難しいことから，マインドフルネスという言葉が当てられた。貝谷によれば「ジョン・カバットジンが来日したとき，この新しい精神療法の基本理念を問いただすと，彼は即座に道元禅師の曹洞宗であるといった」という（貝谷［2016］）。

　2016年にマサチューセッツ総合病院・ハーバードメディカルスクールのサラ・ラザール准教授が，瞑想が大脳に与える効果として，学習や記憶を司る海馬やストレスに関わる扁桃体といった脳の5つの部位の体積を変化させるという研究成果を報告したことも大きな影響を与えた。今日，私たちは人類史上，初めて多くの情報に晒されており，ストレスを抱えながら意思決定を次々と求められている。この状況下で坐禅に由来するマインドフルネスの医学的な可能性が見えてきてお

り，メンタルを鍛える実践法として欧米社会に受け入れられ始めたのだ。

　マインドフルネスとは「煩悩からの解脱と静謐な心を求める坐禅に軌を一にしており，一瞬一瞬の呼吸や体感に意識を集中し，ただ存在することを実践し，今に生きることのトレーニングを実践」することをいう（加藤［2011］）。未来を憂い，過去を悔やむものではなく，ただ今を生きていることだけを受け入れることで，自己受容，的確な判断，およびセルフコントロールが可能となるという。

　企業での実践も始まっている。ダウ・ケミカル社では，実践とオンラインで学べる8週間のマインドフルネス・プログラムと6ヶ月のフォローアップを実施した。これにより燃え尽き症候群の社員が減少した上，食生活もファストフードから菜食傾向に変化したという。これにより生産性が潜在的に20％上がり，そのまま1年間継続された場合，参加社員の年収で換算すると一人あたり2万2,580ドル（約257万円）の人件費削減が見込めるという[7]。

　米保険大手のエトナ社は3年間で1万3,000人以上の社員がマインドフルネス・プログラムを実践し，社員一人あたりの生産性が1週間で62分向上し，一人あたり年間3,000ドル（約34万円）の人件費の削減を試算した[8]。さらに，今，海外で多くのIT系優良企業も社員研修にマインドフルネスを取り入れている。

　しかし，曹洞宗の元国際センター長の藤田一照は「マインドフルネスという考えが禅思想の入り口としてあることは良いが，それだけが効くという考えはいかがなものか」という指摘もしている。藤田は「マインドフルネスをすれば効果があるというのは，まるでビタミン剤やサプリメントを摂取するようだ。マインドフルネスが禅の入り口としては良いが，本来，禅は体験であり生活そのものであるし，もっとホーリスティック（全体的）でオーガニック（有機的）なものである」という[9]。

　マインドフルネスで行われる坐禅や呼吸法の医学的効果が出てきていることは，アメリカおよび世界での禅やマインドフルネスの広がりを裏付けることになっているが，何かの目的のために坐禅や修行があるという体系は修証一等を標榜する禅の世界観ではない[10]。

　ZEN2.0のシンポジウムのパネル・ディスカッションにて現在，花園大学総長の横田南嶺は「私は毎日おかゆと梅干しを食べている。ただ毎日繰り返すだけ。それがマインドなんとかと言われて驚いている」と会場を沸かせた[11]。さらに「人は思考だけでは生きられない。深い思いやりなど，思考以前のものが大事になっている。仏心は頭であれこれ考える前に働いているのだ」とも語っていた。

（2）マインドフルネスが流行る背景

　ハーバード大，東大で教鞭をとり，現在，スタンフォード大学にてマインドフルネスを指導するスティーヴン・マーフィ重松は ZEN2.0にて「スタンフォードの学生がダックシンドロームになっている」と報告した。ダックシンドロームとは「一見，物静かで知的に見える学生たちが，内面では水面下で足をバタつかせるカモのようにもがき苦しんでおり，孤独や将来不安を抱えている実態」をいう。アメリカの厳しいマインドフルネスの実践が必要とされているというのだ[12]。

　臨済宗建長寺派林香寺の住職であると同時に精神科医でもある川野泰周によれば，人間の脳には，初期設定として普段から低くアイドリングしているデフォルト・モード・ネットワーク（DMN），集中した時に高い能力を発揮するセントラル・エグゼクティブ・ネットワーク（CEN）がある。そしてセイリエンス・ネットワーク（SN）が外界からの知覚と内部感覚を統制し，DMN と CEN を切り替えるという。

　今日，情報過多社会となり，携帯電話や PC などで日常的に情報処理をし続ける状況で，低くアイドリングすべき DMN が日常的に過活動となっており，人間もこれによりうつ病や不安障害などを引き起こすという。この DMN で脳の6割のエネルギーを消費している。一方，CEN は本来人間が集中した時に活動する脳だが，このように集中した状態は人の幸福度を高める。時を忘れて何かに集中した状態が CEN の活動状態である。

　この無心の集中状態に対して，今日の人々は DMN が動いてあれやこれやと考えている「マインド・ワンダリング」の状態にあり，この状態では幸福度が高まらない。この状態を低くコントロールするのがマインドフルネスであり，SN が雑多な情報から最適なものを抽出してくれることで，脳が整理され，雑念がなくなる。SN を鍛えることで，ハイパフォーマンスな CEN に切り替え，効率的に働くことができるようになるという（川野［2017］）。

　2019年の ZEN2.0の「アメリカにおけるマインドフルネスブームの光と影」において，池埜聡はアメリカでの小学校でもマインドフルネスが授業に取り入れられている事例を報告した。生徒の集中力の欠如や不安や孤立の状況に対して効果を挙げているという。さらには企業のみならず軍隊においても軍人の強いストレスや退役軍人の PTSD に効果をもたらす療法として取り入れられていること

▶図表10－3　マインドフルネスの応用的展開

	ジョン・カバットジン他	アミシ・ジャー他	ジョン・カバットジン，スティーヴン・マーフィ重松他
ターゲット	ガン・慢性疼痛・心臓病・線維筋痛症患者	企業人・軍人	小中学生〜大学生
価値	痛みの緩和・ストレス低減	強いストレスやPTSD，道徳的・倫理的恐怖への対応	生徒の不安・トラウマ・集中力不足，孤立への対応 教師のストレス，燃え尽き症候群，メンタルヘルスへの対応
行為	8週間のMBSR（Mindfulness-based stress reduction）。心的過程を客観化し，穏やかにただ観察する。	価値判断を持ち込まずに，今の瞬間に気づくプログラム「精神的武装化」	授業にニューロ・サイエンスに基づいたマインドフルネス・プログラムを取り入れる。
制度	マサチューセッツ大学のメディカルセンター他	企業（グーグル，ダウケミカル・エトナ）・軍隊（マイアミ大学，アメリカ陸軍医療リサーチ及び物資司令部）	各6－8週間のオンラインでのマインドフルネス講座，教育機関（スタンフォード大学・ハートフルネス）での展開

も報告された。

　仏教学者が懸念したように，本来，坐禅が修行として禅的な生活や体験の中で位置付けられるものに対し，マインドフルネスが療法として切り取られ，様々な生活文脈や目的で用いられていることの功罪が問われることとなっている。しかし坐禅も中世の武士に重用された歴史を考えると，これを一方的に批判することはできないのではなかろうか（図表10－3参照）。

（3）神経伝達物質と消費社会

　駒澤大学禅ブランディング事業では，東邦大学医学部の有田秀穂と駒澤大学仏教学部の角田泰隆の対談が行われた（有田・角田［2019］）。有田は坐禅の呼吸法と神経伝達物質の関係性に注目した研究者であるが，坐禅による深い呼吸によってセロトニンが分泌されることを発見した。物事に動じないなど強い気持ちをつくるのはセロトニンの影響があるという。

▶図表10－4　マインドフルネス等の坐禅の科学的説明

	サラ・ラザール	熊野宏昭，川野泰周他	有田秀穂
エビデンス	瞑想が大脳に与える効果（学習や記憶を司る海馬やストレスに関わる扁桃体といった脳の5つの部位の体積を変化させる）	安静状態のデフォルト・モード・ネットワーク（DMN），集中した時に高い能力を発揮するセントラル・エグゼクティブ・ネットワーク（CEN），刺激を識別するセイリエンス・ネットワーク（SN）がある。SNが外界からの知覚と内部感覚と統制し，DMNとCENを切り替える。	坐禅によってセロトニンが分泌される。セロトニンは，感情や気分のコントロールを司るときに発揮される（ノルアドレナリンや，意欲，運動，快楽に関係するドーパミンを抑える）。

　セロトニンは，感情や気分のコントロールを司るもので，これが不足すると睡眠障害やストレス障害の原因となる。集中するときに発揮されるノルアドレナリンや，意欲，運動，快楽に関係するドーパミンを抑えるのもセロトニンの役割である。

　20世紀の消費欲望を喚起せる大量消費社会がドーパミンやノルアドレナリンの世界であったとするならば，これを抑制しながらサステナビリティに向けた循環型社会はセロトニン的な社会とも言えるのかもしれない。神経伝達物質というミクロの問題がマクロな消費社会のあり方とも繋がっているともいえよう。

　いずれにせよ情報社会は我々の身心の許容度を超えた刺激をもたらしている。これに耐性のある身心をつくるために，人類が長く寄り添ってきた坐禅という方法がマインドフルネスという科学的なエビデンスを持って証明されてきている（図表10－4参照）。これをどのような形で受け入れるべきか。行為としては同様の坐禅であるが，その背景となる価値（考え方）や制度の枠組みは大きく異なっているのが現状である。

4　日本における逆輸入禅

　これが公民権運動や反ベトナム戦争を掲げた学生運動の時代に，日本の禅僧らによってアメリカに広められた禅（ZEN）が今，アメリカで科学的実証性をもって，新しいビジネス界で戦い続ける人々に新しい形で浸透している。

　カウンター・カルチャーの拠り所の思想的背景として禅（ZEN）は，単なるファッションでは終わらずに新たな形で位置づけられた。事実，ヒッピー文化としてはファッションで終わったが，坐禅をベースとしたマインドフルネスは医学の中で研究されていったし，そのミニマリズムの思想はアートやデザインとして作品や製品として浸潤していったのである。

　そうして東洋で生まれた思想は日本からアメリカに渡ったことにより，科学的な検証を経た医療行為や，独特の食文化やアートとして一般化され，現在，日本のビジネス・パーソンに逆輸入されることとなっている。ZEN2.0や Mindfulness City Kamakura などのコンセプトの元にマインドフルネスのイベントやセミナーが多く開かれている。さらに，2011年から始まった寺社フェス向源では「テクノ法要」「袈裟コレクション」「お坊さんと話そう」などが開催され，これまでの禅寺の発想からはとても許容できないであろう，緩やかなプログラムも散見される。

　日本の独自文化としての禅文化は多くの日本人が否定をしないであろうが一般の生活者に広まるものでもなく，地方の寺院経営では人口減少の中で持続が難しい事例も多く出てきている。

　新たなライフスタイルに直結するものとして，坐禅やマインドフルネスが今日のビジネス・パーソンに浸透してきているのは，アメリカを経由し，科学的エビデンスや ICT などの最先端の優良企業がこれらを積極的に取り入れた研修を始めていることが大きいだろう。

　禅を日本の固有の文化として日本の一般の若者も認識しているのではあろうが，その中心性も親和性は必ずしも高くない。その裏付けとして西洋文化やアメリカ社会を経由したことで広がりを見せたというのは，まさに日本における逆輸入というマーケティングの一手法として認識すべきであろう。

　宗教の普及は本来，「文化自体のマーケティング」であるはずだが，そこにアメリカにおける脳科学等のエビデンスによって機能的結果をつなげた「文化付与のマーケティング」に変化して逆輸入されている。宗教という情緒的価値（価値合理的行為）の一部を，科学的実証性による機能的価値（目的合理的行為）へと展開したのである。具体的には，マインドフルネスのアメリカでの展開に当たっては，ZEN では宗教的に受け容れられない人もいるので，マインドフルネスというネーミングによる現地適応を図り，科学者が異文化ゲートキーパーとなって，科学的見地からマインドフルネスの効用を伝え，大企業がこれを採用することで一定の広まりをみせた。こうした成果がベースとなって，今日，日本においても

マインドフルネス，さらには禅宗や仏教の再認識が起きているのである[13]。

おわりに

　栄西や道元によって伝来された禅は，少林寺で厳しい修行を経た達磨を始祖とし，それまでの華美な世界ではない質実剛健を求める新興勢力である武士をターゲットとして広まることとなった。道元は，禅の修行としての考え方を『普勧坐禅儀』や『正法眼蔵』に著し，その教団の戒律は『永平清規』として後世に纏められた。その中では生活そのものが修行であり，生命の維持に最も重要な料理の作り方や食べ方に至るまで修行と見なし，料理担当の典座の役割などを『典座教訓』に，食事作法などを『赴粥飯法』に著した。

　禅思想は，明治以降，釈宗演やW鈴木らによってアメリカに伝播され，ビートニクスという反体制のカウンターカルチャーのアメリカ人に広まることとなった。日本とアメリカにおいて宗教の親和性は低いものの，アメリカの修行僧は大変真面目に取り組んでおり，中心性はともに高いといえよう。

　ジョン・カバットジンは坐禅をマインドフルネスとして医療行為に組み入れ，医療機関のみならず教育機関，企業，軍隊にても利用されるようになり，メンタルヘルスに役立っている。宗教という文化自体のマーケティングから，科学者が異文化ゲートキーパーとなることで，マインドフルネスは文化付与のマーケティングとして展開されることとなった。

　坐禅の実践での効用が科学的に証明されることで，禅やマインドフルネスを傾聴する姿勢が現代の経営者やビジネス・パーソンに広まっている事実がある一方，禅やそこから始まる日本文化や思想の本来のあり方は，持続的な日々の営みにこそ，その本質があるともいえ，文化と科学が新たな関係性を持ち始めている。マインドフルネスがきっかけとなり，禅思想や日本文化自体の理解へと繋がるようなマーケティング戦略の展開可能性が出てきているともいえよう。

〔謝辞〕本章は，駒澤大学の「平成28年度文部科学省私立大学研究ブランディング事業採択『禅と心』研究の学際的国際的拠点づくりとブランド化事業」の研究助成を受けたものであり，仏教学部の角田泰隆教授・飯塚大展教授をはじめとした多様な専門の先生方と意見交換をさせて頂いたことは大変に刺激となった。改めて謝辞を申し上げるとともに，内容の理解不足や誤認識があればそれは筆者個人の責任である。

〔注〕

1）達磨・慧可を禅宗の始祖とすることは史実として明確にはなっておらず，これを超越的に扱うことへの批判もある（伊吹［2001］p.10）。また，慧可断臂（慧可が達磨に参禅を請うたが許されず，左腕を自ら落として決意を示すことで許しを得た）に象徴されるように，禅に価値を見出したのが達磨であったとしても，これに教えを請うたことが禅宗の始まりとされるのであるから，本章では文化は一人で悟った状態を指すのではなく，第三者に伝えようとすることから始まるものと仮定する。

2）鎌倉期はそれまでの天台宗や真言宗だけではなく，一挙に多様な宗派が輸入され，様々なターゲットやアプローチを展開することによって人口に膾炙されていくこととなる。公家や武家に受容された禅宗に対して，日蓮宗は商売人や女性をターゲットとして「南無妙法蓮華経」の題目を唱えることで救われるとし，浄土宗・浄土真宗は，農民をターゲットとして「南無阿弥陀仏」の念仏を唱えることで浄土へ救済されることとした。時宗を広めた一遍は寺を構えずに全国を行脚し，「踊り念仏」という独自のアプローチによって庶民に広く広まることとなった。「天台は宮家，真言は公卿，禅は武士，浄土は平民」という言葉もある。

3）曹洞宗では釈迦を本尊，道元を高祖，4代目の瑩山を太祖とし，一仏両祖として尊崇している。現在，約15,000ヶ寺を抱え，東本願寺と西本願寺を合わせた浄土真宗に次ぐ規模の仏教宗派となっているが，これは總持寺を開いた瑩山が多くの後進を育てた功績が大きい。

4）『典座教訓』には，調理の心構えと具体的内容を記しているが，三心の重要性も説いた。「喜心（きしん）」とは作る喜び，もてなす喜び，そして仏道修行の喜びを忘れないこころ。「老心（ろうしん）」とは相手の立場を想って懇切丁寧に作る老婆親切のこころ。「大心（だいしん）」とはとらわれやかたよりを捨て，深く大きな態度で作るこころを言う。また『禅苑清規』より，「苦い，酸い，甘い，辛い，塩からい，淡い」の六味がほどよく調っていることが大切だとした（道元［1991］p.31）。今なお味をつけずに素材を活かすというのが精進料理の根本にあるとされる。

5）大拙は「因縁」「法」といった英訳の難しさを金沢県立専門学校の学友であった西田幾太郎に訴え，『梵語辞書』などを送るように手紙を書いている。西田は大拙の10年に及ぶ滞米中の相談事について書簡を交わすことで友情を深め，大拙が帰国する際には外交官や大学講師などの仕事の斡旋を手伝った（中島［2018］p.182-184）。後に西田は哲学者となり，京都学派の創始者となった。

6）アメリカでの禅宗の展開に貢献した，鈴木大拙と鈴木俊隆はW鈴木と言われ

る。本章では大拙と俊隆として表記する。

7）Aikens Kimberly［2015］"Mindfulness Goes to Work", https://www.td.org/
Publications/Blogs/Learning-Executive-Blog/2015/04/Mindfulness-Goes-to-
Work. 実験プログラムの詳細は，Aikens Kimberly, Astin John, Baase Catherine,
et.al［2014］"Mindfulness Goes to Work: Impact of an Online Workplace Inter-
vention", *Journal of Occupation and Environmental Medicine, Vol. 56 Issue 7.*

8）Mark T. Bertolini［2014］"The journey of personal and organizational well-
ness", https://news.aetna.com/2014/09/journey-personal-organizational-
wellness/

9）2017年のZen2.0でのシンポジウムでの発言。

10）川上によれば，アメリカにおけるマインドフルネスの興隆は，日本の禅よりダ
ライ・ラマによるチベット仏教の影響が大きいという。ただし日本の禅が内面的
要素を議論してきたため，方法論としては有効だという。また，川上は坐禅を行
う目的は持ってもいいが，坐禅の間は目的を忘れるように指導しているという
（川上［2016］p.72，p.111）。

11）2017年のZen2.0でのシンポジウムでの発言。

12）2017年及び2019年のZen2.0でのシンポジウムでの発言。2019年の「アメリカ
におけるマインドフルネスブームの光と影」のセッションにて，重松はマインド
フルネスを超えたハートフルネスを提唱している。個人の瞑想のみならず，サン
ガ（瞑想をする仲間）の役割として小グループで安心することや，他人への信頼
の重要性を説いた。

13）金沢の鈴木大拙館には20歳代後半から30歳代の若者やカップルが多く訪れて
おり，ZEN2.0の300名ほどの集まりにも30－40歳代の方がかなりの数を占めてい
る。

〔参考文献〕

阿部理恵［1996］『禅の寺―臨済宗・黄檗宗・十五本山と開山禅師―』，禅文化研究
所。

アルボムッレ・スマナサーラ・有田秀穂［2012］『仏教と脳科学―うつ病治療・セ
ロトニンから呼吸法・坐禅，瞑想・解脱まで―』，サンガ。

有田秀穂・玄侑宗久［2005］『禅と脳―「禅的生活」が脳と身体にいい理由―』，大
和書房。

有田秀穂・角田泰隆［2019］*ZEN, KOMAZAWA, BREATHING*, https://zen-
branding.komazawa-u.ac.jp/contents/1050/。

有馬頼底・真野響子［2006］『禅の心茶の心』，朝日新聞社。

石井清純・角田泰隆［2012］『禅と林檎―スティーブ・ジョブズという生き方―』，宮帯出版社。

石井清純［2016］『構築された仏教思想―道元 仏であるがゆえに坐す―』，佼成出版社。

伊吹敦［2001］『禅の歴史』，法藏館。

岩本明美［2010］「アメリカ禅の誕生―ローリー大道老師のマウンテン禅院―」『東アジア文化交渉研究』。

ウォルター・アイザックソン，井口耕二訳［2011］『スティーブ・ジョブズ』，講談社（Walter Issacson［2011］*Steve Jobs-The Exclusive Biography*, Little, Brown Book Group）。

栄西（古田紹欽全訳注）［1994］『栄西―興禅護国論・喫茶養生記―』，講談社。

―――［2000］『喫茶養生記』，講談社学術文庫。

尾崎正善［2010］『私たちの行持　宗門儀礼を考える』，曹洞宗宗務庁。

貝谷久宣他編著［2016］『マインドフルネス―基礎と実践―』，日本評論社。

加藤敏他編［2011］『現代精神医学事典』，弘文堂。

川上全龍［2016］『世界中のトップエリートが集う禅の教室』，角川書店。

川野泰周［2017］『脳がクリアになるマインドフルネス仕事術』，クロスメディア・パブリッシング（インプレス）。

熊野宏昭他［2016］「マインドフルネス瞑想の構成要素としての注意訓練による脳内変化」貝谷久宣他編著『マインドフルネス―基礎と実践―』，日本評論社。

ケイレブ・メルビー［2012］『ゼン・オブ・スティーブ・ジョブズ』，集英社インターナショナル（Caleb Melby［2012］*THE ZEN of STEVE JOBS*, Forbes LLC.）。

斎藤夏来［2018］『五山僧がつなぐ列島史―足利政権期の宗教と政治―』，名古屋大学出版会。

佐藤俊明［1986］『修証義に学ぶ』，現代教養文庫。

澤木興道［2010］『永平広録を読む』，大法輪閣。

鈴木俊隆（松永太郎訳）［2012］『禅マインド ビギナーズ・マインド』，サンガ出版。

鈴木大拙［1997］『東洋的な見方』，岩波書店。

―――（北川桃雄訳）［2005］『対訳 禅と日本文化』，講談社インターナショナル（Daisetsu Suzuki［1938］*Zen and Japanese Culture*, The Eastern Buddhist Society）。

鈴木敏夫［2018］『禅とジブリ』，淡交社。

多賀宗隼［1965］『栄西』，吉川弘文館。

竹内道雄（尾崎正善編）[2015]『總持寺の歴史〈増補新版〉』，吉川弘文館。

多田稔 [1990]『仏教東漸―太平洋を渡った仏教―』，禅文化研究所。

為末大・南直哉 [2013]『禅とハードル』，サンガ出版。

ティク・ナット・ハン著（馬籠久美子訳）[2018]『ティク・ナット・ハンの般若心経』，野草社（Thich Nhat Hanh [2002] [2017] *The Other Shore: A New Translation of the Herat Sutra with Commentaries*, Unified Buddhist Church, Inc.）。

デイヴィット・ゲレス（岩下慶一訳）[2015]『マインドフル・ワーク』，NHK出版。

道元（中村璋八・石川力山他訳）[1991]『典座教訓・赴粥飯法』，講談社。

道元（ひろさちや編訳）[2013]『新訳正法眼蔵』，PHP研究所。

中島美千代 [2018]『釈宗演と明治―ZEN初めて海を渡る―』，ぷねうま舎。

ハーバード・ビジネス・レビュー編集部 [2019]『マインドフルネス』，ダイヤモンド社（Harvard Business Review [2017] *MINDFULNESS HBR Emotional Intelligence Series*, Harvard Business Review Press）。

原田正俊 [1998]『日本中世の禅宗と社会』，吉川弘文館。

廣瀬良弘 [1988]『禅宗地方展開史の研究』，吉川弘文館。

桝野俊明 [2008]『禅と禅芸術としての庭』，毎日新聞社。

芳澤元 [2017]『日本中世社会と禅林文芸』，吉川弘文館。

ローレンス・シャインバーグ著（山村宜子訳）[2010]『矛盾だらけの禅―悟りを求めるアメリカ人作家の冒険』，清流出版（Lawrence Shainberg [1995] *AMBIVALENT ZEN*, Pantheon Books）。

Aikens Kimberly [2015] "Mindfulness Goes to Work", https://www.td.org/Publications/Blogs/Learning-Executive-Blog/2015/04/Mindfulness-Goes-to-Work.

Aikens Kimberly, Astin John, Baase Catherine, et. al [2014] "Mindfulness Goes to Work: Impact of an Online Workplace Intervention", *Journal of Occupation and Environmental Medicine*, Vol. 56 Issue 7.

Mark T. Bertolini [2014] "The journey of personal and organizational wellness", https://news.aetna.com/2014/09/journey-personal-organizational-wellness/

第 | 11 | 章

国家のCCM：
韓流現象から見る国家競争力向上のための文化政策

はじめに

　韓流は1990年代後半からアジア地域で，韓国の歌謡，ドラマ，映画などの大衆文化が流通しながら反響を催した「文化現象」で，最近ではその領域が「全世界的」に拡張するに伴って韓国文化の潮流を総称する概念として使われている。韓流という用語は，1999年に『北京青年報』という中国のマスコミで中国青年が，韓国の流行歌やファッションなどに魅かれている現象を，最初に韓流と表記しながら始まったという。現在の日本や欧米の一部若者が，韓国の芸能人と大衆的文化トレンドを好んで追従しながら真似ようとする，社会文化的現象の嚆矢といえよう。韓国のマスコミでは，2000年に歌手グループ H.O.T の中国公演をきっかけに，本格的に使用された。元々はシベリアで吹きつける寒風を称える言葉の「寒流」の，同音異義語である韓流としての新造語である。

　これ以降韓流は，日本，香港，台湾，ベトナム，タイ，インドネシアなど全アジア地域で拡がり，2000年以後は大衆文化コンテンツに留まらず，韓国の家電製品，化粧品，キムチ等の食品など韓国関連製品の選好現象としても現われるようになったが，大衆文化コンテンツが狭義であるなら，広義の意味で，このようなすべての現象，多様な形式の文化産物を示して韓流ともいう。

　韓流は一時の流行として消えるという予想と憂慮があったが，諸国の警戒から抜け出し世界全地域を跨ぐ世界的現象として発展，定着している。全世界の政策決定者と文化実践家，メディア学者そして誰よりも数多くの大衆文化ファンが韓国の文化に興味を抱き，辺境に留まっていた小国である韓国がつくり出したロー

カル文化がグローバルな人気を得ている理由を把握しようと努力している。本章
では韓流を，超国家的な文化現象としてだけで認識することや，単に文化的なも
の，または全世界のファンによって規定されているという理解だけではなく，文
化的領域を超えて明白な野心によって推進される国家制度的政策であるという観
点を中心に考察することで，国家版ともいうべきCCMの研究に貢献しようとす
るものとする。

　国家的に推進される政策としての韓流は，韓国の国家的利益のために総合的に
企画されたるものとして，主に韓国基盤の少数企業と主流メディア，国家官僚，
専門コンサルタントによって主導される（Choi［2015］）。本章では，国家として
の「文化」を競争力とするマーケティングの可能性を探求するため，まずは，国
家のCCMに関係する理論的背景と歴史的経緯について述べようとする。

1　国家のCCMにおける国際環境と理論的背景

（1）国家のCCMにおける国際環境

　国家戦略とは，国家が所与の環境で自国の可用資源を効果的に活用し，国家の
利益と目標を実現するのに必要な中長期的な行動原則と理念及び手段を意味する。
21世紀の国家戦略は大変重要であり，ここには文化力も重要な役割を果たすもの
と展望する。国家の利益と目標とは，国家の自己保存，国家の繁栄と発展，国威
宣揚，国民が重視する価値の保存及び伸長などを追求し守護しようとすることを
意味する。特定の国家の国力（National Power）を示す際に，軍事的帝国主義時
代には国防力が，経済的帝国主義の時代には経済力が重要な要因であった。文化
帝国主義時代には文化力が重要な要因といえる国際環境が到来したともいえる。
　国際政治学では，一般的に国力を人口，天然資源，軍事力，経済力，国民の士
気，政府の指導力，外交技術などの諸構成要素における総合的パワーとして定義
する。国際政治理論の主流を形成してきた現実主義理論は，国力を「一国が相手
国に対して影響力を行使するパワー」として規定している。ここでの軍事力や経
済力などは「ハードパワー」という。そして，「ソフトパワー」とは国力を構成
するハードパワーに対応する概念であり，「相手方を魅了し，相手方が自発的に
心を変化させて望まれる方向へ向けさせる能力」であると，国際政治学者のNye
［2004a］は主張した。ソフトパワーは，ハードパワーと異なり，国家的イシュー

を解決する短期的で可視的な力量を表現しているというよりは，国民個々人，分野の専門性，多元化された社会の各要素のパワーを互いに融合させ，国家的なパワーを強固にする側面を強調している（Nye［2004b］）。21世紀知識情報社会では「ソフトパワーが主導する時代」が展望されており，世界各国はソフトパワーを国家競争力の強化戦略として活用している（青木［2008］）。

　21世紀における韓国の文化力は国家発展の根幹である。韓国は強大国に比肩しうるハードパワーは無くても，文化力を通じて足りないパワーを補うことはできる。文化力と関係して歴史文明学者であり，フランス総理室の文化政策ブレインであったSorman［2013］は，文化革新を通じての観光，創造産業を成長させる戦略を推進することで，目標値水準の成長が可能になることを主張している。またNye［2008］は，文化競争力が国家競争力と国家発展を決定させる主要変数であり，知識分野を多く所有した国家がソフトパワーの観点で強大国になるであろうと予測した。結局，文化はその国家と国民が持っている魅力であり，それが即ち，国家の「ブランドパワー」になるのである（Nye［2009］）。韓流政策とそれに伴う韓流拡散が国家版のCCMであることを示すために，以降においては国家版のCCMを行うべき根拠としての理論的背景を述べようとする。

（2）文化競争力と文化コンテンツ

　文化競争力を向上させることとは，国家の文化コンテンツ創出を豊かにすることであり，映画，ドラマ，音楽のような文化コンテンツの質と量の充実こそソフトパワー強化の証である。特定国家の文化コンテンツは，国家が持っていた既存の肯定的イメージを強化するか，否定的イメージを払拭することができる変数として活用することができ，文化コンテンツに接する人の心の中で特定国家に対する理解体系としての文化とイメージが形成され，強力なブランドを形成する要因になる（Anholt［2003］）。

　文化コンテンツは，その文化を基盤として国家ブランドイメージを創出し，影響力の強い手段になりうる。従って，文化コンテンツとの接触は，当該文化に対するブランドイメージとともに，その文化を消費するようになる構造も形成する故に（Markman［2005］），特定国家の文化コンテンツ利用はその国家のブランドや製品に対しても肯定的な態度と購買意図を増加するのに大きい影響を及ぼすことができる。

　このように国家ブランドイメージを向上させることにおいて，韓流のような文化コンテンツは重要な要因として作用するということで，文化コンテンツ創出にかかわる文化産業への支援は国家競争力向上の核心的活動になる。そして，文化産業への支援という国家活動は，市場での文化コンテンツという文化的価値自体の販売を支援するということに他ならず，国家のCCM実施内容の中でも本書第3章で述べられている「文化自体のマーケティング」といえよう。同時に国家は，国家ブランドイメージを強化する主な目的を，自国産業と企業のイメージを良くし自国産製品の販売促進と高付加価値化を間接的に助けることにも置いている（Dinnie［2008］）。即ち，国家は市場での自国企業の機能的価値の販売における文化的価値の影響を考慮して，CCM実施における「文化付与のマーケティング」（堀越，本書第3章）にも主眼を置いているのである。

　このような国家における活動は，企業が自社の製品販売強化を行うための，消費者を対象として実施するマーケティングコミュニケーション活動と類似した形態として示される。マーケティングコミュニケーション活動の主な目的の1つがイメージを強化することであるのだが，これは消費者の購買行動と密接な関係がある。現代社会の消費者は製品の性能，品質，価格などのような有形的価値（堀越，本書第3章でいう機能的価値）だけでなく，イメージがもたらす便益のような無形的なもの（堀越，本書第3章でいう情緒的価値）をより重要と考える傾向にあるためともいえる。

　消費者が考えている当該企業と製品のブランドイメージと関連した事項を総合して管理するのがブランドイメージ管理であり，国家ブランドイメージの管理は自国の消費者だけでなく，他国の消費者が当該国家の政治，経済，文化，製品，歴史等々に対して考えているイメージをも総合的に管理することである。文化コンテンツや国家ブランドイメージのようなソフトパワーは，過去に当該国家の人口数，経済力など物理的パワーを象徴するハードパワーに比べてより重要視されているというNye［2004a］の主張の通り，重要な要素となるのである。

　国家ブランドイメージを改善するのには長い時間がかかり，可視的成果が短期間に示されるのは難しいことである。その理由は，企業ブランドは管理者による統制可能領域は大きいが，国家ブランドイメージの場合，統制可能領域が少なく，複雑であるだけでなく，企業イメージと類似した特徴をもっているにもかかわらず，その形成過程や構造は異なる特性を示しているためである。このような難しさにもかかわらず，国家ブランドイメージを高めれば，その便益は，Temporal

［2006］や Szondi［2007］の主張の通り大きいものになるであろう。Temporal［2006］は，国家ブランドイメージが改善されれば，観光客誘致，内部投資活性化，輸出増大という目標の達成がより容易になり，また自国民の自信感，矜持，調和，内部結束を向上させることで通貨安定，国際信用の等級向上，政治影響力向上，国際パートナーシップ強化，国力伸長につながると主張している。同様にSzondi［2007］は，国内外での経済的，商業的，政治的利益が増進されると主張しているのである。

（3）国家イメージと原産地効果

　一方，国家イメージと自国企業の商業的利益に関連してのマーケティング論からの説明として有力なものとしては，原産地効果に関する諸研究がある。マーケティング論からの国家イメージに対する研究は，1930年代に「原産国」という意味の概念から始まった。国家イメージに対するマーケティング学者の定義を見ると，Nagashima［1977］は特定国家商品に対して企業あるいは消費者が付与する固定観念や名声であると定義した。Schiffman［1978］は消費者が情報信号で製品を評価して購買を決定する過程で，消費者が製品に対する内在的経験や情報が十分でない場合に，国家イメージは，購買決定に重要な要素にならざるをえず，情報源泉の重要な役目を担うことになると主張する。同様に，Schooler［1965］は，製品の品質を決定する際に，製品の外形や価格よりは，どの国家で該当製品を作ったかという国家情報によって評価が変わると考察していた。さらに，Bilkey & Nes［1982］は，国家イメージが，特定の国家で製造された製品の品質に関する観点から眺めることができると主張し，国家イメージを原産地効果と同じ概念として見ている。

　Schooler［1965］，Roth & Romeo［1992］は特定国家のイメージが良いほど，その国家で生産された製品に対する消費者の評価は高いと提示した。Bilkey & Nes［1982］，Hong & Wyer［1989］，Han［1989］等によれば国家イメージは，国際マーケティング分野では特定国家で生産された製品に対する一般的な「知覚」として定義されてさえいるのである。

　これらの研究からの示唆としては，韓流が韓国の国家イメージ向上に肯定的影響を与え，また韓国産製品に対する原産地効果に影響を及ぼすということが理論的に考えられるということであり，総括的に例えると下記のように韓流の効果を

命題として示すことができよう。それはまず，韓流の直接的効果として文化産業（製品）の販売・輸出にある。即ち，多様な映画，ドラマ，K-popなどの文化産業から創出される文化コンテンツそのものが海外に輸出され，直接的に高付加価値を新たにつくり出し，国内コンテンツ産業発展に寄与することになる。これらに影響を受ける各国の消費者は，文化コンテンツでのライフスタイル，ファッション，ビューティ（化粧品），趣味等を模倣するようになることで，関連産業が活性化され，また韓国を尋ねる観光客が増加し，観光と衣類等の派生製品やサービスも売上が増加する。また，映画とドラマ等の大衆文化を通じて，家電製品，生活用品を購買する段階にまで至り，さらには，韓国語（ハングル文字），文学，歴史，伝統文化，芸術，食べ物等に対する韓国全般の関心が高められるようになるということである。

2　韓流政策の胎動と展開

（1）韓流政策の胎動

　なぜ韓国が国際的な成功のために大衆文化に集中しているか，素朴に疑問を持つ人がいるだろう。アメリカに自国の大衆文化を販売しようと本気で試みた国はなく（日本でさえも本格的に試みたことはない），グローバルに「製品」と「文化」の「両方」を販売している国家は歴史上，アメリカ，フランス，ドイツ，イギリス，日本等の僅かな先進国しかない中，韓国のような新興国が急速に達成した韓流の事例は，今後において国家のCCMを試みる関係者としても示唆に富むものである。

　1997年のアジア金融危機（IMF経済危機）が生じなかったら韓流も存在しなかったであろう。経済危機によって韓国の国家イメージは大きな打撃を受けた。韓国政府はこの危機を脱し，国家のブランドイメージを刷新するために，その第1歩としてPR会社を通じ大々的な国家ブランドの広報を行った。韓国大統領がPR会社に直接支援を要請した逸話が残っている（Hong［2014］）。PRメッセージのファーストターゲットは，債務危機の混乱に瀕した韓国を注視している潜在顧客としての海外投資家であった。内容は，「危機」という部分を正確に直視しながら，韓国は歴史的に周辺強国の侵略や数々の国難に耐えて健在していることを強調し，コアなメッセージとして，「韓国：予定通り継続営業中（Korea：On course and open for business）」というものであった。危機に瀕すれば人の能力は最高潮に発揮されるという信念をテーマにして，解雇された韓国の勤労者が新しい技術を学び，自分の生き方を改革したというコンテンツのストーリーであった。

　韓国は危機をチャンスに転化させ，いくつかの歴史上意味のある重大な判断を下した。現在では韓国の主要産業である情報通信技術（IT）と，「大衆文化」である歌謡，ドラマ，映画，ゲームなどの産業は，危機から脱するためのチャンスであり，リスクを懸けた冒険的試みの分野であった。韓国は，その時すでに成功が有力視された産業分野の携帯電話や半導体のような製品に，政策の資源を一層集中して慣性通りに安全運営を行うこともありえた。それにも拘わらず何故，消費者ニーズの激しい分野の文化コンテンツ産業に重点を置いた政策の変化を試みたのであろうか。

　一見無謀といえるこのような計画は，金大中大統領の独創的発想と決断からであった。いずれにしても確認できるのは，彼が韓流の英雄と称してもよいほどの「仕掛け人」であり「舵取り役」であったという事実である（向［2015］）。それまで旧来型産業中心の財閥企業に多くを依存していた韓国としては，これ以上人件費が急騰した製造業にだけ集中することはできなかった。金大中大統領は振興政策の集中分野として，まずは IT に定めた。この分野は未来の市場の可能性も高く参入障壁も低かった。必要な経営資源は，コンピュータプログラマー等の人材とインフラとしての高速インターネットであった。さらに大統領は，「大衆文化」を攻略分野として定めた。金大統領はアメリカとイギリスが各々の映画とミュージカルで膨大な収益を上げている事実に驚嘆し，しばしば，演説でも文化産業育成の正当性の例として，この事実を引用した。韓国は大衆文化産業を振興させるために二つの国をベンチマーキングし，既存の伝統文化や純粋文化芸術領域を産業経済と融合させる文化産業を強調した。これによって文化産業が，文化政策の中心領域として位置付けされたのである。

　大衆文化の創出には大規模な装置投資は最初には必要とされず，まずは，国家の CCM のための政策的仕組みを金大中政権が始動させ，盧武鉉政権が継続支援するかたちになり，この時期が韓流政策の胎動期（1998-2007年）といえよう。

　韓国政府が国際文化交流促進のために1999年制定した「文化産業振興法」は，外国との共同制作放送とインターネットを通じて韓国大衆文化を広報すること，そして国内で生産された文化商品の外国市場進出を支援する内容が盛り込まれて

いる（文化観光部 [2000]）。政府はこの法を通じて自国の大衆文化を紹介しながらアジア主要都市で多様なイベントを進めたのである。そして，2001年には韓国文化コンテンツ振興院を創立させ，アニメーション，出版，漫画，音楽，ゲーム分野の優秀コンテンツと応用技術開発，マーケティング支援，政策開発，人材育成等の文化コンテンツ産業を総合支援する役割を遂行した。

　続いての盧武鉉政府では，アジア文化産業交流財団を発足させ，韓流の情報交換，文化産業関連企業の現地進出支援等を遂行させた（現在の名称は2018年に国際文化交流振興院として名称変更）。また，世界五大文化産業強国実現のための政府文化産業政策ビジョンを2003年に発表し，そのための，国際レベルの文化産業市場の育成，文化産業流通構造の革新，著作権産業活性化の基盤構築，韓流のグローバル化を通じた国家ブランドパワー強化を，4大革新課題として提示した（青瓦台報道資料 [2003]）。

（2）韓流政策の展開とその体系

　韓国の文化政策は2008年以降進化していく。盧武鉉政府との違いとして，李明博政府はデジタルテクノロジーと結合したコンテンツの重要性を強調しながら，文化産業の輸出を促進できる新しい政策を推進した。文化産業部門に対する政府予算の増大，政府関連省庁間の統合，そして海外輸出のための文化商品としてのゲームと K-POP の重要性を強調する創意コンテンツ産業概念の導入等が，韓流発展のために提示した主要政策である（国政広報処 [2013]）。

　李明博政府はコンテンツ産業を国家の戦略産業として育成するために2010年「コンテンツ産業振興法」を制定し，2013年まで前例のない1億6,000万ドルの投資を決定した。この基金の主要政策アジェンダの中のひとつが K-POP であった。さらには，2010年から外交政策の新しいフレームとして，双方の外交関係を記念する文化イベント開催，双方向的文化交流に対する支援，韓流の拡張を促すような文化的外交を推進するようになった。2008年文化観光部の年間報告会で李明博大統領は，"我々が目標とする先進国は文化国家であります。文化コンテンツ産業は成長エンジンとして将来，核心的産業分野になるでしょう"と言及し，文化政策を通じての大衆文化のマーケティングを推進したのである（文化観光部 [2008]）。

　予算と外交以外にも文化部門での積極的介入に政策的方向が変化したことは，

二つの主要戦略を土台とする決定であった。まず，政府が2008年に設立した文化体育観光部（韓国の部は，日本の政府の省に該当）の存在をあげることができる。既存の政府における文化観光部と情報通信部を統合して新設した文化体育観光部は，文化産業における核心的変化であった。李政府がこのように行政府を新しく配置しながら追求したものは，文化観光部所管の大衆文化と情報通信部所管のデジタルコンテンツ間の機能的シナジー効果の向上であった（Lee［2009］）。韓国政府は，情報及び文化産業部門を融合したことになるが，それは，このような融合を通じて２つの産業部門をコンテンツ産業の脈絡で効率的に支援できると判断したからである。

　李政府の文化政策は，文化産業部門に対する政府の強力な介入として示される。この点で，韓国政府は2009年に既存の韓国文化コンテンツ振興院，㈶韓国放送映像産業振興院，㈶韓国ゲーム産業振興院，㈶文化コンテンツセンター，韓国ソフトウェア振興院，デジタルコンテンツ事業団の５つの機関を統合してコンテンツ産業分野を総括する「韓国コンテンツ振興院」を設立し，各々相異なる文化領域での産業支援の中心的役割を担えるようにした。この機関の最も重要な目標は，文化産業と企業の振興を通じて，全世界５位に入るコンテンツ強国を達成することであった。

　2013年からの朴槿恵政府は，文化部門に対する介入を持続させ，より強化した（韓国文化産業交流財団［2015b］）。2015年韓国政府は，海外進出支援策として５年間に国産アニメーション等のキャラクター産業部門に約3,500万ドルを投資することに決定した。朴槿恵大統領はまた，文化プロジェクトと関連投資に国家予算の増額を行い，グローバル市場で通用する文化製品を振興できるプログラムを継続して開発した。文化産業分野の民間企業と政府を統合する新しい体系的輸出戦略の主導で，オンラインゲームとK-POP等の韓国大衆文化が，他の国に伝播拡散されるように図った。新しい文化政策は，国際市場での競争力を強調しながら文化輸出を支援することで，国家の再構築につながったものといえる（Lee［2010］）。結果的にこの２つの政権は，大衆文化の輸出を越えて観光，韓国食，ファッションに至るまで，韓流の範疇を拡張させるのに至るのだが，ここでの政府の計画は大変中心的なものであった。

　文在演政府の韓流政策は，2017年国政企画諮問委員会で発表した国政運営５カ年計画を通じて確認できる。この政権では，一方向的な韓流拡散よりは双方向的な文化交流を前面に掲げているのが特徴である。つまり，韓流の影響を受けてい

る対象国が，韓流を肯定的概念として受け入れるよう，その実現に重点を置いているということである。韓流の持続と拡散に重要な役割を遂行する熱心な海外韓流ファンの規模を，2022年まで1億人として拡大することを目標としており，韓流による総輸出額の（文化コンテンツ，消費財及び観光）増加率達成を年平均6％として掲げている（韓国文化産業交流財団［2017］）。

　2019年コンテンツ産業三大革新戦略発表会で文在演大統領は，"ここ5年間の輸出の年平均成長率が16％であり，輸出規模では100億ドル以上の世界7位に成長した文化コンテンツは，半導体に次ぐ成長産業であり，外国首脳に会うたびに欠かさない対話の素材がK-POPとドラマであります"と言及し，政府政策として「コンテンツベンチャー投資ファンド（約410億円規模）の新設を含む金融支援」，「バーチャルリアリティ，拡張現実などの公共分野への早期導入を通じた市場の先取り」，「韓流を活用したKブランドの活性化」等の三大戦略を打ち出した（『朝鮮日報』2019年9月17日）。

　韓国は政権交代の度に，政策変更や前任路線の否定や断絶が多々見られるが，韓流分野に限っては，その政策の当為性が持続され，現在進行形として政策の展開が継承発展されていることが特異な点であろう。

3　韓流現象と韓流マーケティングの成果と特性

（1）韓流現象の全地域的拡散と多様な文化ジャンルの展開

　全体的に見ると地域的拡散側面での韓流は，現在ではヨーロッパと南米地にまで拡散しており，最大の大衆文化市場であるアメリカまで一定の商業的成果を得られるまでに至っている。文化的伝播の側面から見ると，デジタルメディアの発達によるドラマ，K-POP視聴以外の，世界における韓国文化（K-Culture）経験が増加しており，韓流は，韓国の大衆文化はもちろん，韓国料理，韓国語，韓国の伝統文化，韓国の純粋芸術など，韓国文化全般に対する世界的な経験と関心を導いている。

　韓流の拡散過程を，文化体育観光部・韓国文化観光研究院［2013］による韓流の歴史的類型化にもとづいていうなら，ドラマと映画を中心とした韓流1.0時代，K-Popを筆頭とする韓流2.0時代，及び多様なジャンルで韓流がさらに拡散している韓流3.0時代として区分することができる。

　ドラマと映画を中心にした韓流1.0時代（1997－2007年または1990年代中盤－2000年代初盤）は，韓国文化の伝統性と特有の情緒が，まずは「アジア近隣諸国」を中心としたアジアの人々に知られ，韓国伝統文化に内在した属性（K-Drama）に対して呼応し始めた時期である。即ち，「親和性」の高い主要な普及圏域は東アジアと東南アジアであり，主要消費者層は30代40代である。なお，本書で示されている概念の「親和性」は当該文化間の類似性や慣れ親しみの程度のことであり，「中心性」は当該文化への関心・重要性の程度のことである（齊藤，本書第2章）。韓流の初期段階ではドラマを中心とするいくつかのテレビ番組の人気から始まった。ドラマが人気を博すと韓国放送社は番組輸出に力を入れ，代表的例としては2002年の「冬のソナタ」と2003年の「チャングムの誓い」を中心に日本，タイ，ベトナム，シンガポールで大きな反響があった。「チャングムの誓い」は以後10年間90カ国に輸出されて，約22億円の直接収益と約110億円に推算される生産誘発効果を上げ，本格的な韓流ブームの始発点になった（韓国文化産業交流財団［2015b］）。

　文化カテゴリーとして「冬のソナタ」は恋愛ドラマ，「チャングムの誓い」は歴史ドラマであり，これらは，アジア近隣諸国において当該文化の「中心性」は高い。ドラマでの韓流スターのプロモーションでは，韓国というローカル性を基に差異性，越境性をベースにしながらも，親和性に関係するアジア的近似性（例えば，ドラマの中での家族に関係する度々のシーンや，韓流スターがファンに対して礼儀正しく家族に向けてのような接し方等）が強調されているのが特徴である。冬のソナタをはじめとする草創期の韓流ドラマやスターが，ハングル講座やグルメ，韓国旅行を流行させたとすれば，そのあとのチャングムの誓いによって韓国伝統料理並びに文化全般への関心が高まったのである。

　韓国テレビプログラムの総輸出額は大きく増大し，韓流が始まった1997年から2007年の間に830万ドルから1億5千万ドルに18.2倍増加した（文化観光部［2007］）。一部アジア国家では，これら韓国文化商品を警戒する気配が生じ，自国文化産業に対する保護政策の施行や，政治歴史的摩擦による反韓流に影響され，韓流は沈滞期を経ることになる。これに従い韓国文化産業と政府は，危機転換のための新たな計画を推進した。この過程で，オンラインゲームと音楽産業は，米国とメキシコ，フランスまでに活動の地域と文化カテゴリーを拡張することになる。

　K-POP を筆頭とする韓流2.0時代（2006－2011年または2000年代中盤－2010年

代初盤）は，ドラマ分野では特に中国市場で急速に成長した時期であり，また，韓国文化の伝統性よりは，世界の普遍的大衆文化の形式として拡散しながら韓国固有の新しさを披露し（例えば，歌手 PSY の江南スタイルのアメリカやヨーロッパでの成功），西欧を含んだ多様な文化圏にも韓流が紹介されて収容され始めた時期でもある。この時期にドラマの人気とともに大手芸能事務所が中心になって文化商品を企画し，熾烈な競争社会である韓国独自ともいえる育成プログラムによって訓練されたアイドルグループが主役の K-POP が，韓流の中心に立つようになった。デジタル技術を基盤としたインターネットの大衆化と YouTube，Facebook などを含めた多様な IT プラットフォームの登場を通じて，全世界が同時に韓国ドラマと韓国音楽を楽しむことができるようになった。2008年を起点として変化した韓国文化産業の全地球的交易の様子を見ると，特記すべきはこの時期に放送と映画，音楽，ゲームなどの文化商品の輸出物量が輸入物量を超過したことである。

　そして K-POP 等の特定分野だけに偏重していた傾向から脱皮し，多様なジャンルとカテゴリーにわたり，全地球的領域で韓流が拡散する韓流3.0時代（2012年以降）は，韓国文化の固有の側面と世界大衆文化の普遍的な側面が共存し融合する形態で，韓流が発展している段階といえる。この段階では，文学，ゲーム，ミュージカル，観光，韓食，デザイン，ファッション，ハングル文字などの多様な文化ジャンルとカテゴリーが，一定部分において認識され収容されつつある。中心性の高いポジションからの成功を土台にして，斬次中心性の低いポジションへの展開を図っているのである。

　そして，韓流の最大の特徴の１つが地域的拡張である。2015年に韓流コンテンツをネット検索した上位７ヶ国は，アメリカ，フィリピン，インドネシア，マレーシア，インド，イギリス，ベトナムの順序であり（韓国文化産業交流財団 [2015b]），新しい韓流市場の浮上が検索量を通じて確認できた結果である。初期における韓流現象を主導した日本と中国以上に，上記国家で検索が多いということは，新興の韓流市場で韓流に対する関心が高いという証拠であり，本節（4）①で述べるデジタル技術と結び付いた韓流の成果といえる。韓国のコンテンツに対して関心を持つ地域的領域が広くなって，主要市場が文化的類似性による受容性が高い，即ち，親和性が高い傾向にある東アジア地域だけに留まらず，全世界に拡散していることが推測できる。

（2） 韓流の親和性・中心性概念戦略展開

　韓流は最初に，①「高い親和性×高い中心性」傾向のアジア近隣諸国の「大衆文化市場」から市場展開を始め，成功を収めた後には，K-POPや映画における欧米諸国等の市場展開が嚆矢的に図られ，②「低い親和性×高い中心性」ポジションでも一定の成果を得るに至った。そして，これらの成果を土台にして，大衆文化市場を越えた国家政策として，本来的に重点を置きたいハングル文字，伝統文化・芸術ジャンルやカテゴリー等の「高い親和性 × 低い中心性」，「低い親和性×低い中心性」ポジションにおいても，韓国文化の存在感を示せる有意義な成果の萌芽を見せている。

　③「高い親和性×低い中心性」ポジション展開の成功事例としては，舞台を中心として行われる公演ジャンルの観光商品としての定着が挙げられる。外国人観光客の韓国旅行の定番として，演劇やミュージカル調の韓国の伝統と色彩を帯びた公演は，長い期間を要したものの，韓流を代表するジャンルの一角を占めるようになった。2017年の『韓流白書』によれば，2006年からの10年間，韓国を訪れた外国人観光客数が2.8倍増加した間，公演観覧客は 8 倍も増加し，2016年の場合，外国人観光客約1,725万人中，15％に達する約263万人もが観光公演を観覧したのである（韓国文化産業交流財団［2017］p.136）。

　韓国の伝統楽器を使用したリズム音楽を素材に，厨房で起こる出来事をコミカルにドラマ化したエンターテイメントショーである NANTA は，このような韓流公演の先駆的作品として高く評価されている。NANTA は，国籍・年齢問わず楽しめるノンバーバルパフォーマンス（セリフのない劇）であり，初公演以来ロングランを続け，2006年は外国人観覧客数100万人を突破し，韓流文化の観光商品として外国人観光客たちの必須訪問コースの地位を獲得した（https://www.nanta.co.kr:452/jp/）。韓国公演観光協会での2016年基準で集計した韓国の外国人公演観覧客の国籍は，中国69％，台湾11％，日本 5 ％の順であったが，これら大多数の観光客にとって，外国観光コースにおける公演観覧は，劇場の中での直接体験が先行しなければならず，時間的空間的な制約点を考慮するなら，その中心性は低いといえよう。

　しかしながら NANTA は，低中心性という市場魅力度を克服するために，台詞を中心にストーリーが展開していく典型的な公演ではなく，リズムとビート，

そしてジェスチャーだけで構成する非言語劇公演という差別化を図った。さらには，非言語劇の短所を克服するために，料理という親しみやすい素材にコミカルな要素を加え，世代と言語を超えて誰もが楽しく観覧できる普遍的魅力をもった「世界の人々が一緒に共感できる作品」（韓国観光公社サイト https://japanese.visitkorea.or.kr/jpn/）として，その親和性を高めたのである。NANTAの成功以来，類似的に派生した諸公演も加わり，韓流公演芸術は地道であるが着実に成長している。

　そして，④「低い親和性×低い中心性」ポジション展開として注目すべきは，ハングル（韓国語）文化の普及である。ハングルは，日本人にとって慣れ親しみのあるローマ字に比べてあまり知られておらず，親和性は低い。また，「外国語文化」としての外国文字であるだけに中心性も低いのだが，このハングルが，K-POPを支持している日本の中高生の間では，LINEのステータスメッセージやTwitterアカウントの名前やプロフィール字でも使用されてブームとなっており（鈴木［2018］），世界的にも韓国語学習者は韓流の拡大に伴い着実に増加しているのである。

　外国人の韓国語能力は韓流選好度と密接な関係がありうる。言語が個人の行動に及ぼす影響として，言語能力を保有した個人はコミュニケーション能力が高く，特定言語文化への心理的適用が促進され，同時に当該文化に対する親近感が大きくなる可能性が高いと指摘されてきた（Gudykunst, Ting-Toomey, S. and Chua［1988］）。従って，韓国語駆使能力をもった外国人は，韓国と韓国文化に対する理解度が高く，これによって韓国，韓国人そして韓国文化に対する好意的態度を形成する可能性は高いといえるため，「低い親和性×低い中心性」故のマーケティング上の難儀さと長期的観点を有するハングル（韓国語）文化の普及促進は，国策としても有意義なポジション展開である。

　このように，韓流は親和性・中心性概念戦略の展開において，段階的かつ広域的にCCMで成果を示していることがうかがえる。

（3）経済的商業的成果としての韓流現象

　韓流現象の経済的商業的成果の証左を，いくつかの調査分析から纏めてみると下記の通りである。2012年，韓国輸出入銀行海外経済研究所［2012］で発表した『韓流の輸出影響力分析及び金融支援方案』では韓国文化産業の輸出が100ドルず

つ増加する度に，韓国製品の輸出は412ドル増加するという分析であった。そして，グローバル市場で韓流が輸出企業の売上増大にどのような影響を及ぼしているかを調査した韓国貿易協会［2012］の『TradeFocus（2012年10月）報告書』によれば，韓流が，国家ブランド及び認知度向上に役に立っているという企業回答の割合が最も多く（57.0%），文化的親密さの向上によってビジネスコミュニケーションに潤滑油的役目をしているという割合（34.7%）も高かった。また，韓国文化産業交流財団［2015a］の調査では，海外12ヶ国169人の現地人を対象に実施した結果，韓流が肯定的な韓国の国家イメージ形成に有力な役目を担っていることを確認し，今後の韓国のイメージ，国家ブランド価値を向上することにおいて，文化コンテンツ活用及び拡散を通じた方案の示唆を与えている。

　同様に，韓流が拡散した日本，中国，台湾，ベトナム地域の1,173人の消費者を対象にした韓流と係わるアンケート調査分析の結果（韓国貿易協会 TradeFocus 2011年11月号）によると，韓流が海外消費者の製品購入に大きな影響を与えていることが示された。全体回答者の80%以上が，韓流が製品購入にあたって影響を及ぼしていると回答し，その中での75%が韓流に接した以降に韓国製品を購入した経験があると回答した。また，韓流によって単純に韓国製品に対する関心が生じて購買したという回答も35%を占めており，このような調査結果を見ると，韓流と実質的な韓国製品購買との連繋性はかなり高いことがわかる。韓流に対する好感がマーケティング上において，韓国製品に対する関心に影響を与えていることを意味する。また，日本のバイヤーを対象にした同調査でも「韓流の影響で韓国に対する好感度が高くなった」と言う回答者が79%も占めていた。

　これらの諸結果に鼓舞されるかたちで，韓流を基盤としたグローバルマーケティングが強化され，韓国文化と製品に対するイメージがよくなることに着眼して，韓国産製品（Made in Korea）であることを強調する製品が増えている趨勢である。

（4）韓流マーケティングの特徴

　韓流マーケティングの特徴として，①デジタル（IT）マーケティングの積極的な活用とそれに伴う韓流文化の受容，②ファンダムの形成　について述べてみる。

①　デジタルマーケティング

ソーシャルメディア（あるいはSNS）及びWebモバイル動画像プラットフォームの急速な発展が，ローカルの文化産物（製品）領域に影響を及ぼした点こそ，現在の韓流トレンドで最も注目すべき部分である。K-Popのグローバルな大ヒットの始祖といえる江南スタイルの伝播経路をみると，韓国文化に元々関心が多かったフィリピンの利用者が江南スタイルのミュージックビデオを先に発見し，これをFacebookとTwitterを通じて英語で共有したのが，全世界拡散の始発点であった（韓国国際文化交流振興院［2018］）。ハリウッドコンテンツに比べると相対的に指名度が弱い韓流コンテンツの場合には，元来狭小である韓国内市場の限界を克服するためにも，ソーシャルメディアを積極活用する必然性があった。放送プラットフォームを重視し，著作権保護の観点でソーシャルメディアへの文化コンテンツ露出に当初は積極的ではなかった日本の文化産業に比べて，韓流は大胆に対応したといえる。

これに呼応する形で，全世界の韓流ユーザーも韓国の大衆音楽とゲーム，テレビ番組，映画を楽しむためにソーシャルメディアを積極的に活用している（Jin［2012］）。特に，10代20代の若者は映像コンテンツをテレビではなく，スマートフォンでみる消費形態が大きく増えている。このような変化を主導しているのがWEBモバイル動画像プラットフォームであり，これらが既存の放送プラットフォームと最も違う点は，特定国家単位ではなく，グローバル規模で事業展開しているということである。

韓国で生産されたスマートフォンは，「デジタル韓流」の象徴といえるが，韓流2.0の中心には新しいデジタルテクノロジーとソーシャルメディアの発展がある。2007年半ばまでスマートフォンは存在しておらず，YouTubeは2005年に開始され2006年にGoogleに買収されたため，デジタルプラットフォームの影響力は韓流1.0時代にはあまり意味を成さない。グローバル市場でのローカル文化が人気を得ることは，大衆文化コンテンツのコミュニケーションを容易にさせるデジタルテクノロジーとソーシャルメディアがいかに普及しているかにかかっており，韓国文化産業はこの潮流に積極的に対応した。Facebookのようなソーシャルメディアネットワークと，利用者制作コンテンツ（UGC）を提供するYouTubeのようなソーシャルメディアは，韓国大衆文化の新しいプラットフォームとして中心的役割を遂行しているのである。韓流が日本で一時期，沈滞期に入った際に再点火し命脈を維持することになったことも，デジタルマーケティングの活性化

が大きい理由である。自国の文化コンテンツ及びテクノロジーの輸出が全世界的かつ同時に商業的成功レベルに至ったことはこれまで非西欧圏では前例がない現象である。

　今後，文化コンテンツ産業における消費者は，デジタル技術を通じて超個人化された相互作用とサービスをさらに期待するようになる。そして，人工知能，ビッグデータ，仮想現実等の次世代のデジタル技術は，文化コンテンツ産業のバリューチェーンの各段階であるコンテンツの企画・制作・流通・消費での，劇的で多様なイノベーション事例と変化をもたらすと予想される。上記の文化コンテンツ産業における後発者としての韓国のデジタルマーケティングへの試みと一定の成果は，後発者が先発者の経路を踏襲せず追撃する可能性への示唆になりうるであろう。

②　韓流ファンダムの形成

　韓流拡散の中心に 'Fan'，すなわち熱烈な消費者がいたことも注目すべきである。韓流を消費・体験し，ソーシャルメディアを通じての新しいコンテンツを再生産する能力まで兼ね揃えた韓流ファンは，能動的消費者と同時に韓流産業のロイヤルティーの高い顧客である。これらの存在感は，THAAD事態（韓国の対北朝鮮ミサイル攻撃に備えた弾道弾要撃ミサイル体制構築に対する中国政府の反発と圧力）や日韓政治問題（領土と歴史問題に関係する摩擦）でも目撃することができた。中国内韓国ドラマ及び映画検索量はイシュー発生以前とほとんど変わらず，むしろ高い水準を維持し，日本の若者や主婦も韓流文化と商品に関するロイヤルティーは衰えなかった。

　韓流は，プライベート空間に留まることなく，ファン同士のコミュニケーションを活発にし，新しい人間関係の構築を促した。韓国を訪問し，韓国人と密に直接連絡を取り合うファンがいるからこそ，韓流は文化運動となり草の根ネットワークになりえた（イ［2008］pp.20-67）。国家によるCCMの観点から見ると，好ましい民間ベースの外交成果ともいえよう。

　韓流現象を形成するネットワークは，韓国の文化産業によるコンテンツ生産と海外の熱心なファンが作り出す文化的生産間の相互作用によってつくられる。ここでのファンは単純な消費者や生産者ではなく，各々の意思，個性を表出させており，ファンの「参加」こそが，韓流の主要部分になっているという事実を理解することが重要である。ファンダムはスターとの関係のみならず，ファン同士の

強い連帯感を伴うものであり，ファンは，集中的な消費によって変わらぬ愛情と無条件の支持を表明する（イ［2008］pp.109-121）。SNS時代におけるマーケティングの成功は，ファンダムといかに良好な関係を築けるかにかかっている点（Blanar & Glazer［2017］）から見ても，韓流の先駆性がうかがえる。

　このような韓流ファンダムの先駆的事例は，ドラマ「冬のソナタ」における日本の中年女性を中心とする韓流ファンダム形成である。イ［2008］は，冬のソナタを中心とした韓流ファンダム現象の特長を，下記のように分析している。

- 韓流ファンダムは，より一層の文化消費を促し，情報化の波に乗るよう働きかけた。ファンは家の中で籠るのではなく，オフ会や旅行，イベント等へ定期的に参加し，さらには，自分たちが夢中になっているスターのイメージを通して自分の社会的アイデンティティを表現している。
- 韓流は，1人でのテレビ視聴や，家や地域の文化センターで社会が決めたやり方に沿ってひっそり楽しむのではなく，新たな友達をつくり，動き回り，インターネットを通じての情報交流を奨励する。この社会的なネットワークは，韓流ファンが情報を集める過程で生まれた副産物だが，ドラマを見ること以上に楽しみを与えてくれるファンダムである。

　これらの特長の多くが，韓流3.0時代における最大の成功事例であるK-POPアイドル防弾少年団のファンダム現象においても見られる。

（5）韓流のハイブリッド性・グローカル性

　韓流の特性を論じる際に，韓流を通じてつくられていく新しい文化アイデンティティの価値に注目する必要がある。一般的に，国家の文化は悠久な歴史的過程で発生した固有の生活体系として理解される。すなわち，文化を時間的蓄積の結果として理解するきらいがある。しかしながら，現在進行でつくられ，新しく規定される文化成果にも注目しなければならない。現在の文化的様相を過去と連結して規定する必要性はどこまであるだろうか。例えば，K-POPが「仮に」韓国伝統の音楽性や芸術性が少なく，あるいはアメリカンポップの亜流として固有性がないということであるなら，その（歴史的）評価は低くならざるをえないのだろうか。現時点での韓流を通じてつくられていく文化成果は，未来に新しい韓国の固有文化・アイデンティティとして，いずれその位相を認められるようになると思われるのだが。

　最近の韓流の中心になっているエンターテイメントコンテンツに対して，韓国の文化的属性を付与することに「過度」にとらわれすぎてはいけないと筆者は思料する。まずはコンテンツビジネス観点で，グローバル競争力を確保するための戦略樹立に集中しなければならない。これまで述べてきたような韓流成果をもとにして構成しながら，新しい韓国の文化アイデンティティを収容し，発展させることができる観点と態度が要求される。それこそ，マーケティングコンセプトでいわれる，マーケットインの発想で段階論的にCCMを行うということである。そして，このような観点と態度の基本を提供しているものとして，「ハイブリッド性・ハイブリッド化（Hybridity）」の概念がある。

　ハイブリッド化とは，グローバルなものとローカル（地域的）なものとが，異質性を維持したまま創造的に混合される現象を意味する（Appadurai［1996］，Kraidy［2005］，Pieterse［2009］）。韓国映画は2つの相違なる文化，特にハリウッドとの混合を通じて部分的にハイブリッド化したとも解釈できるし，K-POPもJ-POPとアメリカンポップの良いとこ取りをした雑種音楽と解釈できるかもしれないが，これらをどのように議論するかがCCMの理論的枠組みにも関わってくるであろう。

　ローカルな文化産業が，文化製品をどのように雑種化していくかを検討するにとどまらず，そのような試みが，ローカルパワー主導の新しい文化創出という雑種化の大きな目標を達成したかの問題まで，幅広く議論していかなければならないのである（ジン［2016］）。言い換えれば，このようなアプローチの当為性は，韓国の文化産業と生産者が，アメリカが支配的位置を占めている大衆文化領域から脱皮した新しい文化を創造しているのか，あるいは，ただ単に西洋文化とローカル文化間との物理的混合を改良したものにとどまったかを確認するためのものである。多くの場合はグローバルパワーが依然として支配者である現実故に，グローバルパワーとローカルパワーの中で，オリジナルを本来の国家民族的脈絡で切り取り，注意深く統制された方式でハイブリッド化できる能力がどこにあるかを確認することが，実践的理想論としては重要であろう（Galvan［2010］）。

　カンヌ国際映画祭の最高賞パルムドールとアカデミー賞の作品賞・監督賞等を同時受賞し，社会芸術性と興行娯楽性の双方が世界的に検証された，ポン・ジュノ監督の『パラサイト―半地下の家族』（2019年）は，ハイブリッド性の典型例である。英語ではない外国語として制作された映画がアカデミー作品賞を受賞するのは史上初であり，世界におけるアジア映画のポテンシャルを示したこの映画

が，エンターテイメントとしてのグローバルな競争力をベースに，ローカルな韓国的格差社会への批判を描き切った点は，示唆に富むものである。

（6）文化発信と文化適応のミックス戦略としての韓流
　　～文化資源の創造へ

①　文化発信と文化適応のミックス戦略

　韓流の成果と特徴を上述してきたが，本書第4章で示されたCCMの体系からみると，韓流マーケティングは文化発信と文化適応のミックス戦略を主にとってきたといえよう。韓国政府としてのCCMは，韓流胎動期における国家ブランド（広報）戦略としての文化資源の創造を意味するといえる。他方で，国家のCCMに伴う企業の韓流マーケティングは，胎動期においては文化資源の創造の側面がまだ乏しく，親和性と中心性が共に高い大衆文化市場で文化発信・文化適応という2つの調整を行った。

　韓流1.0時代におけるドラマジャンルでの調整の実際の展開戦略で代表的なものは，冬のソナタブームにおける中年女性の異文化ゲートキーパー化及び集散地戦略（韓国ロケ地の聖地巡礼等）や，韓流2.0時代におけるK-POPジャンルでの江南スタイルの集合知戦略（YouTubeを通じて歌手PSYのミュージックビデオの人気が上昇しながら，ミュージックビデオを鑑賞し，これを模倣する映像が拡大再生産消費）が挙げられる。

　そして特記すべきは，韓流3.0時代以降の価値の伝達・拡散における「プラットフォームの確立」である。韓流アイドル歌手と文化産業の構造を見れば，プラットフォームのネットワーク効果を積極的に活用しているということがわかる。K-POPファンダムもYouTubeチャネルの映像コンテンツを消費し，自らの映像をアップロードしながら拡張してきたためである。ビルボードチャート1位を達成し，米国TIME誌カバーを装飾しながら，英国BBCでは21世紀ビートルズと激賞されているK-POP史上最高の成功事例といえる防弾少年団（以下BTSと記す）は，日本で地上波放送に本格的に出演したことはない。BTSは，ファンとTwitter，YouTubeチャネルを通じたコミュニケーションに努力を傾けた。チーム共同アカウントを作り，歌の録音や踊りの練習だけでなく，旅行や料理する姿等，自らの日常の生活を見せる映像を毎週2，3個程度送ったのである。日本のテレビで出会うことは少なく，韓国のテレビでも探すことが難しい。日本の

ファンにとって YouTube はいつでも防弾少年団を容易に会える通路であった。そのために BTS は，日本のテレビでは本格的に出演したことがないにもかかわらず，大きな人気を得ている。

　再度強調するが，過去の韓流ブームが始まった初期の過程と，現在の韓流ブームとの大きな違いは，プラットフォームの大衆化と活用方式の違いという点にある。ネットワーキング，マルチタスキング，コンテンツの専有が可能になり，このような機能によって形成された「参加文化」は相互作用の消費である。ユーザーは参加がもたらす楽しさをより大きく感じるようになり，情報にアクセスするだけで楽しさを感じるようになるのである。コミュニケーション機器と時間を過ごすことは，現代社会では自由を消費する重要な方法になっているのである。このように情報へのアクセス方式が一つの消費パターンまたは生産パターンとして転換されながら，ユーザーはプロシューマーとしての位置をもつようになる。話しながら書くことができ，読みながら見ることができる同時的状況が持続することで，メディアとメディアが重なる機能間の親密性と緊密性はより強化される。よって，ユーザーの多様な感覚活用が可能な情報の生産と消費は，一つの「遊び文化」を形成するようになったのである（イ［2018]）。

②　文化資源の創造へ向けて

　BTS の音楽をなぜ好きかファンに聞いてみると，最も多く言及する１つが「歌詞」である。もちろん，圧倒的な集中力とテクニックを見せてくれる華麗な群舞とメンバーがもっているキャラクターや外見も，欠かすことはできないが，歌詞とアルバムのコンセプトによる肯定的評価が多いのである。BTS メンバーが生きる喜び，苦痛，青春等について自らが語り，苦悩した痕跡が歌詞に溶け込んでおり，このように自分のストーリーを歌う歌手に対してファンは，反応したといえる（イ［2018]）。このような真摯なメッセージ性が，BTS が国連定期総会で演説をする機会を作ることになったともいえる。

　熾烈な競争状況の中で，アイドル歌手が自分のストーリーを，音楽を通じてファンに説明するということは，販売上のリスクを伴う。というのは，音盤販売やダウンロード数，コンサートチケット販売のように，即刻的に示される市場収益率は歌手グループの存廃を決定する重要な基準であるためである。しかしながら，BTS はデビュー以来，彼らだけのアイデンティティを構築するのに集中してきており，これら防弾少年団ワールドの創造は，文化資源（価値）の創造とい

える。文化資源（価値）の調整に注力してきた韓流マーケティングは，真の文化資源（価値）の創造への可能性をうかがえる示唆といえるであろう。

4　アジア文化共同体と韓流の課題： 国家の CCM における「制度」

　アメリカの大衆文化は，共産主義の没落，ベルリンの壁の崩壊による東西冷戦の終焉をもたらした主要な手段である。1989年，旧チェコスロバキアと東欧で起こったベルベット革命（共産主義政権が議会民主主義に権力の座を渡した事件）は，アメリカバンドのベルベットアンダーグラウンドの音楽を聴いていた学生に多くのパワーが与えられた故のものといえるし，ベルリンの壁が壊されたのは，それまで持続的に東ドイツの住民が西側の大衆文化に接していたからである。

　韓流は強力な外交手段になれる潜在力を有している。世界の重要問題である朝鮮半島の平和問題は政治や軍事ではなく，韓流で解決するという金大中大統領の言葉が，国家による CCM によって，事実として立証されると確信するものである。韓国大衆文化がベースにしている人間観は，当然個人主義的で自由主義と資本主義に立脚した人間観である。このような人間観と全体主義をベースとする人間観とは，互いに受け入れられない。韓国大衆文化の人間観は，北朝鮮住民の体制認識と価値観を覆す大きな可能性をもつのである。北朝鮮住民も，韓国ドラマが実際の生活そのままを見せているとは思わないだろうが，韓国社会に対する憧憬が文化的模倣につながれば，韓国に対する敵対的情緒は薄れていく。韓流から生じる生活方式と思考方式の変化は，北朝鮮住民を資本主義と自由民主主義へと政治社会化する，非公式的プロセスないしは現象として結び付くものと思われる（チン［2012］）。

　さらに韓流は，アジア国家間の文化交流というコミュニケーション行為において，韓国の大衆文化を単純に一地域，一国家の文化で認識することから脱皮し，韓国の大衆文化が積極的で能動的な文化生産者及び流通者としての機能を行い，これをアジア的な情緒的価値に符合させ，アジアの人々が大衆文化を独創的に再構成する力量を見せてくれるきっかけになるようにすべきである（例えば，多国間の共同制作や文化産業のスキル学習のための教育活動や啓蒙，または文化ODA）。韓流という韓国大衆文化に対する選好現象は，西欧文化の価値観，文化トレンドなどを習慣的に好んで内題化してきた（つまり価値と行為につながって

いた）アジアの人々に対して，それぞれの文化的伝統と慣習などを基礎とした文化アイデンティティ形成の端緒を提供しており，アジア各国の間の文化的紐帯感と同質性を強化させ，究極的にはアジア地域内の「アジア文化共同体」形成を期待することを，文明史的使命として位置づけてもよいといえる。

　国境の概念が消えようとしているグローバル化時代における文化は，「集団アイデンティティ」（collective identity）の共有をその本質的な要素として位置付けられる。集団アイデンティティは，文化の交流及び融合を通じた共通の意識基盤の拡張によって胚胎し成長することができる。これを言い換えるならば，アジア地域内の多国家間協力の制度化に向けて前進するのに必要な文化こそ，その核心要因であると指摘できる。制度としての文化共同体の構築は，国家における究極の CCM のゴールであり，平和政策なのである。

　文化政策／CCM が，商業主義と覇権主義により自国文化の優位性を「一方向」的に押し付けるコミュニケーションに傾くことは容易に想像ができる。帝国主義時代の第一次世界大戦直前のヨーロッパ諸国は，自国文化の優位性と国威発揚のため，オペラに対する文化政策に注力したことは歴史上の他山の石である。韓国の有識者の中でも，「善良な韓流」という概念を示す者がおり（キム，ナム［2016］p.143-145），一方向的ではなく，ハリウッド的でもない，「互恵平等」の文化交流を図る政策を志向することが，「制度」としてのアジア文化共同体につながるものといえる。

おわりに

　韓流現象のマーケティング主体は，企業や文化人等の個人である。しかしながら，その現象の動因と端緒をつくったのは「国家」の政策であり，換言すれば，国家のもつ文化の価値を競争力とするマーケティングが，国家の目標達成に大きな役割を果たしたのである。韓流は，まさに CCM 実施における「文化自体のマーケティング」と「文化付与のマーケティング」の先駆的モデルといえるであろう。

〔参考文献〕

青木貞茂［2008］『文化の力―カルチュラル・マーケティングの方法』，NTT 出版。

金子将史，北野充［2014］『パブリック・ディプロマシー戦略：イメージを競う国家間ゲームにいかに勝利するか』，PHP 研究所。

金成玟［2014］『戦後韓国と日本文化―「倭色」禁止から「韓流」まで』，岩波書店。

―――［2018］『K-POP―新感覚のメディア』，岩波書店。

イ・ヒャンジン［2008］『韓流の社会学―ファンダム，家族，異文化交流』，清水由希子訳，岩波書店。

小倉紀蔵［2005］『韓流インパクト―ルックコリアと日本の主体化』，講談社。

鈴木朋子［2018］「女子高生がハマる第3次韓流ブームの正体―LINE や Twitter をハングルで書くのがブーム」『東洋経済オンライン』2018年5月18日号。

西森路代［2011］『K-POP がアジアを制覇する』，原書房。

福屋利信［2013］『植民地時代から少女時代へ―反日と嫌韓を越えて』，太陽出版。

毛利嘉孝編［2004］『日式韓流―「冬のソナタ」と日韓大衆文化の現在』，せりか書房。

山本浄邦［2014］『韓流・日流　東アジア文化交流の時代』，勉誠出版。

渡辺靖［2011］『文化と外交―パブリック・ディプロマシーの時代』，中央公論新社。

イ・ジョンイム［2018］『文化産業の労働構造とアイドル』，ブックコリア。

韓国文化産業交流財団［2017］『韓流コンテンツ消費量と利用経路による韓国イメージ』。

―――［2015b］『韓流白書』。

―――［2017］『韓流白書』。

韓国国際文化交流振興院［2018］『韓流と文化政策―回顧と展望』。

韓国貿易協会［2012］『Trade Focus 報告書』2012年10月。

韓国輸出入銀行海外経済研究所［2012］『韓流の輸出影響力分析及び金融支援方案』2012年。

キム・ドクチュン，ナム・サンヒュン［2016］『PSY，それ以降の韓流―融合韓流に関する4つの視線』，韓国文化産業交流財団。

キム・ソンス［2012］『韓流の持続発展のためのグローカル文化コンテンツ戦略』，韓国外国語大学出版部。

現代経済研究院［2014］『韓流の経済的波及効果分析と示唆点』（通巻604号）。

国会韓流研究会［2005］『2005韓流の決算と2006展望』。

国政広報処［2013］『李明博政府国政白書』。

―――［2008］『参与政府国政運営白書』。

向勇［2015］「金大中を偲ぶ―韓国文化産業の舵取り役」『文化立国』，韓国外国語大学出版，pp.101-106。

ジン・ダルヨン［2016］『ソーシャルメディア時代の超国家的文化権力―新韓流』，ハンウルアカデミー。

チン・ヘンナム［2012］『新韓流を通じた公共外交活性化方案』，済州平和研究院。

文化観光部［2000］『文化産業ビジョン21：文化産業振興5か年計画』。

——— ［2007］『2007年文化産業白書』。

——— ［2008］『2008年大統領報告計画書』。

文化体育観光部・韓国文化観光研究院［2013］『韓流白書』。

青瓦台報道資料［2003］『世界5大文化産業強国実現のための参与政府文化産業政策ビジョン』2003年12月17日付。

Anholt, S. ［2003］ *Brand New Justice: The Upside of Global Branding*, Butterworth-Heinemann.

Appadurai, Arjun ［1996］ *Modernity at Large: Cultural Dimensions of Globalization*, Minnesotapolis: University of Minnesota Press.

Bilkey, W.J., Nes, E., ［1982］ "Country-of-origin effects on product evaluations," *Journal of international business studies*, 13(1), pp.89-100.

Choi, J.B. ［2015］ "Hallyu versus Hallyu-hwa: Curtural Phenomenon versus Institutional Campaign," In *Hallyu2.0: Korean Wave in the Age of Social Media*, edited by A.M. Nornes and Sangjoon Lee. Ann Arbor: University of Michigan Press.

Dinnie, Keith. ［2008］ *NationBranding: Concepts, issues, practice*. Elsevier Ltd.

Galvan, Dennis ［2010］ "Everyday Cultural Policies, Syncretism and Cultural Policy," In *International Cultural Policies and Power*. New York: Palgrave, pp.203-213.

Gudykunst, W.B., Ting-Toomey, S. and Chua, E. ［1988］ *Culture and Interpersonal Communication*, Sage Publications, Inc.

Han, C.M. ［1989］ "Country Image: halo or summary construct?," *Journal of Marketing Research*, 26(2), pp.222-229.

Hong, E ［2014］ *The Birth of Korean Cool: How-One-Nation Is Conquering the World Through Pop Culture*, Picador USA.

Hong, S.T. & Wyer, R.S ［1989］ "Effects of Country of Origin and Product Attribute Information on Product Evaluation: An Information processing perspective," *Journal of Consumer Research*, 16(2), pp.175-187.

Jin, D.Y. ［2012］ "Hallyu 2.0: The New Korean Wave in the Creative Industry," *Journal of International Institute*, 2(1), pp.3-7.

Kraidy, Marwan ［2005］ *Hybridity; or The Cultural Logic of Globalization*, Philadelphia: Temple University Press.

Lee, K.B. ［2009］ "Select 17 New Growth Engines," *Science Times*, January 14.

Lee, J.Y. ［2010］ "Constituiting the national Cultural Economy," *annual conference of International Communication Association*, June 22, pp.1-25.

Markman, K. [2005] "Movies, Myths, and Message: How entertainment is creating a global brand culture," *Licensing Journal*, 25(6), pp.27–30.

Nagashima, A. [1977] "A Comparative 'made in' Product Image Survey among Japanese Businessmen," *Journal of Marketing*, 41(3), pp.95–100.

Nye, J.S. [2004a] *Soft Power: The means to success in world politics.* New York: Public Affairs. (ジョセフ・S・ナイ [2004]『ソフト・パワー21世紀国際政治を制する見えざる力』山岡洋一訳, 日本経済新聞社)

―――― [2004b] "The Benefits of Soft power," *Harvard Business School Working Knowledge*, 2004(2), pp.1–6.

―――― [2008] "Public Diplomacy and soft power," *The annals of the American Academy of Political and Social Sciences*, 616(1), pp.94–109.

―――― [2009] "South Koreas Growing Soft Power," *Project Syndicate*, November, 10.

Pieterse, Jan Nederveen [2009] *Globalization and Culture*: Global MéLange, 2nd ed, Lanham, Md: Rowman and Littlefield.

Roth, M.S. & Jean B.R. [1992] "Matching Product Category and Country Image Perceptions: A Framework for Managing Country-of-Origin Effects," *Journal of International Business Studies*, 23(3), pp.477–497.

Schiffman, L.G. [1978] *Consumer Behavior*, Englewood Cliffs: Prentice-Hall.

Schooler, R.D. [1965] "Product Bias in the Central American Common Market," *Journal of Marketing Research*, 2(4), pp.394–397.

Sorman, G. [2013] "The Creative Economy and Culture," *Institute for Global Economics*, 13(7), pp.5–29.

Szondi, G. [2007] "The role and challenges of country branding in transition countries; the Central and Eastern European experience," *Place Branding and Public Diplomacy*, 3(1), pp.8–20.

Temporal, P. [2002] *Advanced Brand Management: From Vision to Valuation*, John Wiley Sons.

―――― [2006] www.asia-inc.com/index

Zoe Fraade-Blanar, Aaron M. Glazer [2017] *Superfandom: How Our Obsessions are Changing What We Buy and Who We Are*, W.W. Norton & Company. (ゾーイ・フラード＝ブラナー, アーロン・M・グレイザー [2017]『ファンダム・レボリューション：SNS時代の新たな熱狂』関美和訳, 早川書房)

あとがき

　本書『文化を競争力とするマーケティング―カルチャー・コンピタンスの戦略
原理―』は，KMS の議論の中から生まれた。先輩の齊藤通貴さん（慶應義塾大学）
が文化とマーケティングに関する研究・出版の提案を KMS でされ，私がサブに
着かせて頂き，数年にわたって，実質的に会を主宰する堀越比呂志さん（慶應義
塾大学）の下，KMS の研究会の場で，延々と議論を行った。
　こうして生まれた本書であるが，一番の貢献は，文化を価値−行為−制度の 3
層構造で定式化することによって，（一過性の価値の伝達を超えた）継続的な価
値の制度化まで見据えたマーケティング戦略を提案できたことと考える。これま
で，機能的価値とは異なる非機能的価値のマーケティングについては，記号価値
（星野 1984），経験価値（Schmitt 1999），五感価値（Lindstrom 2005）などのマー
ケティング戦略が提案されており，その基礎をなすポストモダン消費者行動研究
（Hirschman & Holbrook 1982など）は近年 CCT（Consumer Culture Theory；
消費文化理論）研究と総称されながら研究を積み重ねている（Arnould &
Thompson 2005など）。
　例えば，Schmitt（1999）は，5つの経験価値（SENSE, FEEL, THINK, ACT,
RELATE）を製品の新たな価値として消費者に提案することによって，コモディ
ティ化する機能的価値競争を乗り越えられるとした（記号論マーケティングも消
費文化マーケティングも基本的にこの立場）。製品に経験価値を付けて消費者に
伝達できれば，試買（トライアル）はとれるだろうが，それを継続購買（リピー
ト）にまで持っていけないとマーケティングは失敗である。ただ，これまでの非
機能的価値マーケティングは，価値（記号価値，経験価値，五感価値，文化価値）
の伝達戦略は語るが，その制度化（慣習化）の戦略まではあまり語らない。それ
を提案するのが本書であり，その問題点に目を向けることが出来たのは，文化の
構造分析によって制度概念の重要性に気付いたからである。タピオカドリンクは
一過性の流行として消費文化にまでは行かないと思われるが，一方，コカ・コー
ラは，1つの（アメリカ的）消費文化として世界中で飲み続けられている。違い
は，価値の伝達で終わっているか，制度化（慣習化）まで見据えた仕組みを考え
ているかである。これまでの非機能的価値のマーケティング戦略が価値の伝達に

よるトライアルの獲得に留まっていたのに対し，制度概念の導入によって制度化（慣習化；リピート）まで考える本書は，まさに「文化を競争力とするマーケティング」を提案していると考える。

　本書のCCM（カルチャー・コンピタンス・マーケティング）が，本当に競争力のあるマーケティングになるためには，実際の市場での課題や状況を取り込んで昇華していく必要があり，メーカー，小売業，外食業（食文化），文化産業，宗教，国家という7つの市場でCCMの可能性を検討した。ただ，本書に足りない点があったとしたら，それは編者の齊藤さんと三浦の責任であり，大方の忌憚のないご批判をいただければ幸いである。

　最後にこのような挑戦的な本の出版を快く引き受けてくださった㈱中央経済社の皆様に感謝して結びとしたい。

2020年3月

　　　　　　　　　　　富士を遠くに望む中央大学の研究室で

　　　　　　　　　　　　　　　三浦　俊彦

索　引

英数

Berry 31
Berry による文化変容モデル 31
CCT 15
COO（原産国）イメージ 77
Marks and Spencer（M&S）......... 134-153
Mindfulness City Kamakura 220
PB →プライベート・ブランド
PSY 237
VRIO 分析 74
ZEN2.0 .... 216, 217, 220

あ行

アジア文化共同体 247, 248
アミシ・ジャー 218
有田秀穂 218, 219
言分け 50, 51
池埜聡 217
イノベーション 32
異文化ゲートキーパー 86, 245
李明博 233
意味を創造するシニフィアン 201
ウォシュレット 34
栄西 207-210, 221
永平寺 208, 210
乙川弘文 213

か行

解釈共同体 195
下位文化（サブカルチャー）........... 11
隔離・分離型文化変容 36
カスタマー・コンピタンス 73
価値 5
価値合理的行為 53-55, 67
価値と象徴のシステム 114, 118, 120, 121,
123-126, 130
カルチャー・コンピタンス 72, 135, 146,
147

カルチャー・コンピタンス・マーケティング
（CCM）....................................... 72
カルチャー・マーケティング・ポートフォリオ
（CCMP）........................... 42, 43, 166
カルチュラル・スタディーズ 19
川野泰周 217, 219
感情移入 199
江南スタイル 237
企業ブランド 76
記号内容（シニフィエ）................... 9
記号表現（シニフィアン）............... 9
記号論四角形 198
機能的価値 6, 59, 61, 62, 147-153
規範 8
金大中 232
救出人類学 48
熊野宏昭 219
経済学的理念型 55
登山 210
原産地効果 230
現場調査 80
コア・コンピタンス 72
行為 7
構造主義言語学 9
効力 58
国際文化交流振興院 233
コスプレ 196
国家ブランドイメージ 228-230
コノテーション 7, 51, 66
駒澤大学 218
コロンビア大学 215
コンビニエンス・フード 138, 139, 147,
149

さ行

佐々木指月 211, 214
雑種文化 14
サラ・ラザール准教授 215, 219
三衣一鉢 213

サンクション ･････････････････････････････ 7
サンフランシスコ禅センター（SFZC）
　･･･････････････････････････････････････ 212-214
恣意性 ･･････････････････････････････････ 9
自己移入 ･･････････････････････････････ 199
示差性 ･･････････････････････････････････ 9
市場魅力度分析 ･･･････････････････････ 165
持続的競争優位 ･･･ 114, 115, 120, 122, 123, 127, 131
社会学的アプローチ ･･････ 98, 100, 105, 106, 111
釈宗演 ･･････････････････････････ 211, 221
集合知戦略 ･･･････････････････ 81, 86, 245
集散地戦略 ･････････････････････ 87, 245
修証一等 ･･････････････････････････ 213
集団主義 ･･････････････････････････ 12
使用価値 ･･････････････････････････ 55
状況の論理 ･････････････････････ 56, 58
象徴 ･･････････････････････････････ 7
象徴的意味 ･･････････ 119, 125, 126, 131
情緒的価値 ･･･････ 6, 59, 61, 62, 147-153
消費者情報処理アプローチ ･･･････ 114, 115, 117, 118, 131, 132
消費文化 ･･････････････････････････ 15
ジョン・カバットジン ･･･････ 215, 218, 221
親和性 ･･････････ 36, 160, 236, 238, 239
親和性・中心性による市場魅力度 ･･･ 41
鈴木俊隆 ･･････････････････････ 212-214
鈴木大拙 ･･････････ 208, 211, 213, 214
スティーヴン・マーフィ重松 ･････ 217, 218
スティーブ・ジョブズ ･･････････････ 213
清浄という美的価値 ･･････････････ 13
制度 ･･････････････････････ 7, 48, 247
制度構築 ･･････････････････････ 130
制度主義的個人主義 ･････････････ 53, 67
製品コンセプト ･･････････････････ 77
聖マイケル（St. Michael）･･････ 134, 136-138, 147
世界3 ･･･････････････････････････ 57
ゼロ方法 ･･････････････････････････ 56
千崎如幻 ･･････････････････ 211, 214
禅心寺 ･･････････････････････････ 212
桑港寺 ･････････････････････････ 211
總持寺 ･････････････････････････ 210
曹洞宗 ･････････････････ 207, 209, 210

蒼龍寺 ･･･････････････････････････ 213
ソフトパワー ･･････････････････ 227-229

た行

タサハラ禅マウンテン・センター ･･････ 212, 213
多属性態度モデル ･･････････････ 117, 119
チャネル・コンピタンス ･･････････････ 73
中心性 ･･･････ 36, 160, 236, 238, 239
調整 ･･･････････････････････ 124, 125
角田泰隆 ･･･････････････････････ 218
低関与商品 ･･････････ 114, 126, 130, 131
定性的な定量リサーチ ･････････････ 108
定性的リサーチ ･･･････ 98, 101, 102, 106, 109, 110
定量的な定性的リサーチ ･････････････ 110
定量的リサーチ ･･･････ 98, 101-103, 105, 106, 109, 110
適応 ･････････････････････ 125, 126
デノテーション ･･･････････････････ 7
同化型文化変容 ･･･････････････････ 36
等価性 ･･････････････････････ 99, 102
道元 ･･････････ 207, 208, 210, 221
統合型文化変容 ･･････････････････ 36
同人誌 ･･･････････････････････ 196
東邦大学 ･･･････････････････････ 218

な行

日清食品 ･････････････････････ 126, 127
日本エスコフィエ協会 ･･･････････････ 161
廬武鉉 ･･････････････････････････ 232

は行

ハイブリッド性・ハイブリッド化（Hybridity）
　････････････････････････････････ 244
朴槿恵政府 ･･･････････････････････ 234
発信 ･･････････････････ 125, 126, 129
花園大学総長 ･･･････････････････ 216
ハビトゥス ･･････････････････････ 4
パリの和食文化の戦略分析 ･･･････････ 176
韓流政策 ･･･････････････････ 231-234
韓流マーケティング ･･････ 235, 240, 245
ビートニクス ･････････････････ 212, 214
ピクチャマイニング ･･････ 107, 110, 111
ピクチャマイニングアプローチ ･･････ 109, 111

ヒューリスティクス ……… 118, 126, 127, 129, 130
標準化／現地化 ……………………………………… 75
ファンダム ……………………… 240, 242, 243
藤田一照 …………………………………………… 216
浮遊するシニフィアン ………………………… 201
プライベート・ブランド …… 134-136, 142, 143, 147
プラットフォーム戦略 ……………………………… 88
不立文字 …………………………………… 209, 210
プリンストン大学 ………………………………… 215
文化間コンフリクト ………………………… 36, 160
文化記号論 …………………………………… 10, 51
文化形成 …………………………………………… 29
文化計量化アプローチ …………………………… 111
文化計量学的アプローチ …………… 106, 108, 109
文化コンテンツ ………………………… 228, 229, 231
文化産業振興法 …………………………………… 232
文化資源 …………………………………………… 74
文化資源の創造へ ………………………………… 246
文化自体のマーケティング …… 63-65, 148-154, 229, 248
文化資本 …………………………………………… 4
文化人類学的アプローチ …………… 98, 101, 102, 106, 111
文化適応 …………………………………………… 245
文化的価値 …………………………………… 52, 53
文化的拘束性 …… 122, 123, 127, 129, 131
文化発信 …………………………………………… 245
文化発信／文化適応 ……………………………… 75
文化付与のマーケティング …… 63, 65, 147-154, 229, 248

文化変容 …………………………………… 29, 49, 62
文化変容モデル …………………………………… 30
文明 ……………………………………………… 51
文明的価値 ………………………………………… 52
ベイズ統計 ………………………………… 105, 106
ヘルシーミール …… 135, 143, 145, 146, 149-153
ペルソナ戦略 ……………………………………… 79
防弾少年団 ………………………………………… 245
ポストモダン消費者行動研究 …………………… 15
発心寺 …………………………………………… 212

ま行

マインドフルネス ………………… 215-218, 220
マサチューセッツ大学 …………………………… 215
ミクロ－マクロ・リンク ………………… 58, 62
身分け …………………………………………… 50, 51
目的合理的行為 …………………………… 53-55
本石一成 …………………………………………… 173

や行

横田南嶺 …………………………………………… 216

ら行

リメイク（二次創作）…………………………… 195
臨界値の理論 ……………………………………… 11
臨済宗 ……………………………… 207, 209, 210
レディーミール ………………… 135, 137-153
ロスアルトス禅センター ………………………… 213

●編著者紹介

齊藤　通貴（さいとう　みちたか）

慶應義塾大学商学部准教授

1955年　東京都出身

1979年　慶應義塾大学商学部卒業

1981年　慶應義塾大学大学院商学研究科修士課程修了

1984年　慶應義塾大学大学院商学研究科博士課程修了

1981年　慶應義塾大学商学部専任助手

1988～1989年　南カリフォルニア大学（USC）客員教授

1989～1991年　仏国 ESSEC ビジネス・スクール客員教授

2003～2005年　南カリフォルニア大学（USC）客員研究員

　現在に至る。

［主著］『戦略的マーケティングの構図』（共著，同文舘出版，2014年）

　　　　「ラグジュアリー・ブランド戦略モデル」『三田商学研究』（2013年）

　　　　『マーケティング・ベーシックス―基礎理論からその応用実践へ向けて』
（共著，同文舘出版，1995年）

　　　　Understanding the Reasons for the Failure of U.S. Firms in Japan, *International and Global Marketing: Concepts and Cases*, Irwin（共著，
1995年）

三浦　俊彦（みうら　としひこ）

中央大学商学部教授

1958年　京都府出身

1982年　慶應義塾大学商学部卒業。同大学院商学研究科修士課程を経て，

1986年　慶應義塾大学大学院商学研究科博士課程中退。博士（商学）

1986年　中央大学商学部助手。専任講師，助教授を経て，

1999年　同教授，現在に至る。

　コロンビア大学ビジネススクール客員研究員（1995-96年），ESCP（パリ高等商科大学）客員教授（1996-97年），イリノイ州立大学経営学部客員教授（2007年）を歴任。

［主著］『日本の消費者はなぜタフなのか』（単著，有斐閣，2013年）

　　　　『グローバル・マーケティング戦略』（共著，有斐閣，2017年）

　　　　『マーケティング戦略（第5版）』（共著，有斐閣，2016年）

　　　　『地域ブランドのコンテクストデザイン』（共編著，同文舘出版，2011年）

　　　　『グローバル・マーケティング入門』（共著，日本経済新聞出版社，
2009年）など多数。

●執筆者紹介・執筆分担（執筆順）

三浦　俊彦（みうら　としひこ）　編著者紹介参照　　　第1章・第4章・第9章

齊藤　通貴（さいとう　みちたか）　編著者紹介参照　　　第2章・第8章

堀越比呂志（ほりこし　ひろし）　慶應義塾大学商学部教授　　　第3章

江戸　克栄（えど　かつえ）　県立広島大学大学院経営管理　　第5章
　　　　　　　　　　　　　　　研究科教授

田嶋　規雄（たじま　のりお）　拓殖大学商学部教授　　　第6章

戸田裕美子（とだ　ゆみこ）　日本大学商学部准教授　　　第7章

青木　茂樹（あおき　しげき）　駒澤大学経営学部教授　　　第10章

趙　　佑鎭（ちょう　うじん）　多摩大学経営情報学部教授　　第11章

文化を競争力とするマーケティング
カルチャー・コンピタンスの戦略原理

2020年3月30日　第1版第1刷発行

監修者　ＫＭＳ研究会
編著者　齊　藤　通　貴
　　　　三　浦　俊　彦
発行者　山　本　　　継
発行所　㈱中央経済社
発売元　㈱中央経済グループ
　　　　パブリッシング

〒101-0051　東京都千代田区神田神保町1-31-2
電話　03 (3293) 3371 (編集代表)
　　　03 (3293) 3381 (営業代表)
http://www.chuokeizai.co.jp/
印刷／昭和情報プロセス㈱
製本／誠　製　本　㈱

©2020
Printed in Japan

＊頁の「欠落」や「順序違い」などがありましたらお取り替えいた
しますので発売元までご送付ください。(送料小社負担)
ISBN978-4-502-33571-6　C3034